中华人民共和国
建筑法
（实用版）

中国法制出版社
CHINA LEGAL PUBLISHING HOUSE

图书在版编目（CIP）数据

中华人民共和国建筑法：实用版／中国法制出版社编.—4版.—北京：中国法制出版社，2018.8

ISBN 978-7-5093-9663-6

Ⅰ.①中… Ⅱ.①中… Ⅲ.①建筑法-中国 Ⅳ.①D922.297

中国版本图书馆CIP数据核字（2018）第182250号

责任编辑 朱丹颖 赵燕　　封面设计 杨泽江

中华人民共和国建筑法（实用版）

ZHONGHUA RENMIN GONGHEGUO JIANZHUFA（SHIYONGBAN）

经销/新华书店

印刷/三河市紫恒印装有限公司

开本/850毫米×1168毫米 32开　　印张/7.5 字数/182千

版次/2018年8月第4版　　2018年8月第1次印刷

中国法制出版社出版

书号 ISBN 978-7-5093-9663-6　　定价：22.00元

北京西单横二条2号

邮政编码100031　　传真：010-66031119

网址：http://www.zgfzs.com　　**编辑部电话：010-66066627**

市场营销部电话：010-66033393　　**邮购部电话：010-66033288**

（如有印装质量问题，请与本社印务部联系调换。电话：010-66032926）

■**实用版**

编辑说明

运用法律维护权利和利益，是读者选购法律图书的主要目的。法律文本单行本提供最基本的法律依据，但单纯的法律文本中的有些概念、术语，读者不易理解；法律释义类图书有助于读者理解法律的本义，但又过于繁杂、冗长。“实用版”法律图书至今已行销多年，因其权威、实用、易懂的优点，成为广大读者理解、掌握法律的首选工具。

“实用版系列”独具五重使用价值：

1. **专业出版**。中国法制出版社是中央级法律类图书专业出版社，是国家法律、行政法规文本的权威出版机构。

2. **法律文本规范**。法律条文利用了本社法律单行本的资源，与国家法律、行政法规正式版本完全一致，确保条文准确、权威。

3. **条文解读详致**。本书中的【理解与适用】均是从庞杂的相互关联的法律条文以及全国人大常委会法制工作委员会等对条文的权威解读中精选、提炼而来；【典型案例指引】来自最高人民法院公报、各高级人民法院判决书等，点出适用要点，展示解决法律问题的实例。

4. **附录实用**。书末收录经提炼的法律流程图、诉讼文书、办案常用数据等内容，帮助提高处理法律纠纷的效率。

5. **附赠电子版**。与本分册主题相关、因篇幅所限而未收录的相关文件、“典型案例指引”所涉及的部分重要案例全文，均制作成电子版文件。扫一扫封底“法律法规全书公众号”即可免费获取。

中国法制出版社

2018 年 8 月

《中华人民共和国建筑法》理解与适用

《中华人民共和国建筑法》（以下简称《建筑法》），是建筑领域的基本法律依据，在我国境内从事建筑活动以及有关对建筑活动进行监督管理的活动，都应遵循该法的规定。我国现行的《建筑法》是第八届全国人民代表大会常务委员会第二十八次会议于1997年11月1日通过，根据2011年4月22日第十一届全国人民代表大会常务委员会第二十次会议《关于修改〈中华人民共和国建筑法〉的决定》修正。该法共八章八十五条，内容主要包括建筑许可制度、建筑工程发包与承包制度、建筑工程监理制度、建筑安全生产管理制度以及建筑工程质量管理制度等，围绕这些内容，国家还出台了其他一系列的配套规定。

关于建筑许可方面的规定。建筑许可制度包括建筑工程施工许可以及对从业资格的规定。建筑工程在开工之前，建设单位应当按照规定申领施工许可证。但并非所有的建筑工程都需要申领，本法授权国务院建设行政主管部门根据实际情况确定一个限额，限额以下小型工程不需要申领施工许可证。此外，按照国务院规定的权限和程序批准开工报告的建筑工程，不再领取施工许可证。关于限额以下小型工程，《建筑工程施工许可管理办法》第2条对其标准作了规定。这里需要注意一个问题，即任何单位和个人不得将应当申领施工许可证的工程分解为若干限额以下的工程以规避申领施工许可证。从事建筑活动的建筑施工企业、勘察单位、设计单位和工程监理单位，应当具备本法规定条件。从事建筑活动的专业技术人员，应当依法取得相应的执业资格证书，并在执业资格证书许可的范围内从事建筑活动。

关于建筑工程发包与承包的问题。建筑工程的发包与承包应订立书面合同，约定双方的权利义务。发包原则上采取招标投标的方式，对于不适于招标发包的，可以以委托的方式直接发包。在建筑工程中，禁止转包与违法分包。建筑工程的招标投标，《建筑法》没有规定的，主要应当适用《招标投标法》等招标投标法律文件的规定。

关于建筑工程监理制度的规定。监理单位必须具备相应的资质，其工作人员应具备相应的从业条件，对于特定的建设工程项目，国务院规定了实行强制监理的范围。关于强制监理的范围，2001 年发布的《建设工程监理范围和规模标准规定》对其作了具体规定。本法还规定了监理委托与监理监督制度，以及监理机构及其工作人员违法监理所引发的违约责任等，与《建筑法》第七章的法律责任相联系，共同规制工程监理领域的活动。

关于法律适用的问题需注意的是，建设工程的质量问题在《建筑法》以及《建设工程质量管理条例》等法律、法规中已经作了规定，不适用《产品质量法》；但是，建设工程使用的建筑材料、建筑构配件和设备，属于经过加工、制作，用于销售的产品的，适用《产品质量法》的规定。

目　录

中华人民共和国建筑法

第五章　建筑安全生产管理

建筑工程发包与承包

建筑工程监理

建设工程安全生产与质量管理

典型案例

实用附录

电子版增补法规（请扫封底“法律法规全书公众号”二维码获取）

中华人民共和国建筑法

（1997年11月1日第八届全国人民代表大会常务委员会第二十八次会议通过　根据2011年4月22日第十一届全国人民代表大会常务委员会第二十次会议《关于修改〈中华人民共和国建筑法〉的决定》修正）

目　　录

第一章　总　　则

第一条　立法目的[*]

为了加强对建筑活动的监督管理，维护建筑市场秩序，保证建筑工程的质量和安全，促进建筑业健康发展，制定本法。

▶理解与适用

［建筑市场］

建筑市场，是指以建筑工程项目的建设单位或称业主（发包方）和从事建筑工程的勘察、设计、施工、监理等业务活动的法人或自然人（承包方）以及有关的中介机构为市场主体，以建筑工程项目的勘察、设计、施工等建筑活动的工作成果或者以工程监理的监理服务为市场交易客体的建筑工程项目承发包交易活动的统称。它既包括在一些地方已经建成的通常设有交易大厅和固定交易场位，专供发包方和承包方在其中进行承发包交易活动的有形的市场，也包括没有固定的交易场所，发包方和承包方主要通过广告、通讯、中介等方式进行承发包交易活动的无形市场。

第二条　适用范围

在中华人民共和国境内从事建筑活动，实施对建筑活动的监督管理，应当遵守本法。

本法所称建筑活动，是指各类房屋建筑及其附属设施的建造和与其配套的线路、管道、设备的安装活动。

* 条文主旨为编者所加，下同。

▶理解与适用

［建设工程的质量是否适用《产品质量法》① 的规定］

根据《产品质量法》的规定，产品是指经过加工、制作，用于销售的产品。建设工程不适用《产品质量法》的规定；但是，建设工程使用的建筑材料、建筑构配件和设备，属于经过加工、制作，用于销售的产品范围的，则适用《产品质量法》的规定。建筑工程的质量管理，《建筑法》已经作了规定，并且特别有《建设工程质量管理条例》等法规对该问题作了相应的规范。

▶条文参见

《产品质量法》第2条；《建设工程安全生产管理条例》第2条；《建设工程质量管理条例》第2条

第三条　建设活动要求

建筑活动应当确保建筑工程质量和安全，符合国家的建筑工程安全标准。

▶理解与适用

为确保建设施工单位的建筑工程质量和安全，既要求施工单位本身符合一定的资质条件，按照不同的建设工程等级具备相应的资质，具体规定可参见《建筑业企业资质管理规定》和《建筑业企业资质管理规定和资质标准实施意见》；又要求施工过程符合安全的要求，并对建筑工程质量确定了量化标准，可参见《建设工程安全生产管理条例》和《建设工程质量管理条例》。

---

① 为便于阅读，本书中相关法律文件标题中的“中华人民共和国”字样都予以删除。

第四条 国家扶持

国家扶持建筑业的发展，支持建筑科学技术研究，提高房屋建筑设计水平，鼓励节约能源和保护环境，提倡采用先进技术、先进设备、先进工艺、新型建筑材料和现代管理方式。

▶理解与适用

为了促进建设科技成果推广转化，调整产业、产品结构，推动产业技术升级，提高建设工程质量，节约资源，保护和改善环境，国家制定相应的规范，以调整在建设领域推广应用新技术和限制、禁止使用落后技术的活动。国务院建设行政主管部门推广应用的新技术，是指适用于工程建设、城市建设和村镇建设等领域，并经过科技成果鉴定、评估或新产品新技术鉴定的先进、成熟、适用的技术、工艺、材料、产品。

▶条文参见

《企业所得税法》第 27 条；《企业所得税法实施条例》第 88 条；《建设领域推广应用新技术管理规定》；《建设部推广应用新技术管理细则》

第五条 从业要求

从事建筑活动应当遵守法律、法规，不得损害社会公共利益和他人的合法权益。

任何单位和个人都不得妨碍和阻挠依法进行的建筑活动。

第六条 管理部门

国务院建设行政主管部门对全国的建筑活动实施统一监督管理。

第二章　建 筑 许 可

第一节　建筑工程施工许可

第七条　施工许可证的领取

建筑工程开工前，建设单位应当按照国家有关规定向工程所在地县级以上人民政府建设行政主管部门申请领取施工许可证；但是，国务院建设行政主管部门确定的限额以下的小型工程除外。

按照国务院规定的权限和程序批准开工报告的建筑工程，不再领取施工许可证。

▶理解与适用

［施工许可证］

施工许可证，是指建筑工程开始施工前，建设单位向建筑行政主管部门申请领取的可以施工的证明。这里的建筑工程指从事各类房屋建筑及其附属设施的建造、装修装饰和与其配套的线路、管道设备的安装，以及城镇市政基础设施工程的施工。设立和实施建筑工程施工许可证制度的目的，就是通过对建筑工程施工所应具备的基本条件的审查，避免不具备条件的建筑工程盲目开工而给相关当事人造成损失和社会财富的浪费，保证建筑工程开工后的顺利建设，达到事前控制的目的。因此，建设单位应在建筑工程开工前申请领取。

［限额以下小型工程的范围］

“限额以下小型工程的范围”，按照《建筑工程施工许可管理办法》第 2 条规定，是指工程投资额在 30 万元以下或者建筑面积在 300 平方米以下的建筑工程，此类工程可以不申请办理施工许可证。省、自治区、直辖市人民政府住房城乡建设主管部门可以根据当地的实际情况，对限额进行调整，并报国务院住房城乡建设主管部门备案。

［未取得施工许可证擅自开工的，应如何处理］

未取得施工许可证擅自开工的，按照本法第64条的规定处理，即“违反本法规定，未取得施工许可证或者开工报告未经批准擅自施工的，责令改正，对不符合开工条件的责令停止施工，可以处以罚款。”关于具体罚款额度，《建设工程质量管理条例》第57条规定：“违反本条例规定，建设单位未取得施工许可证或者开工报告未经批准，擅自施工的，责令停止施工，限期改正，处工程合同价款1%以上2%以下的罚款。”

［如何申办施工许可证］

(1) 建设单位向发证机关领取《建筑工程施工许可证申请表》。

(2) 建设单位持加盖单位及法定代表人印鉴的《建筑工程施工许可证申请表》，并附《建筑工程施工许可管理办法》第4条规定的证明文件，向发证机关提出申请。

(3) 发证机关在收到建设单位报送的《建筑工程施工许可证申请表》和所附证明文件后，对于符合条件的，应当自收到申请之日起15日内颁发施工许可证；对于证明文件不齐全或者失效的，应当当场或者五日内一次告知建设单位需要补正的全部内容，审批时间可以自证明文件补正齐全后作相应顺延；对于不符合条件的，应当自收到申请之日起15日内书面通知建设单位，并说明理由。

［建筑工程施工许可证的格式］

建筑工程施工许可证由国务院住房城乡建设主管部门制定格式，由各省、自治区、直辖市人民政府住房城乡建设主管部门统一印制。施工许可证分为正本和副本，正本和副本具有同等法律效力。复印的施工许可证无效。

▶典型案例指引

沈希贤等182人诉北京市规划委员会颁发建设工程规划许可证纠纷案（《中华人民共和国最高人民法院公报》2004年第3期）

案件适用要点：根据《环境保护法》第十三条[①]的规定，规划部门审批建设污染环境项目时，在申请方没有提供有关环境保护影响报告书，且建设项目不符合有关国家标准的情况下，即颁发建设许可证的行为，构成违法，应予撤销。

▶条文参见

《建设工程质量管理条例》第57条；《建筑工程施工许可管理办法》第2、5条

第八条 申领条件

申请领取施工许可证，应当具备下列条件：

（一）已经办理该建筑工程用地批准手续；

（二）在城市规划区的建筑工程，已经取得规划许可证；

（三）需要拆迁的，其拆迁进度符合施工要求；

（四）已经确定建筑施工企业；

（五）有满足施工需要的施工图纸及技术资料；

（六）有保证工程质量和安全的具体措施；

（七）建设资金已经落实；

（八）法律、行政法规规定的其他条件。

建设行政主管部门应当自收到申请之日起十五日内，对符合条件的申请颁发施工许可证。

▶理解与适用

［建设单位申请领取施工许可证应当具备的条件］

根据2014年6月25日住房和城乡建设部发布的《建筑工

① 2014年4月24日《环境保护法》修订后，该条改为第19条。

程施工许可管理办法》对本条进行了具体的规定，建设单位申请领取施工许可证，应当具备下列条件，并提交相应的证明文件：

(1) 依法应当办理用地批准手续的，已经办理该建筑工程用地批准手续。

(2) 在城市、镇规划区的建筑工程，已经取得建设工程规划许可证。

(3) 施工场地已经基本具备施工条件，需要征收房屋的，其进度符合施工要求。具体是指施工场地已经基本具备了交通、水电等条件，能够满足施工企业进场的需要。一般应由施工企业主要技术负责人签署是否已经具备施工条件的意见。发证机关可在审批前到施工场地进行现场踏勘。

(4) 已经确定施工企业。是指依法必须招标的工程项目提交中标通知书和施工合同；直接发包的工程项目提交直接发包批准手续和施工合同。按照规定应当招标的工程没有招标，应当公开招标的工程没有公开招标，或者肢解发包工程，以及将工程发包给不具备相应资质条件的企业的，所确定的施工企业无效。

(5) 有满足施工需要的技术资料，施工图设计文件已按规定审查合格。具体是指建设单位提交由施工图审查机构出具的审查合格书。

(6) 有保证工程质量和安全的具体措施。施工企业编制的施工组织设计中有根据建筑工程特点制定的相应质量、安全技术措施。建立工程质量安全责任制并落实到人。专业性较强的工程项目编制了专项质量、安全施工组织设计，并按照规定办理了工程质量、安全监督手续。

(7) 按照规定应当委托监理的工程已委托监理。

(8) 建设资金已经落实。建设工期不足一年的，到位资金原则上不得少于工程合同价的50%，建设工期超过一年的，到位资金原则上不得少于工程合同价的30%。建设单位应当提供本单位截至申请之日无拖欠工程款情形的承诺书或者能够表明其无拖欠工程款情形的其他材料，以及银行出具的到位资金证明，有条件的可以实行银行付款保函或者其他第三方担保。

（9）法律、行政法规规定的其他条件。

▶条文参见

《城乡规划法》第37、38条；《建筑工程施工许可管理办法》第4条；《住房和城乡建设部办公厅关于进一步加强建筑工程施工许可管理工作的通知》；《房屋建筑和市政基础设施工程施工图设计文件审查管理办法》

第九条 开工有效期限

建设单位应当自领取施工许可证之日起三个月内开工。因故不能按期开工的，应当向发证机关申请延期；延期以两次为限，每次不超过三个月。既不开工又不申请延期或者超过延期时限的，施工许可证自行废止。

▶理解与适用

建筑工程施工许可证是有关行政主管部门根据建设单位的申请，对符合法定开工条件的建筑工程依法做出的施工许可，该项施工许可只能在一定期限有效。具体包括以下三种情况：

1. 施工许可证的有效期限为三个月。建设单位在领取施工许可证之日起三个月内应当开工，这里的“开工”不应包括为建筑工程开工而作的前期准备工作，如勘察设计、平整场地、前期拆迁、修建的临时建筑和道路以及水、电等工程。

2. 施工许可证可以申请延期。建设单位因故不能按期开工的，应当向发证机关申请延期，原发证机关经过审查，决定该建筑工程是否可以延期开工。但是，这种延期最多只能延期两次，每次不能超过三个月。

3. 施工许可证的废止。建设单位的施工许可证在以下两种情形自行废止：（1）在施工许可证的有效期内没有开工，建设单位又没有向原发证机关申请延期；（2）建设单位在申请了两次延期后仍没有开工。

第十条 施工中止与恢复

在建的建筑工程因故中止施工的，建设单位应当自中止施工之日起一个月内，向发证机关报告，并按照规定做好建筑工程的维护管理工作。

建筑工程恢复施工时，应当向发证机关报告；中止施工满一年的工程恢复施工前，建设单位应当报发证机关核验施工许可证。

第十一条 不能按规定施工的处理

按照国务院有关规定批准开工报告的建筑工程，因故不能按期开工或者中止施工的，应当及时向批准机关报告情况。因故不能按期开工超过六个月的，应当重新办理开工报告的批准手续。

第二节 从业资格

第十二条 从业条件

从事建筑活动的建筑施工企业、勘察单位、设计单位和工程监理单位，应当具备下列条件：

（一）有符合国家规定的注册资本；

（二）有与其从事的建筑活动相适应的具有法定执业资格的专业技术人员；

（三）有从事相关建筑活动所应有的技术装备；

（四）法律、行政法规规定的其他条件。

第十三条 资质等级

从事建筑活动的建筑施工企业、勘察单位、设计单位和工程监理单位，按照其拥有的注册资本、专业技术人员、技术装备和已完成的建筑工程业绩等资质条件，划分为不同的资质等级，经资质审查合格，取得相应等级的资质证书后，方可在其资质等级许可的范围内从事建筑活动。

▶理解与适用

［对于建筑业企业违反资质等级承揽业务应如何处理］

（1）建设单位将建设工程发包给不具有相应资质等级的勘察、设计、施工单位或者委托给不具有相应资质等级的工程监理单位的，责令改正，处50万元以上100万元以下的罚款。

（2）勘察、设计、施工、工程监理单位超越本单位资质等级承揽工程的，责令停止违法行为，对勘察、设计单位或者工程监理单位处合同约定的勘察费、设计费或者监理酬金1倍以上2倍以下的罚款；对施工单位处工程合同价款百分之二以上百分之四以下的罚款，可以责令停业整顿，降低资质等级；情节严重的，吊销资质证书；有违法所得的，予以没收。以欺骗手段取得资质证书承揽工程的，吊销资质证书，罚款同上，有违法所得的，予以没收。

（3）勘察、设计、施工、工程监理单位允许其他单位或者个人以本单位名义承揽工程的，责令改正，没收违法所得，对勘察、设计单位和工程监理单位处合同勘察费、设计费和监理酬金1倍以上2倍以下的罚款；对施工单位处工程合同价款百分之二以上百分之四以下的罚款，可以责令停业整顿，降低资质等级；情节严重的，吊销资质证书。

▶条文参见

《建设工程质量管理条例》；《建筑业企业资质管理规定》；《建筑业企业资质管理规定和资质标准实施意见》；《施工总承

包企业特级资质标准》；《建设部关于印发〈建筑市场诚信行为信息管理办法〉的通知》

第十四条 执业资格的取得

从事建筑活动的专业技术人员，应当依法取得相应的执业资格证书，并在执业资格证书许可的范围内从事建筑活动。

►理解与适用

相应的执业资格证书，具体指的是与建筑业有关的从业人员所应具备的执业资格证书，包括建筑师执业资格证书、建造师执业资格证书、监理工程师执业资格证书、建设工程质量监督工程师执业资格证书、勘察设计注册工程师执业资格证书、造价工程师执业资格证书等。

►条文参见

《注册建筑师条例》；《注册建筑师条例实施细则》；《建造师执业资格考试实施办法》；《建造师执业资格考核认定办法》；《注册监理工程师管理规定》；《勘察设计注册工程师管理规定》；《注册造价工程师管理办法》；《注册建造师管理规定》；《一级建造师注册实施办法》；《建筑施工企业主要负责人、项目负责人和专职安全生产管理人员安全生产管理规定》

第三章 建筑工程发包与承包

第一节 一般规定

第十五条 承包合同

建筑工程的发包单位与承包单位应当依法订立书面合同，明确双方的权利和义务。

发包单位和承包单位应当全面履行合同约定的义务。不按照合同约定履行义务的，依法承担违约责任。

▶理解与适用

建设工程合同是承包人进行工程建设，发包人支付价款的合同。建设工程合同包括工程勘察、设计、施工合同。建设工程合同应当采用书面形式。国家重大建设工程合同，应当按照国家规定的程序和国家批准的投资计划、可行性研究报告等文件订立。勘察、设计合同的内容包括提交有关基础资料和文件（包括概预算）的期限、质量要求、费用以及其他协作条件等条款。施工合同的内容包括工程范围、建设工期、中间交工工程的开工和竣工时间、工程质量、工程造价、技术资料交付时间、材料和设备供应责任、拨款和结算、竣工验收、质量保修范围和质量保证期、双方相互协作等条款。

[发包人或者承包人可以单方面解除合同的情形]

(1) 承包人具有下列情形之一，发包人可以请求解除建设工程施工合同：①明确表示或者以行为表明不履行合同主要义务的；②合同约定的期限内没有完工，且在发包人催告的合理期限内仍未完工的；③已经完成的建设工程质量不合格，并拒绝修复的；④将承包的建设工程非法转包、违法分包的。

(2) 发包人具有下列情形之一，致使承包人无法施工，且在催告的合理期限内仍未履行相应义务，承包人可以请求解除建设工程施工合同：①未按约定支付工程价款的；②提供的主要建筑材料、建筑构配件和设备不符合强制性标准的；③不履行合同约定的协助义务的。

[建设工程施工合同解除后，应如何处理]

建设工程施工合同解除后，已经完成的建设工程质量合格的，发包人应当按照约定支付相应的工程价款；已经完成的建设工程质量不合格的，按照以下情形分别处理：(1) 修复后的建设工程经竣工验收合格，发包人请求承包人承担修复费用的，应予支持；(2) 修复后的建设工程经竣工验收不合格，承包人请求支付工程价款的，不予支持。因建设工程不合格造成的损失，发包人有过错的，也应承担相应的民事责任。

因一方违约导致合同解除的，违约方应当赔偿因此而给对方造成的损失。

►典型案例指引

陕西西岳山庄有限公司与中建三局建发工程有限公司、中建三局第三建设工程有限责任公司建设工程施工合同纠纷案（《中华人民共和国最高人民法院公报》2007 年 第 12 期）

案件适用要点：根据《中华人民共和国合同法》第七十九条的规定，债权人可以将合同的权利全部或者部分转让给第三人，但根据合同性质不得转让的、按照当事人约定不得转让的和依照法律规定不得转让的除外。法律、法规并不禁止建设工程施工合同项下的债权转让，只要建设工程施工合同的当事人没有约定合同项下的债权不得转让，债权人向第三人转让债权并通知债务人的，债权转让合法有效，债权人无须就债权转让事项征得债务人同意。

►条文参见

《合同法》第 269、270、273 - 275 条；《最高人民法院关于审理建设工程施工合同纠纷案件适用法律问题的解释》第 8 - 10 条

第十六条 招投标活动原则

建筑工程发包与承包的招标投标活动，应当遵循公开、公正、平等竞争的原则，择优选择承包单位。

建筑工程的招标投标，本法没有规定的，适用有关招标投标法律的规定。

▶理解与适用

［工程建设项目施工招标投标］

工程建设项目符合《工程建设项目招标范围和规模标准规定》规定的范围和标准的，必须通过招标选择施工单位。任何单位和个人不得将依法必须进行招标的项目化整为零或者以其他任何方式规避招标。

工程施工招标投标活动，依法由招标人负责。任何单位和个人不得以任何方式非法干涉工程施工招标投标活动。施工招标投标活动不受地区或者部门的限制。

依法必须招标的工程建设项目，应当具备下列条件才能进行施工招标：①招标人已经依法成立；②初步设计及概算应当履行审批手续的，已经批准；③招标范围、招标方式和招标组织形式等应当履行核准手续的，已经核准；④有相应资金或资金来源已经落实；⑤有招标所需的设计图纸及技术资料。

［工程建设项目勘察设计招标投标］

工程建设项目勘察设计依法可以公开招标或者邀请招标。国有资金投资占控股或者主导地位的工程建设项目，以及国务院发展和改革部门确定的国家重点项目和省、自治区、直辖市人民政府确定的地方重点项目，除符合《工程建设项目勘察设计招标投标办法》第十一条规定条件并依法获得批准外，应当公开招标。

依法必须进行公开招标的项目，在下列情况下可以进行邀请招标：（一）技术复杂、有特殊要求或者受自然环境限制，只有少量潜在投标人可供选择；（二）采用公开招标方式的费用占项目合同金额的比例过大。招标人采用邀请招标方式的，应保证有三个以上具备承担招标项目勘察设计的能力，并具有相应资质的特定法人或者其他组织参加投标。

▶条文参见

《工程建设项目勘察设计招标投标办法》第 3、7 – 11 条；

《工程建设项目施工招标投标办法》第3－9条；《建筑工程设计招标投标管理办法》第3、5、6条

第十七条 禁止行贿、索贿

发包单位及其工作人员在建筑工程发包中不得收受贿赂、回扣或者索取其他好处。

承包单位及其工作人员不得利用向发包单位及其工作人员行贿、提供回扣或者给予其他好处等不正当手段承揽工程。

▶理解与适用

［发包单位及其工作人员在建筑工程发包中收受贿赂、回扣或者索取其他好处的，应如何处理］

本法第68条规定，在工程发包与承包中索贿、受贿，构成犯罪的，依法追究刑事责任；不构成犯罪的，分别处以罚款，没收贿赂的财物，对直接负责的主管人员和其他直接责任人员给予处分。

根据《刑法》第163条的规定，公司、企业的工作人员利用职务上的便利，索取他人财物或者非法收受他人财物，为他人谋取利益，数额较大的，处五年以下有期徒刑或者拘役；数额巨大的，处五年以上有期徒刑，可以并处没收财产。公司、企业的工作人员在经济往来中，违反国家规定，收受各种名义的回扣、手续费，归个人所有的，依照前款的规定处罚。国有公司、企业中从事公务的人员和国有公司、企业委派到非国有公司、企业从事公务的人员有前两款行为的，依照本法第三百八十五条、第三百八十六条的规定定罪处罚。

［承包单位及其工作人员利用向发包单位及其工作人员行贿、提供回扣或者给予其他好处等不正当手段承揽工程的，应如何处理］

根据本法第68条的规定，在工程发包与承包中行贿，构成犯罪的，依法追究刑事责任；不构成犯罪的，分别处以罚款，

没收贿赂的财物，对直接负责的主管人员和其他直接责任人员给予处分。对在工程承包中行贿的单位，除依照上述规定处罚外，可以责令停业整顿，降低资质等级或者吊销资质证书。

▶条文参见

本法第68条；《刑法》第163、164、385-394条；《反不正当竞争法》第8条；《最高人民检察院关于人民检察院直接受理立案侦查案件立案标准的规定（试行）》第一（三）、（四）；《国家工商行政管理局关于以贿赂手段承包建筑工程项目定性处理问题的答复》

第十八条 工程造价与支付

建筑工程造价应当按照国家有关规定，由发包单位与承包单位在合同中约定。公开招标发包的，其造价的约定，须遵守招标投标法律的规定。

发包单位应当按照合同的约定，及时拨付工程款项。

▶理解与适用

［工程价款的确定］

当事人对建设工程的计价标准或者计价方法有约定的，按照约定结算工程价款。

因设计变更导致建设工程的工程量或者质量标准发生变化，当事人对该部分工程价款不能协商一致的，可以参照签订建设工程施工合同时当地建设行政主管部门发布的计价方法或者计价标准结算工程价款。

建设工程施工合同有效，但建设工程经竣工验收不合格的，按照以下情形分别处理：（1）修复后的建设工程经竣工验收合格，发包人请求承包人承担修复费用的，应予支持；（2）修复后的建设工程经竣工验收不合格，承包人请求支付工程价款的，不予支持。因建设工程不合格造成的损失，发包人有过错的，也应承担相应的民事责任。

当事人对欠付工程价款利息计付标准有约定的，按照约定处理；没有约定的，按照中国人民银行发布的同期同类贷款利率计息。

▶典型案例指引

1. 齐河环盾钢结构有限公司与济南永君物资有限责任公司建设工程施工合同纠纷案（《中华人民共和国最高人民法院公报》2012 年第 9 期）

案件适用要点：鉴定机构分别按照定额价和市场价作出鉴定结论的，在确定工程价款时，一般应以市场价确定工程价款。这是因为，以定额为基础确定工程造价大多未能反映企业的施工、技术和管理水平，定额标准往往跟不上市场价格的变化，而建设行政主管部门发布的市场价格信息，更贴近市场价格，更接近建筑工程的实际造价成本，且符合《合同法》的有关规定，对双方当事人更公平。

2. 吉林中城建中大房地产开发有限公司申诉案（《中华人民共和国最高人民法院公报》2012 年 第 2 期）

案件适用要点：被执行人与其他人以复杂的出资组建新公司、收购股份及并购的名义，将债权人享有优先受偿权的工程及相关土地等主要资产变更至新组建的公司名下，而其他人控制新组建公司多数股权、新组建公司不承担工程价款的债务的，该情形可以认定为被执行人和其他人及新组建的公司之间转移资产，侵犯工程价款优先债权人的合法权益，其他人和新组建公司应当作为被执行人的权利义务承受人对该优先债权人承担责任。执行法院有权裁定追加其他人和新组建的公司为被执行人。

▶条文参见

《建筑工程施工发包与承包计价管理办法》；《建设工程价款结算暂行办法》；《最高人民法院关于审理建设工程施工合同纠纷案件适用法律问题的解释》第 3、16、17 条

第二节　发　包

第十九条　发包方式

建筑工程依法实行招标发包，对不适于招标发包的可以直接发包。

▶理解与适用

［建设项目必须进行招标而不招标的情况，应如何处理］

根据《工程建设项目施工招标投标办法》的规定，工程建设项目符合《工程建设项目招标范围和规模标准规定》规定的范围和标准的，必须通过招标选择施工单位。依法必须进行招标的项目而不招标的，将必须进行招标的项目化整为零或者以其他任何方式规避招标的，有关行政监督部门责令限期改正，可以处项目合同金额千分之五以上千分之十以下的罚款；对全部或者部分使用国有资金的项目，项目审批部门可以暂停项目执行或者暂停资金拨付；对单位直接负责的主管人员和其他直接责任人员依法给予处分。

▶条文参见

《招标投标法》；《招标投标法实施条例》；《工程建设项目施工招标投标办法》；《工程建设项目勘察设计招标投标办法》；《最高人民法院关于审理建设工程施工合同纠纷案件适用法律问题的解释》

第二十条　公开招标的程序

建筑工程实行公开招标的，发包单位应当依照法定程序和方式，发布招标公告，提供载有招标工程的主要技术要求、主要的合同条款、评标的标准和方法以及开标、评标、定标的程序等内容的招标文件。

开标应当在招标文件规定的时间、地点公开进行。开标后应当按照招标文件规定的评标标准和程序对标书进行评价、比较，在具备相应资质条件的投标者中，择优选定中标者。

▶理解与适用

招标分为公开招标和邀请招标。公开招标，是指招标人以招标公告的方式邀请不特定的法人或者其他组织投标。邀请招标，是指招标人以投标邀请书的方式邀请特定的法人或者其他组织投标。招标人采用公开招标方式的，应当发布招标公告。依法必须进行招标的项目的招标公告，应当通过国家指定的报刊、信息网络或者其他媒介发布。招标公告应当载明招标人的名称和地址、招标项目的性质、数量、实施地点和时间以及获取招标文件的办法等事项。

［工程施工招标人违法透露招标内容的，应负什么样的责任］

根据《工程建设项目施工招标投标办法》的规定，依法必须进行招标的项目的招标人向他人透露已获取招标文件的潜在投标人的名称、数量或者可能影响公平竞争的有关招标投标的其他情况的，或者泄露标底的，有关行政监督部门给予警告，可以并处一万元以上十万元以下的罚款；对单位直接负责的主管人员和其他直接责任人员依法给予处分；构成犯罪的，依法追究刑事责任。上述所列行为影响中标结果的，中标无效。

▶典型案例指引

西安市临潼区建筑工程公司与陕西恒升房地产开发有限公司建设工程施工合同纠纷案（《中华人民共和国最高人民法院公报》2008 年第 8 期）

案件适用要点：最高人民法院《关于审理建设工程施工合同纠纷案件适用法律问题的解释》第二十一条关于“当事人就同一建设工程另行订立的建设工程施工合同与经过备案的中标

合同实质性内容不一致的，应当以备案的中标合同作为结算工程价款的根据”的规定，是指当事人就同一建设工程签订两份不同版本的合同，发生争议时应当以备案的中标合同作为结算工程价款的根据，而不是指以存档合同文本作为结算工程价款的依据。

▶条文参见

《招标投标法》；《招标投标法实施条例》；《工程建设项目施工招标投标办法》；《建筑工程设计招标投标管理办法》；《工程建设项目货物招标投标办法》；《工程建设项目勘察设计招标投标办法》；《工程建设项目招标投标活动投诉处理办法》

第二十一条 招标的组织和监督

建筑工程招标的开标、评标、定标由建设单位依法组织实施，并接受有关行政主管部门的监督。

▶理解与适用

根据《招标投标法实施条例》第 4 条的规定，国务院发展改革部门指导和协调全国招标投标工作，对国家重大建设项目的工程招标投标活动实施监督检查。国务院工业和信息化、住房城乡建设、交通运输、铁道、水利、商务等部门，按照规定的职责分工对有关招标投标活动实施监督。县级以上地方人民政府发展改革部门指导和协调本行政区域的招标投标工作。县级以上地方人民政府有关部门按照规定的职责分工，对招标投标活动实施监督，依法查处招标投标活动中的违法行为。县级以上地方人民政府对其所属部门有关招标投标活动的监督职责分工另有规定的，从其规定。财政部门依法对实行招标投标的政府采购工程建设项目的预算执行情况和政府采购政策执行情况实施监督。监察机关依法对与招标投标活动有关的监察对象实施监察。

▶**典型案例指引**

重庆建工集团股份有限公司与中铁十九局集团有限公司建设工程合同纠纷案（《中华人民共和国最高人民法院公报》2014 年 第 4 期）

案件适用要点：一、根据审计法的规定，国家审计机关对工程建设单位进行审计是一种行政监督行为，审计人与被审计人之间因国家审计发生的法律关系与本案当事人之间的民事法律关系性质不同。因此，在民事合同中，当事人对接受行政审计作为确定民事法律关系依据的约定，应当具体明确，而不能通过解释推定的方式，认为合同签订时，当事人已经同意接受国家机关的审计行为对民事法律关系的介入。二、在双方当事人已经通过结算协议确认了工程结算价款并已基本履行完毕的情况下，国家审计机关做出的审计报告，不影响双方结算协议的效力。

▶**条文参见**

《招标投标法实施条例》；《工程建设项目施工招标投标办法》

第二十二条　承包单位的确定

建筑工程实行招标发包的，发包单位应当将建筑工程发包给依法中标的承包单位。建筑工程实行直接发包的，发包单位应当将建筑工程发包给具有相应资质条件的承包单位。

▶**条文参见**

《建设工程质量管理条例》第 54 条；《建设工程勘察设计管理条例》第 38 条；《建设工程价款结算暂行办法》第 22 条；《最高人民法院关于审理建设工程施工合同纠纷案件适用法律问题的解释》第 21 条

第二十三条 禁止限定发包

政府及其所属部门不得滥用行政权力，限定发包单位将招标发包的建筑工程发包给指定的承包单位。

第二十四条 禁止肢解发包

提倡对建筑工程实行总承包，禁止将建筑工程肢解发包。

建筑工程的发包单位可以将建筑工程的勘察、设计、施工、设备采购一并发包给一个工程总承包单位，也可以将建筑工程勘察、设计、施工、设备采购的一项或者多项发包给一个工程总承包单位；但是，不得将应当由一个承包单位完成的建筑工程肢解成若干部分发包给几个承包单位。

▶理解与适用

［肢解发包的，发包单位应承担什么样的法律后果］

肢解发包是指建设单位将应当由一个承包单位完成的建设工程分解成若干部分发包给不同的承包单位的行为。因肢解发包人为地增加了承发包单位对项目的管理难度和管理成本，稍有不慎，就会引起工作质量和安全事故，所以是我国法律明令禁止的违法行为。

发包单位将建筑工程肢解发包的，应当责令改正，处以罚款。《建设工程质量管理条例》规定，建设单位将建设工程肢解发包的，责令改正，处工程合同价款0.5%以上1%以下的罚款；对全部或者部分使用国有资金的项目，并可以暂停项目执行或者暂停资金拨付。

▶条文参见

《招标投标法》第58条；《合同法》第272条；《建设工程质量管理条例》第55、78条

第二十五条　禁止建筑材料采购

按照合同约定，建筑材料、建筑构配件和设备由工程承包单位采购的，发包单位不得指定承包单位购入用于工程的建筑材料、建筑构配件和设备或者指定生产厂、供应商。

第三节　承　包

第二十六条　资质等级许可

承包建筑工程的单位应当持有依法取得的资质证书，并在其资质等级许可的业务范围内承揽工程。

禁止建筑施工企业超越本企业资质等级许可的业务范围或者以任何形式用其他建筑施工企业的名义承揽工程。禁止建筑施工企业以任何形式允许其他单位或者个人使用本企业的资质证书、营业执照，以本企业的名义承揽工程。

▶理解与适用

[承包人超越资质等级承揽工程，应如何处理]

根据《建设工程质量管理条例》的规定，勘察、设计、施工、工程监理单位超越本单位资质等级承揽工程的，责令停止违法行为，对勘察、设计单位或者工程监理单位处合同约定的勘察费、设计费或者监理酬金1倍以上2倍以下的罚款；对施工单位处工程合同价款百分之二以上百分之四以下的罚款，可以责令停业整顿，降低资质等级；情节严重的，吊销资质证书；有违法所得的，予以没收。

[施工企业转让、出借资质证书等行为应如何处理]

根据本法第66条的规定，建筑施工企业转让、出借资质证书或者以其他方式允许他人以本企业的名义承揽工程的，责令改正，没收违法所得，并处罚款，可以责令停业整顿，降低资质等级；情节严重的，吊销资质证书。对因该项承揽工程不符合规定的质量标准造成的损失，建筑施工企业与使用本企业名义的单位或者个人承担连带赔偿责任。

▶条文参见

《建设工程质量管理条例》第60条；《建筑业企业资质管理规定》第24条；《最高人民法院关于审理建设工程施工合同纠纷案件适用法律问题的解释》第1、4、5条

第二十七条 共同承包

大型建筑工程或者结构复杂的建筑工程，可以由两个以上的承包单位联合共同承包。共同承包的各方对承包合同的履行承担连带责任。

两个以上不同资质等级的单位实行联合共同承包的，应当按照资质等级低的单位的业务许可范围承揽工程。

第二十八条 禁止转包、分包

禁止承包单位将其承包的全部建筑工程转包给他人，禁止承包单位将其承包的全部建筑工程肢解以后以分包的名义分别转包给他人。

▶理解与适用

所谓“转包”，是指建筑工程的承包方将其承包的建筑工程倒手转让给他人，使他人实际上成为该建筑工程新的承包方的行为。《建设工程质量管理条例》即将“转包”解释为：承包单位承包建设工程后，不履行合同约定的责任和义务，将其承包的全部建设工程转给他人或者将其承包的全部建设工程肢解以后以分包的名义分别转给其他单位承包的行为。

▶条文参见

《建设工程质量管理条例》第62条；《建筑业企业资质管理规定》第37条

第二十九条 分包认可和责任制

建筑工程总承包单位可以将承包工程中的部分工程发包给具有相应资质条件的分包单位；但是，除总承包合同中约定的分包外，必须经建设单位认可。施工总承包的，建筑工程主体结构的施工必须由总承包单位自行完成。

建筑工程总承包单位按照总承包合同的约定对建设单位负责；分包单位按照分包合同的约定对总承包单位负责。总承包单位和分包单位就分包工程对建设单位承担连带责任。

禁止总承包单位将工程分包给不具备相应资质条件的单位。禁止分包单位将其承包的工程再分包。

▶理解与适用

［总包与分包］

根据《合同法》的规定，发包人可以与总承包人订立建设工程合同，也可以分别与勘察人、设计人、施工人订立勘察、设计、施工承包合同。发包人不得将应当由一个承包人完成的建设工程肢解成若干部分发包给几个承包人。总承包人或者勘察、设计、施工承包人经发包人同意，可以将自己承包的部分工作交由第三人完成。第三人就其完成的工作成果与总承包人或者勘察、设计、施工承包人向发包人承担连带责任。承包人不得将其承包的全部建设工程转包给第三人或者将其承包的全部建设工程肢解以后以分包的名义分别转包给第三人。禁止承包人将工程分包给不具备相应资质条件的单位。禁止分包单位将其承包的工程再分包。建设工程主体结构的施工必须由承包人自行完成。

▶条文参见

《房屋建筑和市政基础设施工程施工分包管理办法》第4条

第四章　建筑工程监理

第三十条　监理制度推行

国家推行建筑工程监理制度。

国务院可以规定实行强制监理的建筑工程的范围。

▶理解与适用

[强制监理的建筑工程的范围]

1. 国家重点建设工程。指从下列国家大中型基本建设项目中确定的对国民经济和社会发展有重点影响的骨干项目：(1) 基础设施、基础产业和支柱产业中的大型项目；(2) 高科技并能带动行业技术进步的项目；(3) 跨地区并对全国经济发展或者区域经济发展有重大影响的项目；(4) 对社会发展有重大影响的项目；(5) 其他骨干项目。

2. 大中型公用事业工程。指项目总投资额在3000万元以上的下列工程项目：(1) 供水、供电、供气、供热等市政工程项目；(2) 科技、教育、文化等项目；(3) 体育、旅游、商业等项目；(4) 卫生、社会福利等项目；(5) 其他公用事业项目。

3. 成片开发建设的住宅小区工程。建筑面积在5万平方米以上的住宅建设工程必须实行监理；5万平方米以下的住宅建设工程，可以实行监理，具体范围和规模标准，由省、自治区、直辖市人民政府建设行政主管部门规定。为了保证住宅质量，对高层住宅及地基、结构复杂的多层住宅应当实行监理。

4. 利用外国政府或者国际组织贷款、援助资金的工程。包括：(1) 使用世界银行、亚洲开发银行等国际组织贷款资金的项目；(2) 使用国外政府及其机构贷款资金的项目；(3) 使用国际组织或者国外政府援助资金的项目。

5. 国家规定必须实行监理的其他工程。国家规定必须实行监理的其他工程包括：(1) 项目总投资额在3000万元以上关系社会公共利益、公众安全的下列基础设施项目：①煤炭、石油、化工、天然气、电力、新能源等项目；②铁路、公路、管道、水运、民航以及其他交通运输业等项目；③邮政、电信枢纽、通信、信息网络等项目；④防洪、灌溉、排涝、发电、引(供) 水、滩涂治理、水资源保护、水土保持等水利建设项目；⑤道路、桥梁、地铁和轻轨交通、污水排放及处理、垃圾处理、地下管道、公共停车场等城市基础设施项目；⑥生态环境保护项目；⑦其他基础设施项目。(2) 学校、影剧院、体育场馆项目。

►条文参见

《建设工程监理规范》；《建设工程监理范围和规模标准规定》

第三十一条 监理委托合同

实行监理的建筑工程，由建设单位委托具有相应资质条件的工程监理单位监理。建设单位与其委托的工程监理单位应当订立书面委托监理合同。

►理解与适用

［工程监理单位资质的申请］

工程监理企业资质分为综合资质、专业资质和事务所资质。其中，专业资质按照工程性质和技术特点划分为若干工程类别。申请工程监理企业资质，应当提交以下材料：(1) 工程监理企业资质申请表（一式三份）及相应电子文档；(2) 企业法人、合伙企业营业执照；(3) 企业章程或合伙人协议；(4) 企业法定代表人、企业负责人和技术负责人的身份证明、工作简历及任命（聘用）文件；(5) 工程监理企业资质申请表中所列注册监理工程师及其他注册执业人员的注册执业证书；(6) 有关企业质量管理体系、技术和档案等管理制度的证明材料；(7) 有关工程试验检测设备的证明材料。

▶**条文参见**

《工程监理企业资质管理规定》

第三十二条 监理监督

建筑工程监理应当依照法律、行政法规及有关的技术标准、设计文件和建筑工程承包合同，对承包单位在施工质量、建设工期和建设资金使用等方面，代表建设单位实施监督。

工程监理人员认为工程施工不符合工程设计要求、施工技术标准和合同约定的，有权要求建筑施工企业改正。

工程监理人员发现工程设计不符合建筑工程质量标准或者合同约定的质量要求的，应当报告建设单位要求设计单位改正。

▶**理解与适用**

［工程监理的依据］

1. 法律、法规。监理单位应当依照法律、法规的规定，对承包单位实施监督。对建设单位违反法律、法规的要求，监理单位应当予以拒绝。

2. 有关的技术标准。技术标准分为强制性标准和推荐性标准。强制性标准是必须执行的标准。推荐性标准是自愿采用的标准，双方可以合同中确定是否采用。经合同确认的推荐性标准也必须严格执行。

3. 设计文件。设计文件是施工的依据，同时也是监理依据。施工单位应该按设计文件进行施工。监理单位应按照设计文件对施工活动进行监督管理。

4. 建筑工程承包合同。建筑工程承包合同是建设单位和施工单位依法签订的，为完成商定的某项建筑工程，明确相互权利和义务关系的协议。建筑工程承包合同依法订立，任何一方不得擅自变更或解除合同。监理单位应当依据建筑工程承包合同的约定，监督施工单位是否全面履行合同规定的义务。

▶条文参见

《建设工程质量管理条例》第36条

第三十三条 监理事项通知

实施建筑工程监理前，建设单位应当将委托的工程监理单位、监理的内容及监理权限，书面通知被监理的建筑施工企业。

第三十四条 监理范围与职责

工程监理单位应当在其资质等级许可的监理范围内，承担工程监理业务。

工程监理单位应当根据建设单位的委托，客观、公正地执行监理任务。

工程监理单位与被监理工程的承包单位以及建筑材料、建筑构配件和设备供应单位不得有隶属关系或者其他利害关系。

工程监理单位不得转让工程监理业务。

▶理解与适用

1. 工程监理单位应当依法取得相应等级的资质证书，并在其资质等级许可的范围内承担工程监理业务。禁止工程监理单位超越本单位资质等级许可的范围或者以其他工程监理单位的名义承担工程监理业务。

2. 工程监理单位接受建设单位委托，对施工单位以及材料供应单位进行监督检查，因此，必须实事求是，遵循客观规律，按工程建设的科学要求进行监理活动，客观、公正地对待各方当事人，认真地进行监督管理。这是对工程监理单位执行监理任务的基本要求。

3. 由于工程监理单位与被监理工程的承包单位以及建筑材料、建筑构配件和设备供应单位之间是一种监督与被监督的关系，为了保证工程监理单位能客观、公正地执行监理任务，工程监理单位不得与被监理工程的承包单位以及建筑材料、建筑构配件和设备供应单位有隶属关系或者其他利害关系。这里的隶属关系是指工程监理单位与被监理工程的承包单位以及建筑材料、建筑构配件和设备供应单位有行政上下级关系等。其他利害关系，是指监理单位与施工单位或材料供应单位之间存在的可能直接影响监理单位工作公正性的非常明显的经济或其他利益关系，如参股、联营等关系。当出现工程监理单位与被监理工程的承包单位以及建筑材料、建筑构配件和设备供应单位有隶属关系或者其他利害关系的情况时，工程监理单位在接受建设单位委托前，应当自行回避；在接受委托后，发现这一情况时，应当依法解除委托关系。

4. 工程监理单位不得转让工程监理业务。建设单位将监理业务委托给工程监理单位，是建设单位对该工程监理单位的综合能力的信任。工程监理单位接受委托后，应当自行完成工程监理任务，不得将工程监理业务转手委托给其他工程监理单位。如果由于业务太多或其他原因，工程监理单位无法完成该工程监理业务时，工程监理单位应当自动解除委托关系，由建设单位将该工程的监理业务委托给其他具有相应资质条件的工程监理单位。工程监理单位转让监理业务与施工单位转包有着同样的危害性。

▶条文参见

《建设工程质量管理条例》第 34、35 条

第三十五条　违约责任

工程监理单位不按照委托监理合同的约定履行监理义务，对应当监督检查的项目不检查或者不按照规定检查，给建设单位造成损失的，应当承担相应的赔偿责任。

工程监理单位与承包单位串通，为承包单位谋取非法利益，给建设单位造成损失的，应当与承包单位承担连带赔偿责任。

▶理解与适用

监理单位对施工质量承担监理责任，主要有违法责任和违约责任两个方面。如果监理单位故意弄虚作假，降低工程质量标准，造成质量事故的，要按照《建筑法》和《建设工程质量管理条例》的规定，承担相应的法律责任。工程监理单位与承包单位串通，谋取非法利益，给建设单位造成损失的，应当与承包单位承担连带赔偿责任。如果监理单位在责任期内，不按照监理合同约定履行监理职责，给建设单位或其他单位造成损失的，属违约责任，应当向建设单位赔偿。

▶条文参见

《建设工程质量管理条例》第36条

第五章　建筑安全生产管理

第三十六条　管理方针、目标

建筑工程安全生产管理必须坚持安全第一、预防为主的方针，建立健全安全生产的责任制度和群防群治制度。

第三十七条　工程设计要求

建筑工程设计应当符合按照国家规定制定的建筑安全规程和技术规范，保证工程的安全性能。

▶条文参见

《建设工程安全生产管理条例》第13条

第三十八条 技术安全措施编制

建筑施工企业在编制施工组织设计时，应当根据建筑工程的特点制定相应的安全技术措施；对专业性较强的工程项目，应当编制专项安全施工组织设计，并采取安全技术措施。

▶条文参见

《建设工程安全生产管理条例》第26条

第三十九条 现场安全防范

建筑施工企业应当在施工现场采取维护安全、防范危险、预防火灾等措施；有条件的，应当对施工现场实行封闭管理。

施工现场对毗邻的建筑物、构筑物和特殊作业环境可能造成损害的，建筑施工企业应当采取安全防护措施。

▶条文参见

《建设工程安全生产管理条例》第26－38条

第四十条 地下管线保护

建设单位应当向建筑施工企业提供与施工现场相关的地下管线资料，建筑施工企业应当采取措施加以保护。

▶条文参见

《建设工程安全生产管理条例》第6条

第四十一条 污染控制

建筑施工企业应当遵守有关环境保护和安全生产的法律、法规的规定，采取控制和处理施工现场的各种粉尘、废气、废水、固体废物以及噪声、振动对环境的污染和危害的措施。

▶理解与适用

根据《环境保护法》的规定，排放污染物的企业事业单位和其他生产经营者，应当采取措施，防治在生产建设或者其他活动中产生的废气、废水、废渣、医疗废物、粉尘、恶臭气体、放射性物质以及噪声、振动、光辐射、电磁辐射等对环境的污染和危害。排放污染物的企业事业单位，应当建立环境保护责任制度，明确单位负责人和相关人员的责任。重点排污单位应当按照国家有关规定和监测规范安装使用监测设备，保证监测设备正常运行，保存原始监测记录。严禁通过暗管、渗井、渗坑、灌注或者篡改、伪造监测数据，或者不正常运行防治污染设施等逃避监管的方式违法排放污染物。

▶条文参见

《环境保护法》；《安全生产法》；《城市建筑垃圾管理规定》

第四十二条 须审批事项

有下列情形之一的，建设单位应当按照国家有关规定办理申请批准手续：

（一）需要临时占用规划批准范围以外场地的；

（二）可能损坏道路、管线、电力、邮电通讯等公共设施的；

（三）需要临时停水、停电、中断道路交通的；

（四）需要进行爆破作业的；

（五）法律、法规规定需要办理报批手续的其他情形。

第四十三条 安全生产管理部门

建设行政主管部门负责建筑安全生产的管理，并依法接受劳动行政主管部门对建筑安全生产的指导和监督。

第四十四条 施工企业安全责任

建筑施工企业必须依法加强对建筑安全生产的管理，执行安全生产责任制度，采取有效措施，防止伤亡和其他安全生产事故的发生。

建筑施工企业的法定代表人对本企业的安全生产负责。

▶条文参见

《建设工程安全生产管理条例》第21条

第四十五条 现场安全责任单位

施工现场安全由建筑施工企业负责。实行施工总承包的，由总承包单位负责。分包单位向总承包单位负责，服从总承包单位对施工现场的安全生产管理。

▶条文参见

《建设工程安全生产管理条例》第24条

第四十六条 安全生产教育培训

建筑施工企业应当建立健全劳动安全生产教育培训制度，加强对职工安全生产的教育培训；未经安全生产教育培训的人员，不得上岗作业。

▶理解与适用

［安全生产教育和培训］

根据《安全生产法》的规定，生产经营单位应当对从业人员进行安全生产教育和培训，保证从业人员具备必要的安全生产知识，熟悉有关的安全生产规章制度和安全操作规程，掌握本岗位的安全操作技能，了解事故应急处理措施，知悉自身在安全生产方面的权利和义务。未经安全生产教育和培训合格的从业人员，不得上岗作业。生产经营单位使用被派遣劳动者的，应当将被派遣劳动者纳入本单位从业人员统一管理，对被派遣劳动者进行岗位安全操作规程和安全操作技能的教育和培训。劳务派遣单位应当对被派遣劳动者进行必要的安全生产教育和培训。生产经营单位接收中等职业学校、高等学校学生实习的，应当对实习学生进行相应的安全生产教育和培训，提供必要的劳动防护用品。学校应当协助生产经营单位对实习学生进行安全生产教育和培训。生产经营单位应当建立安全生产教育和培训档案，如实记录安全生产教育和培训的时间、内容、参加人员以及考核结果等情况。

▶条文参见

《安全生产法》；《建设工程安全生产管理条例》第 25、36、37 条

第四十七条 施工安全保障

建筑施工企业和作业人员在施工过程中，应当遵守有关安全生产的法律、法规和建筑行业安全规章、规程，不得违章指挥或者违章作业。作业人员有权对影响人身健康的作业程序和作业条件提出改进意见，有权获得安全生产所需的防护用品。作业人员对危及生命安全和人身健康的行为有权提出批评、检举和控告。

▶理解与适用

[建筑企业的劳动者拒绝用人单位管理人员违章指挥、强令冒险作业的行为，是否违反劳动合同]

用人单位以暴力、威胁或者非法限制人身自由的手段强迫劳动者劳动的，或者用人单位违章指挥、强令冒险作业危及劳动者人身安全的，劳动者可以立即解除劳动合同，不需事先告知用人单位。劳动者拒绝用人单位管理人员违章指挥、强令冒险作业的，不视为违反劳动合同。

［建筑施工人员个人劳动保护用品］

根据《建筑施工人员个人劳动保护用品使用管理暂行规定》，个人劳动保护用品，是指在建筑施工现场，从事建筑施工活动的人员使用的安全帽、安全带以及安全（绝缘）鞋、防护眼镜、防护手套、防尘（毒）口罩等个人劳动保护用品（以下简称“劳动保护用品”）。劳动保护用品的发放和管理，坚持“谁用工，谁负责”的原则。施工作业人员所在企业（包括总承包企业、专业承包企业、劳务企业等）必须按国家规定免费发放劳动保护用品，更换已损坏或已到使用期限的劳动保护用品，不得收取或变相收取任何费用。劳动保护用品必须以实物形式发放，不得以货币或其他物品替代。

▶**条文参见**

本法第 71 条；《劳动合同法》第 32、38 条；《刑法》第 134 条；《建设工程安全生产管理条例》第 32、66 条

第四十八条 意外伤害保险

建筑施工企业应当依法为职工参加工伤保险缴纳工伤保险费。鼓励企业为从事危险作业的职工办理意外伤害保险，支付保险费。

▶**典型案例指引**

张成兵与上海市松江区人力资源和社会保障局工伤认定行政上诉案（2014 年 8 月 21 日《最高人民法院发布的四起工伤保险行政纠纷典型案例》）

案件适用要点：经上海市松江区人民法院一审，上海市第一中级人民法院二审认为，根据劳社部发〔2005〕12 号《劳动和社会保障部关于确立劳动关系有关事项的通知》第四条规定，建筑施工、矿山企业等用人单位将工程（业务）或经营权发包给不具备用工主体资格的组织或自然人，对该组织或自然人招用的劳动者，由具备用工主体资格的发包方承担用工主体责任。

本案中，南通六建公司作为建筑施工单位将油漆工程发包给无用工主体资格的自然人李某某，约定李某某所雇用的人员应服从南通六建公司管理。后李某某又将部分油漆工程再发包给王某某，并由王某某招用了上诉人张成兵进行油漆施工。上海市松江区人力资源和社会保障局依据上述规定及事实认定上诉人与被上诉人具有劳动关系的理由成立。根据《工伤保险条例》规定，张成兵在江苏南通六建建设集团有限公司承建的厂房建设项目中进行油漆施工不慎受到事故伤害，属于工伤认定范围。据此，维持上海市松江区人力资源和社会保障局作出被诉工伤认定的具体行政行为。

▶条文参见

《工伤保险条例》；《建设工程安全生产管理条例》第38条

第四十九条 变动设计方案

涉及建筑主体和承重结构变动的装修工程，建设单位应当在施工前委托原设计单位或者具有相应资质条件的设计单位提出设计方案；没有设计方案的，不得施工。

▶理解与适用

［建筑主体］

建筑主体，是指建筑实体的结构构造，包括屋盖、楼盖、梁、柱、支撑、墙体、连接接点和基础等。

［承重结构］

承重结构，是指直接将本身自重与各种外加作用力系统地传递给基础地基的主要结构构件和其连接接点，包括承重墙体、立杆、柱、框架柱、支墩、楼板、梁、屋架、悬索等。

▶条文参见

《建设工程安全生产管理条例》；《住宅室内装饰装修管理办法》第5-9条

第五十条 房屋拆除安全

房屋拆除应当由具备保证安全条件的建筑施工单位承担，由建筑施工单位负责人对安全负责。

第五十一条 事故应急处理

施工中发生事故时，建筑施工企业应当采取紧急措施减少人员伤亡和事故损失，并按照国家有关规定及时向有关部门报告。

▶理解与适用

［生产安全事故的等级］

《生产安全事故报告和调查处理条例》规定，根据生产安全事故造成的人员伤亡或者直接经济损失，事故一般分为以下等级：

1. 特别重大事故，是指造成30人以上死亡，或者100人以上重伤（包括急性工业中毒，下同），或者1亿元以上直接经济损失的事故；

2. 重大事故，是指造成10人以上30人以下死亡，或者50人以上100人以下重伤，或者5000万元以上1亿元以下直接经济损失的事故；

3. 较大事故，是指造成3人以上10人以下死亡，或者10人以上50人以下重伤，或者1000万元以上5000万元以下直接经济损失的事故；

4. 一般事故，是指造成3人以下死亡，或者10人以下重伤，或者1000万元以下直接经济损失的事故。

［生产安全事故的应急处理］

1. 在施工中发生危及人身安全的紧急情况时，作业人员有权立即停止作业或者在采取必要的应急措施后撤离危险区域。

2. 事故报告。事故发生后，事故现场有关人员应当立即向本单位负责人报告；单位负责人接到报告后，应当于1小时内向事故发生地县级以上人民政府安全生产监督管理部门和负有安全生产监督管理职责的有关部门报告。情况紧急时，事故现场有关人员可以直接向事故发生地县级以上人民政府安全生产监督管理部门和负有安全生产监督管理职责的有关部门报告。

安全生产监督管理部门和负有安全生产监督管理职责的有关部门接到事故报告后，应当依照下列规定上报事故情况，并通知公安机关、劳动保障行政部门、工会和人民检察院：

（1）特别重大事故、重大事故逐级上报至国务院安全生产监督管理部门和负有安全生产监督管理职责的有关部门；

（2）较大事故逐级上报至省、自治区、直辖市人民政府安全生产监督管理部门和负有安全生产监督管理职责的有关部门；

（3）一般事故上报至设区的市级人民政府安全生产监督管理部门和负有安全生产监督管理职责的有关部门。

安全生产监督管理部门和负有安全生产监督管理职责的有关部门依照上述规定上报事故情况，应当同时报告本级人民政府。国务院安全生产监督管理部门和负有安全生产监督管理职责的有关部门以及省级人民政府接到发生特别重大事故、重大事故的报告后，应当立即报告国务院。必要时，安全生产监督管理部门和负有安全生产监督管理职责的有关部门可以越级上报事故情况。安全生产监督管理部门和负有安全生产监督管理职责的有关部门逐级上报事故情况，每级上报的时间不得超过2小时。

3. 事故调查。特别重大事故由国务院或者国务院授权有关部门组织事故调查组进行调查。重大事故、较大事故、一般事故分别由事故发生地省级人民政府、设区的市级人民政府、县级人民政府负责调查。省级人民政府、设区的市级人民政府、县级人民政府可以直接组织事故调查组进行调查，也可以授权或者委托有关部门组织事故调查组进行调查。未造成人员伤亡的一般事故，县级人民政府也可以委托事故发生单位组织事故调查组进行调查。上级人民政府认为必要时，可以调查由下级人民政府负责调查的事故。

4. 事故的处理。重大事故、较大事故、一般事故，负责事故调查的人民政府应当自收到事故调查报告之日起15日内做出批复；特别重大事故，30日内做出批复，特殊情况下，批复时间可以适当延长，但延长的时间最长不超过30日。有关机关应当按照人民政府的批复，依照法律、行政法规规定的权限和程序，对事故发生单位和有关人员进行行政处罚，对负有事故责任的国家工作人员进行处分。事故发生单位应当按照负责事故调查的人民政府的批复，对本单位负有事故责任的人员进行处理。负有事故责任的人员涉嫌犯罪的，依法追究刑事责任。

5. 相关责任人的法律责任。

事故发生单位对事故发生负有责任的，依照下列规定处以罚款：

(1) 发生一般事故的，处10万元以上20万元以下的罚款；

(2) 发生较大事故的，处20万元以上50万元以下的罚款；

(3) 发生重大事故的，处50万元以上200万元以下的罚款；

(4) 发生特别重大事故的，处200万元以上500万元以下的罚款。

事故发生单位主要负责人未依法履行安全生产管理职责，导致事故发生的，依照下列规定处以罚款；属于国家工作人员的，并依法给予处分；构成犯罪的，依法追究刑事责任：

(1) 发生一般事故的，处上一年年收入30%的罚款；

(2) 发生较大事故的，处上一年年收入40%的罚款；

(3) 发生重大事故的，处上一年年收入60%的罚款；

(4) 发生特别重大事故的，处上一年年收入80%的罚款。

事故发生单位对事故发生负有责任的，由有关部门依法暂扣或者吊销其有关证照；对事故发生单位负有事故责任的有关人员，依法暂停或者撤销其与安全生产有关的执业资格、岗位证书；事故发生单位主要负责人受到刑事处罚或者撤职处分的，自刑罚执行完毕或者受处分之日起，5 年内不得担任任何生产经营单位的主要负责人。为发生事故的单位提供虚假证明的中介机构，由有关部门依法暂扣或者吊销其有关证照及其相关人员的执业资格；构成犯罪的，依法追究刑事责任。

▶**条文参见**

《建设工程安全生产管理条例》第 50、51 条

第六章　建筑工程质量管理

第五十二条　工程质量管理

建筑工程勘察、设计、施工的质量必须符合国家有关建筑工程安全标准的要求，具体管理办法由国务院规定。

有关建筑工程安全的国家标准不能适应确保建筑安全的要求时，应当及时修订。

▶**理解与适用**

[建筑施工安全生产标准化]

根据住房和城乡建设部 2014 年 7 月 31 日印发的《建筑施工安全生产标准化考评暂行办法》的规定，建筑施工安全生产标准化是指建筑施工企业在建筑施工活动中，贯彻执行建筑施工安全法律法规和标准规范，建立企业和项目安全生产责任制，制定安全管理制度和操作规程，监控危险性较大分部分项工程，排查治理安全生产隐患，使人、机、物、环始终处于安全状态，形成过程控制、持续改进的安全管理机制。

建筑施工安全生产标准化考评包括建筑施工项目安全生产标准化考评和建筑施工企业安全生产标准化考评。建筑施工项目是指新建、扩建、改建房屋建筑和市政基础设施工程项目。

建筑施工企业是指从事新建、扩建、改建房屋建筑和市政基础设施工程施工活动的建筑施工总承包及专业承包企业。

▶条文参见

《标准化法》第2、6、7条；《建筑施工安全生产标准化考评暂行办法》

第五十三条 质量体系认证

国家对从事建筑活动的单位推行质量体系认证制度。从事建筑活动的单位根据自愿原则可以向国务院产品质量监督管理部门或者国务院产品质量监督管理部门授权的部门认可的认证机构申请质量体系认证。经认证合格的，由认证机构颁发质量体系认证证书。

第五十四条 建设单位工程质量保证

建设单位不得以任何理由，要求建筑设计单位或者建筑施工企业在工程设计或者施工作业中，违反法律、行政法规和建筑工程质量、安全标准，降低工程质量。

建筑设计单位和建筑施工企业对建设单位违反前款规定提出的降低工程质量的要求，应当予以拒绝。

第五十五条 承包单位工程质量责任制

建筑工程实行总承包的，工程质量由工程总承包单位负责，总承包单位将建筑工程分包给其他单位的，应当对分包工程的质量与分包单位承担连带责任。分包单位应当接受总承包单位的质量管理。

第五十六条 工程勘察、设计单位职责

建筑工程的勘察、设计单位必须对其勘察、设计的质量负责。勘察、设计文件应当符合有关法律、行政法规的规定和建筑工程质量、安全标准、建筑工程勘察、设计技术规范以及合同的约定。设计文件选用的建筑材料、建筑构配件和设备，应当注明其规格、型号、性能等技术指标，其质量要求必须符合国家规定的标准。

第五十七条 建筑材料供给

建筑设计单位对设计文件选用的建筑材料、建筑构配件和设备，不得指定生产厂、供应商。

第五十八条 施工质量责任制

建筑施工企业对工程的施工质量负责。

建筑施工企业必须按照工程设计图纸和施工技术标准施工，不得偷工减料。工程设计的修改由原设计单位负责，建筑施工企业不得擅自修改工程设计。

▶理解与适用

［施工单位偷工减料或不按设计图纸、技术标准施工的，应如何处罚］

施工单位在施工中偷工减料的，或者有不按照工程设计图纸或者施工技术标准施工的其他行为的，责令改正，处工程合同价款百分之二以上百分之四以下的罚款；造成建设工程质量不符合规定的质量标准的，负责返工、修理，并赔偿因此造成的损失；情节严重的，责令停业整顿，降低资质等级或者吊销资质证书。

▶条文参见

《建设工程质量管理条例》第 64 条

第五十九条 建设材料设备检验

建筑施工企业必须按照工程设计要求、施工技术标准和合同的约定，对建筑材料、建筑构配件和设备进行检验，不合格的不得使用。

第六十条 地基和主体结构质量保证

建筑物在合理使用寿命内，必须确保地基基础工程和主体结构的质量。

建筑工程竣工时，屋顶、墙面不得留有渗漏、开裂等质量缺陷；对已发现的质量缺陷，建筑施工企业应当修复。

第六十一条 工程竣工验收

交付竣工验收的建筑工程，必须符合规定的建筑工程质量标准，有完整的工程技术经济资料和经签署的工程保修书，并具备国家规定的其他竣工条件。

建筑工程竣工经验收合格后，方可交付使用；未经验收或者验收不合格的，不得交付使用。

▶典型案例指引

1. 江苏南通二建集团有限公司与吴江恒森房地产开发有限公司建设工程施工合同纠纷案（《中华人民共和国最高人民法院公报》2014 年第 8 期）

案件适用要点：承包人交付的建设工程应符合合同约定的交付条件及相关工程验收标准。工程实际存在明显的质量问题，承包人以工程竣工验收合格证明等主张工程质量合格的，人民法院不予支持。

在双方当事人已失去合作信任的情况下，为解决双方矛盾，人民法院可以判决由发包人自行委托第三方参照修复设计方案对工程质量予以整改，所需费用由承包人承担。

2. 威海市鲸园建筑有限公司与威海市福利企业服务公司、威海市盛发贸易有限公司拖欠建筑工程款纠纷案（《中华人民共和国最高人民法院公报》2013 年第 8 期）

案件适用要点：依照《合同法》第二百六十九条、《建设工程质量管理条例》第十六条规定，组织竣工验收既是发包人的权利，也是发包人的义务。发包人对建设工程组织验收，是建设工程通过竣工验收的必经程序。承包人未经发包人同意以发包人名义组织竣工验收，因组织验收主体不适格，验收程序违法，不产生工程竣工验收效力。质量监督管理部门在没有核实上述事实情形下出具的竣工验收报告，不具有证据的证明力，不应予以采信。

▶条文参见

《房屋建筑和市政基础设施工程竣工验收规定》

第六十二条 工程质量保修

建筑工程实行质量保修制度。

建筑工程的保修范围应当包括地基基础工程、主体结构工程、屋面防水工程和其他土建工程，以及电气管线、上下水管线的安装工程，供热、供冷系统工程等项目；保修的期限应当按照保证建筑物合理寿命年限内正常使用，维护使用者合法权益的原则确定。具体的保修范围和最低保修期限由国务院规定。

▶理解与适用

[建筑工程的最低保修期限]

根据《建设工程质量管理条例》的规定，在正常使用条件下，建设工程的最低保修期限为：（1）基础设施工程、房屋建筑的地基基础工程和主体结构工程，为设计文件规定的该工程的合理使用年限；（2）屋面防水工程、有防水要求的卫生间、房间和外墙面的防渗漏，为5年；（3）供热与供冷系统，为2个采暖期、供冷期；（4）电气管线、给排水管道、设备安装和装修工程，为2年。其他项目的保修期限由发包方与承包方约定。建设工程的保修期，自竣工验收合格之日起计算。

▶条文参见

《建设工程质量管理条例》第六章

第六十三条　群众质量投诉

任何单位和个人对建筑工程的质量事故、质量缺陷都有权向建设行政主管部门或者其他有关部门进行检举、控告、投诉。

第七章　法律责任

第六十四条　擅自施工处罚

违反本法规定，未取得施工许可证或者开工报告未经批准擅自施工的，责令改正，对不符合开工条件的责令停止施工，可以处以罚款。

▶条文参见

《建设工程质量管理条例》第57条；《建筑工程施工许可管理办法》第12条

第六十五条　违法发包、承揽处罚

发包单位将工程发包给不具有相应资质条件的承包单位的，或者违反本法规定将建筑工程肢解发包的，责令改正，处以罚款。

超越本单位资质等级承揽工程的，责令停止违法行为，处以罚款，可以责令停业整顿，降低资质等级；情节严重的，吊销资质证书；有违法所得的，予以没收。

未取得资质证书承揽工程的，予以取缔，并处罚款；有违法所得的，予以没收。

以欺骗手段取得资质证书的，吊销资质证书，处以罚款；构成犯罪的，依法追究刑事责任。

▶**条文参见**

《建设工程质量管理条例》第 54、60 条；《建筑工程施工许可管理办法》第 11、12、13 条

第六十六条 非法转让承揽工程处罚

建筑施工企业转让、出借资质证书或者以其他方式允许他人以本企业的名义承揽工程的，责令改正，没收违法所得，并处罚款，可以责令停业整顿，降低资质等级；情节严重的，吊销资质证书。对因该项承揽工程不符合规定的质量标准造成的损失，建筑施工企业与使用本企业名义的单位或者个人承担连带赔偿责任。

▶**条文参见**

《建设工程质量管理条例》第 61 条

第六十七条 转包非法分包处罚

承包单位将承包的工程转包的，或者违反本法规定进行分包的，责令改正，没收违法所得，并处罚款，可以责令停业整顿，降低资质等级；情节严重的，吊销资质证书。

承包单位有前款规定的违法行为的，对因转包工程或者违法分包的工程不符合规定的质量标准造成的损失，与接受转包或者分包的单位承担连带赔偿责任。

第六十八条 行贿、索贿刑事责任

在工程发包与承包中索贿、受贿、行贿，构成犯罪的，依法追究刑事责任；不构成犯罪的，分别处以罚款，没收贿赂的财物，对直接负责的主管人员和其他直接责任人员给予处分。

对在工程承包中行贿的承包单位，除依照前款规定处罚外，可以责令停业整顿，降低资质等级或者吊销资质证书。

第六十九条 非法监理处罚

工程监理单位与建设单位或者建筑施工企业串通，弄虚作假、降低工程质量的，责令改正，处以罚款，降低资质等级或者吊销资质证书；有违法所得的，予以没收；造成损失的，承担连带赔偿责任；构成犯罪的，依法追究刑事责任。

工程监理单位转让监理业务的，责令改正，没收违法所得，可以责令停业整顿，降低资质等级；情节严重的，吊销资质证书。

▶条文参见

《建设工程质量管理条例》第67、68条

第七十条 擅自变动施工处罚

违反本法规定，涉及建筑主体或者承重结构变动的装修工程擅自施工的，责令改正，处以罚款；造成损失的，承担赔偿责任；构成犯罪的，依法追究刑事责任。

▶条文参见

《建设工程质量管理条例》第69条

第七十一条 安全事故处罚

建筑施工企业违反本法规定，对建筑安全事故隐患不采取措施予以消除的，责令改正，可以处以罚款；情节严重的，责令停业整顿，降低资质等级或者吊销资质证书；构成犯罪的，依法追究刑事责任。

建筑施工企业的管理人员违章指挥、强令职工冒险作业，因而发生重大伤亡事故或者造成其他严重后果的，依法追究刑事责任。

►条文参见

《安全生产法》第五章；《生产安全事故报告和调查处理条例》；《建设工程安全生产管理条例》第七章；《刑法》第135、137条

第七十二条 质量降低处罚

建设单位违反本法规定，要求建筑设计单位或者建筑施工企业违反建筑工程质量、安全标准，降低工程质量的，责令改正，可以处以罚款；构成犯罪的，依法追究刑事责任。

第七十三条 非法设计处罚

建筑设计单位不按照建筑工程质量、安全标准进行设计的，责令改正，处以罚款；造成工程质量事故的，责令停业整顿，降低资质等级或者吊销资质证书，没收违法所得，并处罚款；造成损失的，承担赔偿责任；构成犯罪的，依法追究刑事责任。

第七十四条 非法施工处罚

建筑施工企业在施工中偷工减料的，使用不合格的建筑材料、建筑构配件和设备的，或者有其他不按照工程设计图纸或者施工技术标准施工的行为的，责令改正，处以罚款；情节严重的，责令停业整顿，降低资质等级或者吊销资质证书；造成建筑工程质量不符合规定的质量标准的，负责返工、修理，并赔偿因此造成的损失；构成犯罪的，依法追究刑事责任。

▶条文参见

《建设工程质量管理条例》第 64 条

第七十五条 不保修处罚及赔偿

建筑施工企业违反本法规定，不履行保修义务或者拖延履行保修义务的，责令改正，可以处以罚款，并对在保修期内因屋顶、墙面渗漏、开裂等质量缺陷造成的损失，承担赔偿责任。

▶条文参见

《建设工程质量管理条例》第 66 条

第七十六条 行政处罚机关

本法规定的责令停业整顿、降低资质等级和吊销资质证书的行政处罚，由颁发资质证书的机关决定；其他行政处罚，由建设行政主管部门或者有关部门依照法律和国务院规定的职权范围决定。

依照本法规定被吊销资质证书的，由工商行政管理部门吊销其营业执照。

第七十七条 非法颁证处罚

违反本法规定，对不具备相应资质等级条件的单位颁发该等级资质证书的，由其上级机关责令收回所发的资质证书，对直接负责的主管人员和其他直接责任人员给予行政处分；构成犯罪的，依法追究刑事责任。

第七十八条 限包处罚

政府及其所属部门的工作人员违反本法规定，限定发包单位将招标发包的工程发包给指定的承包单位的，由上级机关责令改正；构成犯罪的，依法追究刑事责任。

第七十九条 非法颁证、验收处罚

负责颁发建筑工程施工许可证的部门及其工作人员对不符合施工条件的建筑工程颁发施工许可证的，负责工程质量监督检查或者竣工验收的部门及其工作人员对不合格的建筑工程出具质量合格文件或者按合格工程验收的，由上级机关责令改正，对责任人员给予行政处分；构成犯罪的，依法追究刑事责任；造成损失的，由该部门承担相应的赔偿责任。

第八十条 损害赔偿

在建筑物的合理使用寿命内，因建筑工程质量不合格受到损害的，有权向责任者要求赔偿。

▶条文参见

《建设工程质量管理条例》第 41 条；《最高人民法院关于审理建设工程施工合同纠纷案件适用法律问题的解释》第 11－13 条

第八章　附　　则

第八十一条　适用范围补充

本法关于施工许可、建筑施工企业资质审查和建筑工程发包、承包、禁止转包，以及建筑工程监理、建筑工程安全和质量管理的规定，适用于其他专业建筑工程的建筑活动，具体办法由国务院规定。

第八十二条　收费监管

建设行政主管部门和其他有关部门在对建筑活动实施监督管理中，除按照国务院有关规定收取费用外，不得收取其他费用。

第八十三条　适用范围特别规定

省、自治区、直辖市人民政府确定的小型房屋建筑工程的建筑活动，参照本法执行。

依法核定作为文物保护的纪念建筑物和古建筑等的修缮，依照文物保护的有关法律规定执行。

抢险救灾及其他临时性房屋建筑和农民自建低层住宅的建筑活动，不适用本法。

第八十四条　军用工程特别规定

军用房屋建筑工程建筑活动的具体管理办法，由国务院、中央军事委员会依据本法制定。

第八十五条　施行日期

本法自 1998 年 3 月 1 日起施行。

建筑许可

建筑业企业资质管理规定

（2015 年 1 月 22 日住房和城乡建设部令第 22 号公布　根据 2016 年 9 月 13 日《住房城乡建设部关于修改〈勘察设计注册工程师管理规定〉等 11 个部门规章的决定》修订）

第一章　总　　则

第一条　为了加强对建筑活动的监督管理，维护公共利益和规范建筑市场秩序，保证建设工程质量安全，促进建筑业的健康发展，根据《中华人民共和国建筑法》、《中华人民共和国行政许可法》、《建设工程质量管理条例》、《建设工程安全生产管理条例》等法律、行政法规，制定本规定。

第二条　在中华人民共和国境内申请建筑业企业资质，实施对建筑业企业资质监督管理，适用本规定。

本规定所称建筑业企业，是指从事土木工程、建筑工程、线路管道设备安装工程的新建、扩建、改建等施工活动的企业。

第三条　企业应当按照其拥有的资产、主要人员、已完成的工程业绩和技术装备等条件申请建筑业企业资质，经审查合格，取得建筑业企业资质证书后，方可在资质许可的范围内从事建筑施工活动。

第四条　国务院住房城乡建设主管部门负责全国建筑业企业资质的统一监督管理。国务院交通运输、水利、工业信息化等有关部门配合国务院住房城乡建设主管部门实施相关资质类别建筑业企业资质的管理工作。

省、自治区、直辖市人民政府住房城乡建设主管部门负责本行政区域内建筑业企业资质的统一监督管理。省、自治区、直辖市人民政府交通运输、水利、通信等有关部门配合同级住房城乡建设主管部门实施本行政区域内相关资质类别建筑业企业资质的管理工作。

第五条　建筑业企业资质分为施工总承包资质、专业承包资质、施工劳务资质三个序列。

施工总承包资质、专业承包资质按照工程性质和技术特点分别划分为若干资质类别，各资质类别按照规定的条件划分为若干资质等级。施工劳务资质不分类别与等级。

第六条 建筑业企业资质标准和取得相应资质的企业可以承担工程的具体范围，由国务院住房城乡建设主管部门会同国务院有关部门制定。

第七条 国家鼓励取得施工总承包资质的企业拥有全资或者控股的劳务企业。

建筑业企业应当加强技术创新和人员培训，使用先进的建造技术、建筑材料，开展绿色施工。

第二章 申请与许可

第八条 企业可以申请一项或多项建筑业企业资质。

企业首次申请或增项申请资质，应当申请最低等级资质。

第九条 下列建筑业企业资质，由国务院住房城乡建设主管部门许可：

（一）施工总承包资质序列特级资质、一级资质及铁路工程施工总承包二级资质；

（二）专业承包资质序列公路、水运、水利、铁路、民航方面的专业承包一级资质及铁路、民航方面的专业承包二级资质；涉及多个专业的专业承包一级资质。

第十条 下列建筑业企业资质，由企业工商注册所在地省、自治区、直辖市人民政府住房城乡建设主管部门许可：

（一）施工总承包资质序列二级资质及铁路、通信工程施工总承包三级资质；

（二）专业承包资质序列一级资质（不含公路、水运、水利、铁路、民航方面的专业承包一级资质及涉及多个专业的专业承包一级资质）；

（三）专业承包资质序列二级资质（不含铁路、民航方面的专业承包二级资质）；铁路方面专业承包三级资质；特种工程专业承包资质。

第十一条 下列建筑业企业资质，由企业工商注册所在地设区的市人民政府住房城乡建设主管部门许可：

（一）施工总承包资质序列三级资质（不含铁路、通信工程施工总承包三级资质）；

（二）专业承包资质序列三级资质（不含铁路方面专业承包资质）及预

拌混凝土、模板脚手架专业承包资质；

（三）施工劳务资质；

（四）燃气燃烧器具安装、维修企业资质。

第十二条 申请本规定第九条所列资质的，可以向企业工商注册所在地省、自治区、直辖市人民政府住房城乡建设主管部门提交申请材料。

省、自治区、直辖市人民政府住房城乡建设主管部门收到申请材料后，应当在5日内将全部申请材料报审批部门。

国务院住房城乡建设主管部门在收到申请材料后，应当依法作出是否受理的决定，并出具凭证；申请材料不齐全或者不符合法定形式的，应当在5日内一次性告知申请人需要补正的全部内容。逾期不告知的，自收到申请材料之日起即为受理。

国务院住房城乡建设主管部门应当自受理之日起20个工作日内完成审查。自作出决定之日起10日内公告审批结果。其中，涉及公路、水运、水利、通信、铁路、民航等方面资质的，由国务院住房城乡建设主管部门会同国务院有关部门审查。

需要组织专家评审的，所需时间不计算在许可时限内，但应当明确告知申请人。

第十三条 本规定第十条规定的资质许可程序由省、自治区、直辖市人民政府住房城乡建设主管部门依法确定，并向社会公布。

本规定第十一条规定的资质许可程序由设区的市级人民政府住房城乡建设主管部门依法确定，并向社会公布。

第十四条 企业申请建筑业企业资质，应当提交以下材料：

（一）建筑业企业资质申请表及相应的电子文档；

（二）企业营业执照正副本复印件；

（三）企业章程复印件；

（四）企业资产证明文件复印件；

（五）企业主要人员证明文件复印件；

（六）企业资质标准要求的技术装备的相应证明文件复印件；

（七）企业安全生产条件有关材料复印件；

（八）按照国家有关规定应提交的其他材料。

第十五条 企业申请建筑业企业资质，应当如实提交有关申请材料。资质许可机关收到申请材料后，应当按照《中华人民共和国行政许可法》的规定办理受理手续。

第十六条 资质许可机关应当及时将资质许可决定向社会公开，并为公众查询提供便利。

第十七条 建筑业企业资质证书分为正本和副本，由国务院住房城乡建设主管部门统一印制，正、副本具备同等法律效力。资质证书有效期为5年。

第三章 延续与变更

第十八条 建筑业企业资质证书有效期届满，企业继续从事建筑施工活动的，应当于资质证书有效期届满3个月前，向原资质许可机关提出延续申请。

资质许可机关应当在建筑业企业资质证书有效期届满前做出是否准予延续的决定；逾期未做出决定的，视为准予延续。

第十九条 企业在建筑业企业资质证书有效期内名称、地址、注册资本、法定代表人等发生变更的，应当在工商部门办理变更手续后1个月内办理资质证书变更手续。

第二十条 由国务院住房城乡建设主管部门颁发的建筑业企业资质证书的变更，企业应当向企业工商注册所在地省、自治区、直辖市人民政府住房城乡建设主管部门提出变更申请，省、自治区、直辖市人民政府住房城乡建设主管部门应当自受理申请之日起2日内将有关变更证明材料报国务院住房城乡建设主管部门，由国务院住房城乡建设主管部门在2日内办理变更手续。

前款规定以外的资质证书的变更，由企业工商注册所在地的省、自治区、直辖市人民政府住房城乡建设主管部门或者设区的市人民政府住房城乡建设主管部门依法另行规定。变更结果应当在资质证书变更后15日内，报国务院住房城乡建设主管部门备案。

涉及公路、水运、水利、通信、铁路、民航等方面的建筑业企业资质证书的变更，办理变更手续的住房城乡建设主管部门应当将建筑业企业资质证书变更情况告知同级有关部门。

第二十一条 企业发生合并、分立、重组以及改制等事项，需承继原建筑业企业资质的，应当申请重新核定建筑业企业资质等级。

第二十二条 企业需更换、遗失补办建筑业企业资质证书的，应当持建筑业企业资质证书更换、遗失补办申请等材料向资质许可机关申请办理。资质许可机关应当在2个工作日内办理完毕。

企业遗失建筑业企业资质证书的，在申请补办前应当在公众媒体上刊登遗失声明。

第二十三条 企业申请建筑业企业资质升级、资质增项，在申请之日起前一年至资质许可决定作出前，有下列情形之一的，资质许可机关不予批准其建筑业企业资质升级申请和增项申请：

（一）超越本企业资质等级或以其他企业的名义承揽工程，或允许其他企业或个人以本企业的名义承揽工程的；

（二）与建设单位或企业之间相互串通投标，或以行贿等不正当手段谋取中标的；

（三）未取得施工许可证擅自施工的；

（四）将承包的工程转包或违法分包的；

（五）违反国家工程建设强制性标准施工的；

（六）恶意拖欠分包企业工程款或者劳务人员工资的；

（七）隐瞒或谎报、拖延报告工程质量安全事故，破坏事故现场、阻碍对事故调查的；

（八）按照国家法律、法规和标准规定需要持证上岗的现场管理人员和技术工种作业人员未取得证书上岗的；

（九）未依法履行工程质量保修义务或拖延履行保修义务的；

（十）伪造、变造、倒卖、出租、出借或者以其他形式非法转让建筑业企业资质证书的；

（十一）发生过较大以上质量安全事故或者发生过两起以上一般质量安全事故的；

（十二）其他违反法律、法规的行为。

第四章 监督管理

第二十四条 县级以上人民政府住房城乡建设主管部门和其他有关部门应当依照有关法律、法规和本规定，加强对企业取得建筑业企业资质后是否满足资质标准和市场行为的监督管理。

上级住房城乡建设主管部门应当加强对下级住房城乡建设主管部门资质管理工作的监督检查，及时纠正建筑业企业资质管理中的违法行为。

第二十五条 住房城乡建设主管部门、其他有关部门的监督检查人员履行监督检查职责时，有权采取下列措施：

（一）要求被检查企业提供建筑业企业资质证书、企业有关人员的注册执业证书、职称证书、岗位证书和考核或者培训合格证书，有关施工业务的文档，有关质量管理、安全生产管理、合同管理、档案管理、财务管理等企业内部管理制度的文件；

（二）进入被检查企业进行检查，查阅相关资料；

（三）纠正违反有关法律、法规和本规定及有关规范和标准的行为。

监督检查人员应当将监督检查情况和处理结果予以记录，由监督检查人员和被检查企业的有关人员签字确认后归档。

第二十六条 住房城乡建设主管部门、其他有关部门的监督检查人员在实施监督检查时，应当出示证件，并要有两名以上人员参加。

监督检查人员应当为被检查企业保守商业秘密，不得索取或者收受企业的财物，不得谋取其他利益。

有关企业和个人对依法进行的监督检查应当协助与配合，不得拒绝或者阻挠。

监督检查机关应当将监督检查的处理结果向社会公布。

第二十七条 企业违法从事建筑活动的，违法行为发生地的县级以上地方人民政府住房城乡建设主管部门或者其他有关部门应当依法查处，并将违法事实、处理结果或者处理建议及时告知该建筑业企业资质的许可机关。

对取得国务院住房城乡建设主管部门颁发的建筑业企业资质证书的企业需要处以停业整顿、降低资质等级、吊销资质证书行政处罚的，县级以上地方人民政府住房城乡建设主管部门或者其他有关部门，应当通过省、自治区、直辖市人民政府住房城乡建设主管部门或者国务院有关部门，将违法事实、处理建议及时报送国务院住房城乡建设主管部门。

第二十八条 取得建筑业企业资质证书的企业，应当保持资产、主要人员、技术装备等方面满足相应建筑业企业资质标准要求的条件。

企业不再符合相应建筑业企业资质标准要求条件的，县级以上地方人民政府住房城乡建设主管部门、其他有关部门，应当责令其限期改正并向社会公告，整改期限最长不超过3个月；企业整改期间不得申请建筑业企业资质的升级、增项，不能承揽新的工程；逾期仍未达到建筑业企业资质标准要求条件的，资质许可机关可以撤回其建筑业企业资质证书。

被撤回建筑业企业资质证书的企业，可以在资质被撤回后3个月内，向资质许可机关提出核定低于原等级同类别资质的申请。

第二十九条 有下列情形之一的，资质许可机关应当撤销建筑业企业资质：

（一）资质许可机关工作人员滥用职权、玩忽职守准予资质许可的；

（二）超越法定职权准予资质许可的；

（三）违反法定程序准予资质许可的；

（四）对不符合资质标准条件的申请企业准予资质许可的；

（五）依法可以撤销资质许可的其他情形。

以欺骗、贿赂等不正当手段取得资质许可的，应当予以撤销。

第三十条 有下列情形之一的，资质许可机关应当依法注销建筑业企业资质，并向社会公布其建筑业企业资质证书作废，企业应当及时将建筑业企业资质证书交回资质许可机关：

（一）资质证书有效期届满，未依法申请延续的；

（二）企业依法终止的；

（三）资质证书依法被撤回、撤销或吊销的；

（四）企业提出注销申请的；

（五）法律、法规规定的应当注销建筑业企业资质的其他情形。

第三十一条 有关部门应当将监督检查情况和处理意见及时告知资质许可机关。资质许可机关应当将涉及有关公路、水运、水利、通信、铁路、民航等方面的建筑业企业资质许可被撤回、撤销、吊销和注销的情况告知同级有关部门。

第三十二条 资质许可机关应当建立、健全建筑业企业信用档案管理制度。建筑业企业信用档案应当包括企业基本情况、资质、业绩、工程质量和安全、合同履约、社会投诉和违法行为等情况。

企业的信用档案信息按照有关规定向社会公开。

取得建筑业企业资质的企业应当按照有关规定，向资质许可机关提供真实、准确、完整的企业信用档案信息。

第三十三条 县级以上地方人民政府住房城乡建设主管部门或其他有关部门依法给予企业行政处罚的，应当将行政处罚决定以及给予行政处罚的事实、理由和依据，通过省、自治区、直辖市人民政府住房城乡建设主管部门或者国务院有关部门报国务院住房城乡建设主管部门备案。

第三十四条 资质许可机关应当推行建筑业企业资质许可电子化，建立建筑业企业资质管理信息系统。

第五章 法律责任

第三十五条 申请企业隐瞒有关真实情况或者提供虚假材料申请建筑业企业资质的，资质许可机关不予许可，并给予警告，申请企业在 1 年内不得再次申请建筑业企业资质。

第三十六条 企业以欺骗、贿赂等不正当手段取得建筑业企业资质的，由原资质许可机关予以撤销；由县级以上地方人民政府住房城乡建设主管部门或者其他有关部门给予警告，并处 3 万元的罚款；申请企业 3 年内不得再次申请建筑业企业资质。

第三十七条 企业有本规定第二十三条行为之一，《中华人民共和国建筑法》、《建设工程质量管理条例》和其他有关法律、法规对处罚机关和处罚方式有规定的，依照法律、法规的规定执行；法律、法规未作规定的，由县级以上地方人民政府住房城乡建设主管部门或者其他有关部门给予警告，责令改正，并处 1 万元以上 3 万元以下的罚款。

第三十八条 企业未按照本规定及时办理建筑业企业资质证书变更手续的，由县级以上地方人民政府住房城乡建设主管部门责令限期办理；逾期不办理的，可处以 1000 元以上 1 万元以下的罚款。

第三十九条 企业在接受监督检查时，不如实提供有关材料，或者拒绝、阻碍监督检查的，由县级以上地方人民政府住房城乡建设主管部门责令限期改正，并可以处 3 万元以下罚款。

第四十条 企业未按照本规定要求提供企业信用档案信息的，由县级以上地方人民政府住房城乡建设主管部门或者其他有关部门给予警告，责令限期改正；逾期未改正的，可处以 1000 元以上 1 万元以下的罚款。

第四十一条 县级以上人民政府住房城乡建设主管部门及其工作人员，违反本规定，有下列情形之一的，由其上级行政机关或者监察机关责令改正；对直接负责的主管人员和其他直接责任人员，依法给予行政处分；直接负责的主管人员和其他直接责任人员构成犯罪的，依法追究刑事责任：

（一）对不符合资质标准规定条件的申请企业准予资质许可的；

（二）对符合受理条件的申请企业不予受理或者未在法定期限内初审完毕的；

（三）对符合资质标准规定条件的申请企业不予许可或者不在法定期限内准予资质许可的；

（四）发现违反本规定规定的行为不予查处，或者接到举报后不依法处理的；

（五）在企业资质许可和监督管理中，利用职务上的便利，收受他人财物或者其他好处，以及有其他违法行为的。

第六章 附 则

第四十二条 本规定自 2015 年 3 月 1 日起施行。2007 年 6 月 26 日建设部颁布的《建筑业企业资质管理规定》（建设部令第 159 号）同时废止。

建筑工程施工许可管理办法

（2014 年 6 月 25 日住房和城乡建设部令第 18 号公布　自 2014 年 10 月 25 日起施行）

第一条　为了加强对建筑活动的监督管理，维护建筑市场秩序，保证建筑工程的质量和安全，根据《中华人民共和国建筑法》，制定本办法。

第二条　在中华人民共和国境内从事各类房屋建筑及其附属设施的建造、装修装饰和与其配套的线路、管道、设备的安装，以及城镇市政基础设施工程的施工，建设单位在开工前应当依照本办法的规定，向工程所在地的县级以上地方人民政府住房城乡建设主管部门（以下简称发证机关）申请领取施工许可证。

工程投资额在 30 万元以下或者建筑面积在 300 平方米以下的建筑工程，可以不申请办理施工许可证。省、自治区、直辖市人民政府住房城乡建设主管部门可以根据当地的实际情况，对限额进行调整，并报国务院住房城乡建设主管部门备案。

按照国务院规定的权限和程序批准开工报告的建筑工程，不再领取施工许可证。

第三条　本办法规定应当申请领取施工许可证的建筑工程未取得施工许可证的，一律不得开工。

任何单位和个人不得将应当申请领取施工许可证的工程项目分解为若干限额以下的工程项目，规避申请领取施工许可证。

第四条　建设单位申请领取施工许可证，应当具备下列条件，并提交相应的证明文件：

（一）依法应当办理用地批准手续的，已经办理该建筑工程用地批准手续。

（二）在城市、镇规划区的建筑工程，已经取得建设工程规划许可证。

（三）施工场地已经基本具备施工条件，需要征收房屋的，其进度符合施工要求。

（四）已经确定施工企业。按照规定应当招标的工程没有招标，应当公开招标的工程没有公开招标，或者肢解发包工程，以及将工程发包给不具备相应资质条件的企业的，所确定的施工企业无效。

（五）有满足施工需要的技术资料，施工图设计文件已按规定审查合格。

（六）有保证工程质量和安全的具体措施。施工企业编制的施工组织设计中有根据建筑工程特点制定的相应质量、安全技术措施。建立工程质量安全责任制并落实到人。专业性较强的工程项目编制了专项质量、安全施工组织设计，并按照规定办理了工程质量、安全监督手续。

（七）按照规定应当委托监理的工程已委托监理。

（八）建设资金已经落实。建设工期不足一年的，到位资金原则上不得少于工程合同价的50%，建设工期超过一年的，到位资金原则上不得少于工程合同价的30%。建设单位应当提供本单位截至申请之日无拖欠工程款情形的承诺书或者能够表明其无拖欠工程款情形的其他材料，以及银行出具的到位资金证明，有条件的可以实行银行付款保函或者其他第三方担保。

（九）法律、行政法规规定的其他条件。

县级以上地方人民政府住房城乡建设主管部门不得违反法律法规规定，增设办理施工许可证的其他条件。

第五条 申请办理施工许可证，应当按照下列程序进行：

（一）建设单位向发证机关领取《建筑工程施工许可证申请表》。

（二）建设单位持加盖单位及法定代表人印鉴的《建筑工程施工许可证申请表》，并附本办法第四条规定的证明文件，向发证机关提出申请。

（三）发证机关在收到建设单位报送的《建筑工程施工许可证申请表》和所附证明文件后，对于符合条件的，应当自收到申请之日起十五日内颁发施工许可证；对于证明文件不齐全或者失效的，应当当场或者五日内一次告知建设单位需要补正的全部内容，审批时间可以自证明文件补正齐全后作相应顺延；对于不符合条件的，应当自收到申请之日起十五日内书面通知建设单位，并说明理由。

建筑工程在施工过程中，建设单位或者施工单位发生变更的，应当重新申请领取施工许可证。

第六条 建设单位申请领取施工许可证的工程名称、地点、规模，应当符合依法签订的施工承包合同。

施工许可证应当放置在施工现场备查，并按规定在施工现场公开。

第七条 施工许可证不得伪造和涂改。

第八条 建设单位应当自领取施工许可证之日起三个月内开工。因故不能按期开工的，应当在期满前向发证机关申请延期，并说明理由；延期以两次为限，每次不超过三个月。既不开工又不申请延期或者超过延期次数、时限的，施工许可证自行废止。

第九条 在建的建筑工程因故中止施工的，建设单位应当自中止施工之日起一个月内向发证机关报告，报告内容包括中止施工的时间、原因、在施部位、维修管理措施等，并按照规定做好建筑工程的维护管理工作。

建筑工程恢复施工时，应当向发证机关报告；中止施工满一年的工程恢复施工前，建设单位应当报发证机关核验施工许可证。

第十条 发证机关应当将办理施工许可证的依据、条件、程序、期限以及需要提交的全部材料和申请表示范文本等，在办公场所和有关网站予以公示。

发证机关作出的施工许可决定，应当予以公开，公众有权查阅。

第十一条 发证机关应当建立颁发施工许可证后的监督检查制度，对取得施工许可证后条件发生变化、延期开工、中止施工等行为进行监督检查，发现违法违规行为及时处理。

第十二条 对于未取得施工许可证或者为规避办理施工许可证将工程项目分解后擅自施工的，由有管辖权的发证机关责令停止施工，限期改正，对建设单位处工程合同价款1%以上2%以下罚款；对施工单位处3万元以下罚款。

第十三条 建设单位采用欺骗、贿赂等不正当手段取得施工许可证的，由原发证机关撤销施工许可证，责令停止施工，并处1万元以上3万元以下罚款；构成犯罪的，依法追究刑事责任。

第十四条 建设单位隐瞒有关情况或者提供虚假材料申请施工许可证的，发证机关不予受理或者不予许可，并处1万元以上3万元以下罚款；构成犯罪的，依法追究刑事责任。

建设单位伪造或者涂改施工许可证的，由发证机关责令停止施工，并处1万元以上3万元以下罚款；构成犯罪的，依法追究刑事责任。

第十五条 依照本办法规定，给予单位罚款处罚的，对单位直接负责的主管人员和其他直接责任人员处单位罚款数额5%以上10%以下罚款。

单位及相关责任人受到处罚的，作为不良行为记录予以通报。

第十六条 发证机关及其工作人员，违反本办法，有下列情形之一的，由其上级行政机关或者监察机关责令改正；情节严重的，对直接负责的主管人员和其他直接责任人员，依法给予行政处分：

（一）对不符合条件的申请人准予施工许可的；

（二）对符合条件的申请人不予施工许可或者未在法定期限内作出准予许可决定的；

（三）对符合条件的申请不予受理的；

（四）利用职务上的便利，收受他人财物或者谋取其他利益的；

（五）不依法履行监督职责或者监督不力，造成严重后果的。

第十七条 建筑工程施工许可证由国务院住房城乡建设主管部门制定格

式，由各省、自治区、直辖市人民政府住房城乡建设主管部门统一印制。

施工许可证分为正本和副本，正本和副本具有同等法律效力。复印的施工许可证无效。

第十八条 本办法关于施工许可管理的规定适用于其他专业建筑工程。有关法律、行政法规有明确规定的，从其规定。

《建筑法》第八十三条第三款规定的建筑活动，不适用本办法。

军事房屋建筑工程施工许可的管理，按国务院、中央军事委员会制定的办法执行。

第十九条 省、自治区、直辖市人民政府住房城乡建设主管部门可以根据本办法制定实施细则。

第二十条 本办法自2014年10月25日起施行。1999年10月15日建设部令第71号发布、2001年7月4日建设部令第91号修正的《建筑工程施工许可管理办法》同时废止。

建设用地审查报批管理办法

（1999年3月2日国土资源部令第3号公布 2010年11月30日第一次修正 根据2016年11月29日《国土资源部关于修改〈建设用地审查报批管理办法〉的决定》第二次修正）

第一条 为加强土地管理，规范建设用地审查报批工作，根据《中华人民共和国土地管理法》（以下简称《土地管理法》）、《中华人民共和国土地管理法实施条例》（以下简称《土地管理法实施条例》），制定本办法。

第二条 依法应当报国务院和省、自治区、直辖市人民政府批准的建设用地的申请、审查、报批和实施，适用本办法。

第三条 县级以上国土资源主管部门负责建设用地的申请受理、审查、报批工作。

第四条 在建设项目审批、核准、备案阶段，建设单位应当向建设项目批准机关的同级国土资源主管部门提出建设项目用地预审申请。

受理预审申请的国土资源主管部门应当依据土地利用总体规划、土地使用标准和国家土地供应政策，对建设项目的有关事项进行预审，出具建设项目用地预审意见。

第五条 在土地利用总体规划确定的城市建设用地范围外单独选址的建设项目使用土地的，建设单位应当向土地所在地的市、县国土资源主管部门提出用地申请。

建设单位提出用地申请时，应当填写《建设用地申请表》，并附具下列材料：

（一）建设项目用地预审意见；

（二）建设项目批准、核准或者备案文件；

（三）建设项目初步设计批准或者审核文件。

建设项目拟占用耕地的，还应当提出补充耕地方案；建设项目位于地质灾害易发区的，还应当提供地质灾害危险性评估报告。

第六条 国家重点建设项目中的控制工期的单体工程和因工期紧或者受季节影响急需动工建设的其他工程，可以由省、自治区、直辖市国土资源主管部门向国土资源部申请先行用地。

申请先行用地，应当提交下列材料：

（一）省、自治区、直辖市国土资源主管部门先行用地申请；

（二）建设项目用地预审意见；

（三）建设项目批准、核准或者备案文件；

（四）建设项目初步设计批准文件、审核文件或者有关部门确认工程建设的文件；

（五）国土资源部规定的其他材料。

经批准先行用地的，应当在规定期限内完成用地报批手续。

第七条 市、县国土资源主管部门对材料齐全、符合条件的建设用地申请，应当受理，并在收到申请之日起30日内拟订农用地转用方案、补充耕地方案、征收土地方案和供地方案，编制建设项目用地呈报说明书，经同级人民政府审核同意后，报上一级国土资源主管部门审查。

第八条 在土地利用总体规划确定的城市建设用地范围内，为实施城市规划占用土地的，由市、县国土资源主管部门拟订农用地转用方案、补充耕地方案和征收土地方案，编制建设项目用地呈报说明书，经同级人民政府审核同意后，报上一级国土资源主管部门审查。

在土地利用总体规划确定的村庄和集镇建设用地范围内，为实施村庄和集镇规划占用土地的，由市、县国土资源主管部门拟订农用地转用方案、补充耕地方案，编制建设项目用地呈报说明书，经同级人民政府审核同意后，报上一级国土资源主管部门审查。

报国务院批准的城市建设用地，农用地转用方案、补充耕地方案和征收土地方案可以合并编制，一年申报一次；国务院批准城市建设用地后，由省、自治区、直辖市人民政府对设区的市人民政府分期分批申报的农用地转用和征收土地实施方案进行审核并回复。

第九条 建设只占用国有农用地的，市、县国土资源主管部门只需拟订农用地转用方案、补充耕地方案和供地方案。

建设只占用农民集体所有建设用地的，市、县国土资源主管部门只需拟订征收土地方案和供地方案。

建设只占用国有未利用地，按照《土地管理法实施条例》第二十四条规定应由国务院批准的，市、县国土资源主管部门只需拟订供地方案；其他建设项目使用国有未利用地的，按照省、自治区、直辖市的规定办理。

第十条 建设项目用地呈报说明书应当包括用地安排情况、拟使用土地情况等，并应附具下列材料：

（一）经批准的市、县土地利用总体规划图和分幅土地利用现状图，占用基本农田的，同时提供乡级土地利用总体规划图；

（二）有资格的单位出具的勘测定界图及勘测定界技术报告书；

（三）地籍资料或者其他土地权属证明材料；

（四）为实施城市规划和村庄、集镇规划占用土地的，提供城市规划图和村庄、集镇规划图。

第十一条 农用地转用方案，应当包括占用农用地的种类、面积、质量等，以及符合规划计划、基本农田占用补划等情况。

补充耕地方案，应当包括补充耕地的位置、面积、质量，补充的期限，资金落实情况等，以及补充耕地项目备案信息。

征收土地方案，应当包括征收土地的范围、种类、面积、权属，土地补偿费和安置补助费标准，需要安置人员的安置途径等。

供地方案，应当包括供地方式、面积、用途等。

第十二条 有关国土资源主管部门收到上报的建设项目用地呈报说明书和有关方案后，对材料齐全、符合条件的，应当在 5 日内报经同级人民政府审核。同级人民政府审核同意后，逐级上报有批准权的人民政府，并将审查所需的材料及时送该级国土资源主管部门审查。

对依法应由国务院批准的建设项目用地呈报说明书和有关方案，省、自治区、直辖市人民政府必须提出明确的审查意见，并对报送材料的真实性、合法性负责。

省、自治区、直辖市人民政府批准农用地转用、国务院批准征收土地的，省、自治区、直辖市人民政府批准农用地转用方案后，应当将批准文件和下级国土资源主管部门上报的材料一并上报。

第十三条 有批准权的国土资源主管部门应当自收到上报的农用地转用方案、补充耕地方案、征收土地方案和供地方案并按规定征求有关方面意见后 30 日内审查完毕。

建设用地审查应当实行国土资源主管部门内部会审制度。

第十四条 农用地转用方案和补充耕地方案符合下列条件的，国土资源主管部门方可报人民政府批准：

（一）符合土地利用总体规划；

（二）确属必需占用农用地且符合土地利用年度计划确定的控制指标；

（三）占用耕地的，补充耕地方案符合土地整理开发专项规划且面积、质量符合规定要求；

（四）单独办理农用地转用的，必须符合单独选址条件。

第十五条 征收土地方案符合下列条件的，国土资源主管部门方可报人民政府批准：

（一）被征收土地界址、地类、面积清楚，权属无争议的；

（二）被征收土地的补偿标准符合法律、法规规定的；

（三）被征收土地上需要安置人员的安置途径切实可行。

建设项目施工和地质勘查需要临时使用农民集体所有的土地的，依法签订临时使用土地合同并支付临时使用土地补偿费，不得办理土地征收。

第十六条 供地方案符合下列条件的，国土资源主管部门方可报人民政府批准：

（一）符合国家的土地供应政策；

（二）申请用地面积符合建设用地标准和集约用地的要求；

（三）只占用国有未利用地的，符合规划、界址清楚、面积准确。

第十七条 农用地转用方案、补充耕地方案、征收土地方案和供地方案经有批准权的人民政府批准后，同级国土资源主管部门应当在收到批件后5日内将批复发出。

未按规定缴纳新增建设用地土地有偿使用费的，不予批复建设用地。其中，报国务院批准的城市建设用地，省、自治区、直辖市人民政府在设区的市人民政府按照有关规定缴纳新增建设用地土地有偿使用费后办理回复文件。

第十八条 经批准的农用地转用方案、补充耕地方案、征收土地方案和供地方案，由土地所在地的市、县人民政府组织实施。

第十九条 建设项目补充耕地方案经批准下达后，在土地利用总体规划确定的城市建设用地范围外单独选址的建设项目，由市、县国土资源主管部门负责监督落实；在土地利用总体规划确定的城市和村庄、集镇建设用地范围内，为实施城市规划和村庄、集镇规划占用土地的，由省、自治区、直辖市国土资源主管部门负责监督落实。

第二十条 征收土地公告和征地补偿、安置方案公告，按照《征收土地公告办法》的有关规定执行。

征地补偿、安置方案确定后，市、县国土资源主管部门应当依照征地补偿、安置方案向被征收土地的农村集体经济组织和农民支付土地补偿费、地上附着物和青苗补偿费，并落实需要安置农业人口的安置途径。

第二十一条 在土地利用总体规划确定的城市建设用地范围内，为实施城市规划占用土地的，经依法批准后，市、县国土资源主管部门应当公布规划要求，设定使用条件，确定使用方式，并组织实施。

第二十二条 以有偿使用方式提供国有土地使用权的，由市、县国土资源主管部门与土地使用者签订土地有偿使用合同，并向建设单位颁发《建设用地批准书》。土地使用者缴纳土地有偿使用费后，依照规定办理土地登记。

以划拨方式提供国有土地使用权的，由市、县国土资源主管部门向建设单位颁发《国有土地划拨决定书》和《建设用地批准书》，依照规定办理土地登记。《国有土地划拨决定书》应当包括划拨土地面积、土地用途、土地使用条件等内容。

建设项目施工期间，建设单位应当将《建设用地批准书》公示于施工现场。

市、县国土资源主管部门应当将提供国有土地的情况定期予以公布。

第二十三条 各级国土资源主管部门应当对建设用地进行跟踪检查。

对违反本办法批准建设用地或者未经批准非法占用土地的，应当依法予以处罚。

第二十四条 本办法自发布之日起施行。

建筑工程发包与承包

中华人民共和国合同法（节录）

（1999年3月15日第九届全国人民代表大会第二次会议通过 1999年3月15日中华人民共和国主席令第15号公布 自1999年10月1日起施行）

……

第十五章 承揽合同

第二百五十一条 承揽合同是承揽人按照定作人的要求完成工作，交付工作成果，定作人给付报酬的合同。

承揽包括加工、定作、修理、复制、测试、检验等工作。

第二百五十二条 承揽合同的内容包括承揽的标的、数量、质量、报酬、承揽方式、材料的提供、履行期限、验收标准和方法等条款。

第二百五十三条 承揽人应当以自己的设备、技术和劳力，完成主要工作，但当事人另有约定的除外。

承揽人将其承揽的主要工作交由第三人完成的，应当就该第三人完成的工作成果向定作人负责；未经定作人同意的，定作人也可以解除合同。

第二百五十四条 承揽人可以将其承揽的辅助工作交由第三人完成。承揽人将其承揽的辅助工作交由第三人完成的，应当就该第三人完成的工作成果向定作人负责。

第二百五十五条 承揽人提供材料的，承揽人应当按照约定选用材料，并接受定作人检验。

第二百五十六条 定作人提供材料的，定作人应当按照约定提供材料。承揽人对定作人提供的材料，应当及时检验，发现不符合约定时，应当及时通知定作人更换、补齐或者采取其他补救措施。

承揽人不得擅自更换定作人提供的材料，不得更换不需要修理的零部件。

第二百五十七条 承揽人发现定作人提供的图纸或者技术要求不合理的，应当及时通知定作人。因定作人怠于答复等原因造成承揽人损失的，应当赔偿损失。

第二百五十八条 定作人中途变更承揽工作的要求，造成承揽人损失的，应当赔偿损失。

第二百五十九条 承揽工作需要定作人协助的，定作人有协助的义务。

定作人不履行协助义务致使承揽工作不能完成的，承揽人可以催告定作人在合理期限内履行义务，并可以顺延履行期限；定作人逾期不履行的，承揽人可以解除合同。

第二百六十条 承揽人在工作期间，应当接受定作人必要的监督检验。定作人不得因监督检验妨碍承揽人的正常工作。

第二百六十一条 承揽人完成工作的，应当向定作人交付工作成果，并提交必要的技术资料和有关质量证明。定作人应当验收该工作成果。

第二百六十二条 承揽人交付的工作成果不符合质量要求的，定作人可以要求承揽人承担修理、重作、减少报酬、赔偿损失等违约责任。

第二百六十三条 定作人应当按照约定的期限支付报酬。对支付报酬的期限没有约定或者约定不明确，依照本法第六十一条的规定仍不能确定的，定作人应当在承揽人交付工作成果时支付；工作成果部分交付的，定作人应当相应支付。

第二百六十四条 定作人未向承揽人支付报酬或者材料费等价款的，承揽人对完成的工作成果享有留置权，但当事人另有约定的除外。

第二百六十五条 承揽人应当妥善保管定作人提供的材料以及完成的工作成果，因保管不善造成毁损、灭失的，应当承担损害赔偿责任。

第二百六十六条 承揽人应当按照定作人的要求保守秘密，未经定作人许可，不得留存复制品或者技术资料。

第二百六十七条 共同承揽人对定作人承担连带责任，但当事人另有约定的除外。

第二百六十八条 定作人可以随时解除承揽合同，造成承揽人损失的，应当赔偿损失。

第十六章　建设工程合同

第二百六十九条 建设工程合同是承包人进行工程建设，发包人支付价款的合同。

建设工程合同包括工程勘察、设计、施工合同。

第二百七十条 建设工程合同应当采用书面形式。

第二百七十一条 建设工程的招标投标活动，应当依照有关法律的规定公开、公平、公正进行。

◆①要依法维护通过招投标所签订的中标合同的法律效力。当事人违反工程建设强制性标准，任意压缩合理工期、降低工程质量标准的约定，应认定无效。对于约定无效后的工程价款结算，应依据建设工程施工合同司法解释的相关规定处理。（参见《第八次全国法院民事商事审判工作会议（民事部分）纪要》）

第二百七十二条 发包人可以与总承包人订立建设工程合同，也可以分别与勘察人、设计人、施工人订立勘察、设计、施工承包合同。发包人不得将应当由一个承包人完成的建设工程肢解成若干部分发包给几个承包人。

总承包人或者勘察、设计、施工承包人经发包人同意，可以将自己承包的部分工作交由第三人完成。第三人就其完成的工作成果与总承包人或者勘察、设计、施工承包人向发包人承担连带责任。承包人不得将其承包的全部建设工程转包给第三人或者将其承包的全部建设工程肢解以后以分包的名义分别转包给第三人。

禁止承包人将工程分包给不具备相应资质条件的单位。禁止分包单位将其承包的工程再分包。建设工程主体结构的施工必须由承包人自行完成。

◆建设工程合同的订立方式有两种：（1）工程总承包，即发包人与一个承包人签订建设工程合同，其内容包括该项建设工程的全部任务。（2）单项工程承包，即发包人就一项建设工程的勘察、设计和施工，分别选定承包人而订立勘察合同、设计合同和施工合同。发包虽然可以采用单项承包的方式，但是肢解发包却是禁止的。所谓肢解发包，则指本应由一个承包人完成的建设工程，发包人却将其肢解成若干部分而分别发包给几个承包人。

建设工程合同的承包人并不一定亲自完成其所承包的工程，而是可以交由他人来完成。按照承包人交由他人完成工程的方式，可分为转包与分包。所谓转包，是指承包人为了盈利而将其承包的工程转包给第三人，而不再对工程承担任何责任的行为。转包为法律所禁止，如果承包人非法转包，则导致转包合同无效。对于当事人因转包所取得的非法收

---

① 本书中标有◆的部分，系编者为了帮助读者理解法律条文所增加的说明。

入，人民法院可以收缴。为了规避法律关于转包的禁止性规定，承包人可能采取变相的方式转包，即将其承包全部建设工程肢解，再以分包的名义分别转包给第三人。但是对于具有劳务作业法定资质的承包人与总承包人、分包人签订的劳务分包合同，则不适用因转包建设工程而被确认为无效。

所谓分包，是指工程的承包人签订建设工程合同后，将其承包的部分工程再发包给第三人完成的行为。分包可以使承包人利用第三人的劳务或专业优势，避免承包人自己在某些方面的缺陷，从而利于建设工程的顺利完成。因此，法律允许一定条件下的分包。分包与转包不同，其并不使承包人脱离原建设工程合同关系，接受分包的第三人也不能取代承包人的地位。第三人与发包人并没有直接的合同关系，发包人不能直接要求第三人按照建设工程合同承担责任。但是分包工程的成果是由第三人所完成，为了保证工程的质量，并保护发包人的利益，法律要求第三人就其完成的工作成果与承包人向发包人承担连带责任，由此发包人可直接要求第三人承担责任。

第二百七十三条 国家重大建设工程合同，应当按照国家规定的程序和国家批准的投资计划、可行性研究报告等文件订立。

第二百七十四条 勘察、设计合同的内容包括提交有关基础资料和文件（包括概预算）的期限、质量要求、费用以及其他协作条件等条款。

第二百七十五条 施工合同的内容包括工程范围、建设工期、中间交工工程的开工和竣工时间、工程质量、工程造价、技术资料交付时间、材料和设备供应责任、拨款和结算、竣工验收、质量保修范围和质量保证期、双方相互协作等条款。

第二百七十六条 建设工程实行监理的，发包人应当与监理人采用书面形式订立委托监理合同。发包人与监理人的权利和义务以及法律责任，应当依照本法委托合同以及其他有关法律、行政法规的规定。

第二百七十七条 发包人在不妨碍承包人正常作业的情况下，可以随时对作业进度、质量进行检查。

第二百七十八条 隐蔽工程在隐蔽以前，承包人应当通知发包人检查。发包人没有及时检查的，承包人可以顺延工程日期，并有权要求赔偿停工、窝工等损失。

第二百七十九条 建设工程竣工后，发包人应当根据施工图纸及说明书、国家颁发的施工验收规范和质量检验标准及时进行验收。验收合格的，发包人应当按照约定支付价款，并接收该建设工程。

建设工程竣工经验收合格后，方可交付使用；未经验收或者验收不合格的，不得交付使用。

第二百八十条 勘察、设计的质量不符合要求或者未按照期限提交勘察、设计文件拖延工期，造成发包人损失的，勘察人、设计人应当继续完善勘察、设计，减收或者免收勘察、设计费并赔偿损失。

第二百八十一条 因施工人的原因致使建设工程质量不符合约定的，发包人有权要求施工人在合理期限内无偿修理或者返工、改建。经过修理或者返工、改建后，造成逾期交付的，施工人应当承担违约责任。

第二百八十二条 因承包人的原因致使建设工程在合理使用期限内造成人身和财产损害的，承包人应当承担损害赔偿责任。

第二百八十三条 发包人未按照约定的时间和要求提供原材料、设备、场地、资金、技术资料的，承包人可以顺延工程日期，并有权要求赔偿停工、窝工等损失。

◆ 因发包人未按照约定提供原材料、设备、场地、资金、技术资料的，隐蔽工程在隐蔽之前，承包人已通知发包人检查，发包人未及时检查等原因致使工程中途停、缓建，发包人应当赔偿因此给承包人造成的停（窝）工损失，包括停（窝）工人员人工费、机械设备窝工费和因窝工造成设备租赁费用等停（窝）工损失。（参见《第八次全国法院民事商事审判工作会议（民事部分）纪要》）

第二百八十四条 因发包人的原因致使工程中途停建、缓建的，发包人应当采取措施弥补或者减少损失，赔偿承包人因此造成的停工、窝工、倒运、机械设备调迁、材料和构件积压等损失和实际费用。

第二百八十五条 因发包人变更计划，提供的资料不准确，或者未按照期限提供必需的勘察、设计工作条件而造成勘察、设计的返工、停工或者修改设计，发包人应当按照勘察人、设计人实际消耗的工作量增付费用。

第二百八十六条 发包人未按照约定支付价款的，承包人可以催告发包人在合理期限内支付价款。发包人逾期不支付的，除按照建设工程的性质不宜折价、拍卖的以外，承包人可以与发包人协议将该工程折价，也可以申请人民法院将该工程依法拍卖。建设工程的价款就该工程折价或者拍卖的价款优先受偿。

◆ 本条规定了承包人的优先受偿权。建筑工程承包人的优先受偿权优于抵押权和其他债权。但是承包人行使其优先受偿权时除必须享有确定的工程价款这一债权之外，还受到以下两方面的限制：（1）承包人的优先受偿权不得对抗消费者作为商品房买受人的权利。“消费者”仅指“为生活消费需要购买”商品房的消费者，不包括为经营目的而购买商品房的消费者。消费者购买商品房与承包人优先受偿权的关系可分以下两种情形：①房屋的所有权尚未转移给买受人，也即尚未竣工或者虽已竣工但尚未交付房屋或者虽已交付但尚未办理过户登记时，消费者交付了购买商品房的全部或者大部分款项的，承包人就该商品房享有的工程价款优先受偿权不得对抗买受人。②商品房的所有权已转移给消费者时，承包人的优先受偿权不得对抗消费者的房屋所有权。根据本条规定，承包人的优先受偿权限于建设工程折价或拍卖所得价款，也就是说，承包人的优先受偿权只能存在于发包人所有的建筑物或者建设工程上，商品房的所有权转移，优先受偿权即告不存在。(2) 承包人行使其优先受偿权受时间限制。建设工程承包人行使优先权的期限为 6 个月，自建设工程竣工之日或者建设工程合同约定的竣工之日起计算。

建筑工程价款包括承包人为建设工程应当支付的工作人员报酬、材料款等实际支出的费用，但不包括承包人因发包人违约所造成的损失。

第二百八十七条 本章没有规定的，适用承揽合同的有关规定。

……

中华人民共和国招标投标法

（1999 年 8 月 30 日第九届全国人民代表大会常务委员会第十一次会议通过 根据 2017 年 12 月 27 日第十二届全国人民代表大会常务委员会第三十一次会议《关于修改〈中华人民共和国招标投标法〉、〈中华人民共和国计量法〉的决定》修正）

第一章 总 则

第一条 为了规范招标投标活动，保护国家利益、社会公共利益和招标投标活动当事人的合法权益，提高经济效益，保证项目质量，制定本法。

第二条 在中华人民共和国境内进行招标投标活动，适用本法。

第三条 在中华人民共和国境内进行下列工程建设项目包括项目的勘察、设计、施工、监理以及与工程建设有关的重要设备、材料等的采购，必须进行招标：

（一）大型基础设施、公用事业等关系社会公共利益、公众安全的项目；

（二）全部或者部分使用国有资金投资或者国家融资的项目；

（三）使用国际组织或者外国政府贷款、援助资金的项目。

前款所列项目的具体范围和规模标准，由国务院发展计划部门会同国务院有关部门制订，报国务院批准。

法律或者国务院对必须进行招标的其他项目的范围有规定的，依照其规定。

◆ 本条是关于强制招标制度及其范围的规定。强制招标是指法律、法规规定一定范围的采购项目，凡是达到规定的规模标准的，必须通过招标采购，否则采购单位应当承担法律责任。制定强制招标项目范围的主管机关是国家发改委，同时，因为招标项目往往涉及不同的主管部门，法律规定发改委在制定该规定过程中，应当征求相关部门的意见或者联合发文。《招标投标法》第3条规定，本条所列必须招标的项目的具体范围和规模标准，由国务院发展计划部门会同国务院有关部门制订，报国务院批准。《招标投标法实施条例》第3条规定，依法必须进行招标的工程建设项目的具体范围和规模标准，由国务院发展改革部门会同国务院有关部门制订，报国务院批准后公布施行。2001年11月8日，原国家计委制定了《工程建设项目招标范围和规模标准规定》（简称《招标范围的规定》），对《招标投标法》第3条的规定进行了细化。

法定强制招标项目的范围有两类：一是本法已明确规定必须进行招标的项目；二是依照其他法律或者国务院的规定必须进行招标的项目。国家主管部门根据一定标准对强制招标项目范围进行了明确规定。对于强制招标项目范围的界定标准，一般是根据项目的资金来源、项目本身的性质和项目投资规模大小，或者几种标准如项目资金来源和项目投资规模等结合作为标准。

根据本条的规定，必须进行招标的重点是工程建设项目，而且是项目管理的全过程，包括勘察、设计、施工、监理以及与工程建设有关的重要设备、材料等的采购。这里的“工程建设项目”，是指工程以及与工程建设有关的货物、服务。所称工程，是指建设工程，包括建筑物和构筑物的新建、改建、扩建及其相关的装修、拆除、修缮等；所称与工程建设有关的货物，是指构成工程不可分割的组成部分，且为实现工程基本功能所必需的设备、材料等；所称与工程建设有关的服务，是指为完成工程所需的勘察、设计、监理等服务。这里的“与工程建设有关的重要设备、材料”，包括用于工程建设项目本身的各种建筑材料、设备，项目所需的设备、设施，工业建设项目的生产设备等。

第四条 任何单位和个人不得将依法必须进行招标的项目化整为零或者以其他任何方式规避招标。

第五条 招标投标活动应当遵循公开、公平、公正和诚实信用的原则。

第六条 依法必须进行招标的项目，其招标投标活动不受地区或者部门的限制。任何单位和个人不得违法限制或者排斥本地区、本系统以外的法人或者其他组织参加投标，不得以任何方式非法干涉招标投标活动。

第七条 招标投标活动及其当事人应当接受依法实施的监督。

有关行政监督部门依法对招标投标活动实施监督，依法查处招标投标活动中的违法行为。

对招标投标活动的行政监督及有关部门的具体职权划分，由国务院规定。

第二章 招 标

第八条 招标人是依照本法规定提出招标项目、进行招标的法人或者其他组织。

◆ 根据本条规定，招标人应当是法人或者其他组织，自然人不能成为本法意义上的招标人。法人是指具有民事权利能力和民事行为能力，并依法享有民事权利和承担民事义务的组织，包括企业法人、机关法人、事业单位法人和社会团体法人。其他组织是指除法人以外的不具备法人条件的其他实体，包括合伙企业、个人独资企业和外国企业以及企业的分支机构等。这些企业和机构也可以作为招标人参加招标投标活动。鉴于招标采购的项目通常标的大，耗资多，影响范围广，招标人责任较大，为了切实保障招投标各方的权益，本法未赋予自然人成为招标人的权利。但这并不意味着个人投资的项目不能采用招标的方式进行采购。个人投资的项目，可以成立项目公司作为招标人。

建筑工程实践中，建设单位既可以自己作为招标人，也可以委托依法成立的招标代理机构进行招标。而建设方自己具有编制招标文件和组织评标能力的，可以自行办理招标事宜。

第九条 招标项目按照国家有关规定需要履行项目审批手续的，应当先履行审批手续，取得批准。

招标人应当有进行招标项目的相应资金或者资金来源已经落实，并应当在招标文件中如实载明。

◆ 招标人在项目招标程序开始前，应完成的准备工作和应满足的有关条件主要有两项：一是履行审批手续，二是落实资金。

(1) 按照国家规定需履行审批手续的招标项目，应当先履行审批手续。对于本法第 3 条规定的必须进行招标的项目以及法律、国务院规定必须招标的其他项目，大多需要经过国务院、国务院有关部门或省市有关部门的审批，且根据《工程建设项目申报材料增加招标内容和核准招标事项暂行规定》，凡是该规定第 2 条包括的工程建设项目，必须在报送的项目可行性研究报告或者资金申请报告、项目申请报告中增加有关招标的内容。只有经有关部门审核批准后，而且建设资金或资金来源已经落实，才能进行招标。需要指出的是，并不是所有的招标项目都需要审批，只有那些“按照国家有关规定需要履行审批手续的”，才应当先履行审批手续，取得批准。没有经过审批或者审批没有获得批准的项目是不能进行招标的，擅自招标属于违法行为。投标人在参加要求履行审批手续的项目投标时，须特别注意招标项目是否已经有关部门审核批准，以免造成不必要的损失。

(2) 招标人应当有进行招标项目的相应资金或者资金来源已经落实，并在招标文件中如实载明。所谓“具有进行招标项目的相应资金或者资金来源已经落实”，是指进行某一单项建设项目、货物或服务采购所需的资金已经到位，或者尽管资金没有到位，但来源已经落实。从目前的实践看，招标项目的资金来源一般包括：国家和地方政府的财政拨款、企业的自有资金包括银行贷款在内的各种方式的融资，以及外国政府和有关国际组织的贷款。

第十条 招标分为公开招标和邀请招标。

公开招标，是指招标人以招标公告的方式邀请不特定的法人或者其他组织投标。

邀请招标，是指招标人以投标邀请书的方式邀请特定的法人或者其他组织投标。

第十一条 国务院发展计划部门确定的国家重点项目和省、自治区、直辖市人民政府确定的地方重点项目不适宜公开招标的，经国务院发展计划部门或者省、自治区、直辖市人民政府批准，可以进行邀请招标。

第十二条 招标人有权自行选择招标代理机构，委托其办理招标事宜。任何单位和个人不得以任何方式为招标人指定招标代理机构。

招标人具有编制招标文件和组织评标能力的，可以自行办理招标事宜。任何单位和个人不得强制其委托招标代理机构办理招标事宜。

依法必须进行招标的项目，招标人自行办理招标事宜的，应当向有关行政监督部门备案。

第十三条 招标代理机构是依法设立、从事招标代理业务并提供相关服务的社会中介组织。

招标代理机构应当具备下列条件：

（一）有从事招标代理业务的营业场所和相应资金；

（二）有能够编制招标文件和组织评标的相应专业力量。

第十四条 招标代理机构与行政机关和其他国家机关不得存在隶属关系或者其他利益关系。

第十五条 招标代理机构应当在招标人委托的范围内办理招标事宜，并遵守本法关于招标人的规定。

第十六条 招标人采用公开招标方式的，应当发布招标公告。依法必须进行招标的项目的招标公告，应当通过国家指定的报刊、信息网络或者其他媒介发布。

招标公告应当载明招标人的名称和地址、招标项目的性质、数量、实施地点和时间以及获取招标文件的办法等事项。

第十七条 招标人采用邀请招标方式的，应当向三个以上具备承担招标项目的能力、资信良好的特定的法人或者其他组织发出投标邀请书。

投标邀请书应当载明本法第十六条第二款规定的事项。

第十八条 招标人可以根据招标项目本身的要求，在招标公告或者投标邀请书中，要求潜在投标人提供有关资质证明文件和业绩情况，并对潜在投标人进行资格审查；国家对投标人的资格条件有规定的，依照其规定。

招标人不得以不合理的条件限制或者排斥潜在投标人，不得对潜在投标人实行歧视待遇。

第十九条 招标人应当根据招标项目的特点和需要编制招标文件。招标文件应当包括招标项目的技术要求、对投标人资格审查的标准、投标报价要求和评标标准等所有实质性要求和条件以及拟签订合同的主要条款。

国家对招标项目的技术、标准有规定的，招标人应当按照其规定在招标文件中提出相应要求。

招标项目需要划分标段、确定工期的，招标人应当合理划分标段、确定工期，并在招标文件中载明。

第二十条 招标文件不得要求或者标明特定的生产供应者以及含有倾向或者排斥潜在投标人的其他内容。

第二十一条 招标人根据招标项目的具体情况，可以组织潜在投标人踏勘项目现场。

第二十二条 招标人不得向他人透露已获取招标文件的潜在投标人的名称、数量以及可能影响公平竞争的有关招标投标的其他情况。

招标人设有标底的，标底必须保密。

第二十三条 招标人对已发出的招标文件进行必要的澄清或者修改的，应当在招标文件要求提交投标文件截止时间至少十五日前，以书面形式通知所有招标文件收受人。该澄清或者修改的内容为招标文件的组成部分。

第二十四条 招标人应当确定投标人编制投标文件所需要的合理时间；但是，依法必须进行招标的项目，自招标文件开始发出之日起至投标人提交投标文件截止之日止，最短不得少于二十日。

第三章 投 标

第二十五条 投标人是响应招标、参加投标竞争的法人或者其他组织。

依法招标的科研项目允许个人参加投标的，投标的个人适用本法有关投标人的规定。

第二十六条 投标人应当具备承担招标项目的能力；国家有关规定对投标人资格条件或者招标文件对投标人资格条件有规定的，投标人应当具备规定的资格条件。

第二十七条 投标人应当按照招标文件的要求编制投标文件。投标文件应当对招标文件提出的实质性要求和条件作出响应。

招标项目属于建设施工的，投标文件的内容应当包括拟派出的项目负责人与主要技术人员的简历、业绩和拟用于完成招标项目的机械设备等。

◆ 对招标文件提出的实质性要求和条件作出响应，是指投标文件的内容应当对与招标文件规定的实质要求和条件（包括招标项目的技术要求、投标报价要求和评标标准等）一一作出相对应的回答，不能存有遗漏或重大的偏离。否则将被视为否决其投标，失去中标的可能。

第二十八条 投标人应当在招标文件要求提交投标文件的截止时间前，将投标文件送达投标地点。招标人收到投标文件后，应当签收保存，不得开启。投标人少于三个的，招标人应当依照本法重新招标。

在招标文件要求提交投标文件的截止时间后送达的投标文件，招标人应当拒收。

第二十九条 投标人在招标文件要求提交投标文件的截止时间前，可以补充、修改或者撤回已提交的投标文件，并书面通知招标人。补充、修改的内容为投标文件的组成部分。

第三十条 投标人根据招标文件载明的项目实际情况，拟在中标后将中标项目的部分非主体、非关键性工作进行分包的，应当在投标文件中载明。

第三十一条 两个以上法人或者其他组织可以组成一个联合体，以一个投标人的身份共同投标。

联合体各方均应当具备承担招标项目的相应能力；国家有关规定或者招标文件对投标人资格条件有规定的，联合体各方均应当具备规定的相应资格条件。由同一专业的单位组成的联合体，按照资质等级较低的单位确定资质等级。

联合体各方应当签订共同投标协议，明确约定各方拟承担的工作和责任，并将共同投标协议连同投标文件一并提交招标人。联合体中标的，联合体各方应当共同与招标人签订合同，就中标项目向招标人承担连带责任。

招标人不得强制投标人组成联合体共同投标，不得限制投标人之间的竞争。

第三十二条 投标人不得相互串通投标报价，不得排挤其他投标人的公平竞争，损害招标人或者其他投标人的合法权益。

投标人不得与招标人串通投标，损害国家利益、社会公共利益或者他人的合法权益。

禁止投标人以向招标人或者评标委员会成员行贿的手段谋取中标。

第三十三条 投标人不得以低于成本的报价竞标，也不得以他人名义投标或者以其他方式弄虚作假，骗取中标。

第四章 开标、评标和中标

第三十四条 开标应当在招标文件确定的提交投标文件截止时间的同一时间公开进行；开标地点应当为招标文件中预先确定的地点。

第三十五条 开标由招标人主持，邀请所有投标人参加。

第三十六条 开标时，由投标人或者其推选的代表检查投标文件的密封情况，也可以由招标人委托的公证机构检查并公证；经确认无误后，由工作人员当众拆封，宣读投标人名称、投标价格和投标文件的其他主要内容。

招标人在招标文件要求提交投标文件的截止时间前收到的所有投标文件，开标时都应当当众予以拆封、宣读。

开标过程应当记录，并存档备查。

第三十七条 评标由招标人依法组建的评标委员会负责。

依法必须进行招标的项目，其评标委员会由招标人的代表和有关技术、经济等方面的专家组成，成员人数为五人以上单数，其中技术、经济等方面的专家不得少于成员总数的三分之二。

前款专家应当从事相关领域工作满八年并具有高级职称或者具有同等专

业水平，由招标人从国务院有关部门或者省、自治区、直辖市人民政府有关部门提供的专家名册或者招标代理机构的专家库内的相关专业的专家名单中确定；一般招标项目可以采取随机抽取方式，特殊招标项目可以由招标人直接确定。

与投标人有利害关系的人不得进入相关项目的评标委员会；已经进入的应当更换。

评标委员会成员的名单在中标结果确定前应当保密。

第三十八条 招标人应当采取必要的措施，保证评标在严格保密的情况下进行。

任何单位和个人不得非法干预、影响评标的过程和结果。

第三十九条 评标委员会可以要求投标人对投标文件中含义不明确的内容作必要的澄清或者说明，但是澄清或者说明不得超出投标文件的范围或者改变投标文件的实质性内容。

第四十条 评标委员会应当按照招标文件确定的评标标准和方法，对投标文件进行评审和比较；设有标底的，应当参考标底。评标委员会完成评标后，应当向招标人提出书面评标报告，并推荐合格的中标候选人。

招标人根据评标委员会提出的书面评标报告和推荐的中标候选人确定中标人。招标人也可以授权评标委员会直接确定中标人。

国务院对特定招标项目的评标有特别规定的，从其规定。

第四十一条 中标人的投标应当符合下列条件之一：

（一）能够最大限度地满足招标文件中规定的各项综合评价标准；

（二）能够满足招标文件的实质性要求，并且经评审的投标价格最低；但是投标价格低于成本的除外。

第四十二条 评标委员会经评审，认为所有投标都不符合招标文件要求的，可以否决所有投标。

依法必须进行招标的项目的所有投标被否决的，招标人应当依照本法重新招标。

第四十三条 在确定中标人前，招标人不得与投标人就投标价格、投标方案等实质性内容进行谈判。

第四十四条 评标委员会成员应当客观、公正地履行职务，遵守职业道德，对所提出的评审意见承担个人责任。

评标委员会成员不得私下接触投标人，不得收受投标人的财物或者其他好处。

评标委员会成员和参与评标的有关工作人员不得透露对投标文件的评审和比较、中标候选人的推荐情况以及与评标有关的其他情况。

第四十五条 中标人确定后，招标人应当向中标人发出中标通知书，并同时将中标结果通知所有未中标的投标人。

中标通知书对招标人和中标人具有法律效力。中标通知书发出后，招标人改变中标结果的，或者中标人放弃中标项目的，应当依法承担法律责任。

第四十六条 招标人和中标人应当自中标通知书发出之日起三十日内，按照招标文件和中标人的投标文件订立书面合同。招标人和中标人不得再行订立背离合同实质性内容的其他协议。

招标文件要求中标人提交履约保证金的，中标人应当提交。

第四十七条 依法必须进行招标的项目，招标人应当自确定中标人之日起十五日内，向有关行政监督部门提交招标投标情况的书面报告。

第四十八条 中标人应当按照合同约定履行义务，完成中标项目。中标人不得向他人转让中标项目，也不得将中标项目肢解后分别向他人转让。

中标人按照合同约定或者经招标人同意，可以将中标项目的部分非主体、非关键性工作分包给他人完成。接受分包的人应当具备相应的资格条件，并不得再次分包。

中标人应当就分包项目向招标人负责，接受分包的人就分包项目承担连带责任。

第五章 法律责任

第四十九条 违反本法规定，必须进行招标的项目而不招标的，将必须进行招标的项目化整为零或者以其他任何方式规避招标的，责令限期改正，可以处项目合同金额千分之五以上千分之十以下的罚款；对全部或者部分使用国有资金的项目，可以暂停项目执行或者暂停资金拨付；对单位直接负责的主管人员和其他直接责任人员依法给予处分。

第五十条 招标代理机构违反本法规定，泄露应当保密的与招标投标活动有关的情况和资料的，或者与招标人、投标人串通损害国家利益、社会公共利益或者他人合法权益的，处五万元以上二十五万元以下的罚款，对单位直接负责的主管人员和其他直接责任人员处单位罚款数额百分之五以上百分之十以下的罚款；有违法所得的，并处没收违法所得；情节严重的，禁止其一年至二年内代理依法必须进行招标的项目并予以公告，直至由工商行政管理机关吊销营业执照；构成犯罪的，依法追究刑事责任。给他人造成损失的，依法承担赔偿责任。

前款所列行为影响中标结果的，中标无效。

第五十一条 招标人以不合理的条件限制或者排斥潜在投标人的，对潜在投标人实行歧视待遇的，强制要求投标人组成联合体共同投标的，或者限制投标人之间竞争的，责令改正，可以处一万元以上五万元以下的罚款。

第五十二条 依法必须进行招标的项目的招标人向他人透露已获取招标文件的潜在投标人的名称、数量或者可能影响公平竞争的有关招标投标的其他情况的，或者泄露标底的，给予警告，可以并处一万元以上十万元以下的罚款；对单位直接负责的主管人员和其他直接责任人员依法给予处分；构成犯罪的，依法追究刑事责任。

前款所列行为影响中标结果的，中标无效。

第五十三条 投标人相互串通投标或者与招标人串通投标的，投标人以向招标人或者评标委员会成员行贿的手段谋取中标的，中标无效，处中标项目金额千分之五以上千分之十以下的罚款，对单位直接负责的主管人员和其他直接责任人员处单位罚款数额百分之五以上百分之十以下的罚款；有违法所得的，并处没收违法所得；情节严重的，取消其一年至二年内参加依法必须进行招标的项目的投标资格并予以公告，直至由工商行政管理机关吊销营业执照；构成犯罪的，依法追究刑事责任。给他人造成损失的，依法承担赔偿责任。

第五十四条 投标人以他人名义投标或者以其他方式弄虚作假，骗取中标的，中标无效，给招标人造成损失的，依法承担赔偿责任；构成犯罪的，依法追究刑事责任。

依法必须进行招标的项目的投标人有前款所列行为尚未构成犯罪的，处中标项目金额千分之五以上千分之十以下的罚款，对单位直接负责的主管人员和其他直接责任人员处单位罚款数额百分之五以上百分之十以下的罚款；有违法所得的，并处没收违法所得；情节严重的，取消其一年至三年内参加依法必须进行招标的项目的投标资格并予以公告，直至由工商行政管理机关吊销营业执照。

第五十五条 依法必须进行招标的项目，招标人违反本法规定，与投标人就投标价格、投标方案等实质性内容进行谈判的，给予警告，对单位直接负责的主管人员和其他直接责任人员依法给予处分。

前款所列行为影响中标结果的，中标无效。

第五十六条 评标委员会成员收受投标人的财物或者其他好处的，评标委员会成员或者参加评标的有关工作人员向他人透露对投标文件的评审和比较、中标候选人的推荐以及与评标有关的其他情况的，给予警告，没收收受的财物，可以并处三千元以上五万元以下的罚款，对有所列违法行为的评标委员会成员取消担任评标委员会成员的资格，不得再参加任何依法必须进行招标的项目的评标；构成犯罪的，依法追究刑事责任。

第五十七条 招标人在评标委员会依法推荐的中标候选人以外确定中标人的，依法必须进行招标的项目在所有投标被评标委员会否决后自行确定中标人的，中标无效。责令改正，可以处中标项目金额千分之五以上千分之十以下的罚款；对单位直接负责的主管人员和其他直接责任人员依法给予处分。

第五十八条 中标人将中标项目转让给他人的，将中标项目肢解后分别转让给他人的，违反本法规定将中标项目的部分主体、关键性工作分包给他人的，或者分包人再次分包的，转让、分包无效，处转让、分包项目金额千分之五以上千分之十以下的罚款；有违法所得的，并处没收违法所得；可以责令停业整顿；情节严重的，由工商行政管理机关吊销营业执照。

第五十九条 招标人与中标人不按照招标文件和中标人的投标文件订立合同的，或者招标人、中标人订立背离合同实质性内容的协议的，责令改正；可以处中标项目金额千分之五以上千分之十以下的罚款。

第六十条 中标人不履行与招标人订立的合同的，履约保证金不予退还，给招标人造成的损失超过履约保证金数额的，还应当对超过部分予以赔偿；没有提交履约保证金的，应当对招标人的损失承担赔偿责任。

中标人不按照与招标人订立的合同履行义务，情节严重的，取消其二年至五年内参加依法必须进行招标的项目的投标资格并予以公告，直至由工商行政管理机关吊销营业执照。

因不可抗力不能履行合同的，不适用前两款规定。

第六十一条 本章规定的行政处罚，由国务院规定的有关行政监督部门决定。本法已对实施行政处罚的机关作出规定的除外。

第六十二条 任何单位违反本法规定，限制或者排斥本地区、本系统以外的法人或者其他组织参加投标的，为招标人指定招标代理机构的，强制招标人委托招标代理机构办理招标事宜的，或者以其他方式干涉招标投标活动的，责令改正；对单位直接负责的主管人员和其他直接责任人员依法给予警告、记过、记大过的处分，情节较重的，依法给予降级、撤职、开除的处分。

个人利用职权进行前款违法行为的，依照前款规定追究责任。

第六十三条 对招标投标活动依法负有行政监督职责的国家机关工作人员徇私舞弊、滥用职权或者玩忽职守，构成犯罪的，依法追究刑事责任；不构成犯罪的，依法给予行政处分。

第六十四条 依法必须进行招标的项目违反本法规定，中标无效的，应当依照本法规定的中标条件从其余投标人中重新确定中标人或者依照本法重新进行招标。

第六章　附　　则

第六十五条　投标人和其他利害关系人认为招标投标活动不符合本法有关规定的，有权向招标人提出异议或者依法向有关行政监督部门投诉。

第六十六条　涉及国家安全、国家秘密、抢险救灾或者属于利用扶贫资金实行以工代赈、需要使用农民工等特殊情况，不适宜进行招标的项目，按照国家有关规定可以不进行招标。

第六十七条　使用国际组织或者外国政府贷款、援助资金的项目进行招标，贷款方、资金提供方对招标投标的具体条件和程序有不同规定的，可以适用其规定，但违背中华人民共和国的社会公共利益的除外。

第六十八条　本法自2000年1月1日起施行。

中华人民共和国招标投标法实施条例

（2011年12月20日中华人民共和国国务院令第613号公布　根据2017年3月1日《国务院关于修改和废止部分行政法规的决定》修订）

第一章　总　　则

第一条　为了规范招标投标活动，根据《中华人民共和国招标投标法》（以下简称招标投标法），制定本条例。

第二条　招标投标法第三条所称工程建设项目，是指工程以及与工程建设有关的货物、服务。

前款所称工程，是指建设工程，包括建筑物和构筑物的新建、改建、扩建及其相关的装修、拆除、修缮等；所称与工程建设有关的货物，是指构成工程不可分割的组成部分，且为实现工程基本功能所必需的设备、材料等；所称与工程建设有关的服务，是指为完成工程所需的勘察、设计、监理等服务。

第三条　依法必须进行招标的工程建设项目的具体范围和规模标准，由国务院发展改革部门会同国务院有关部门制订，报国务院批准后公布施行。

第四条 国务院发展改革部门指导和协调全国招标投标工作，对国家重大建设项目的工程招标投标活动实施监督检查。国务院工业和信息化、住房城乡建设、交通运输、铁道、水利、商务等部门，按照规定的职责分工对有关招标投标活动实施监督。

县级以上地方人民政府发展改革部门指导和协调本行政区域的招标投标工作。县级以上地方人民政府有关部门按照规定的职责分工，对招标投标活动实施监督，依法查处招标投标活动中的违法行为。县级以上地方人民政府对其所属部门有关招标投标活动的监督职责分工另有规定的，从其规定。

财政部门依法对实行招标投标的政府采购工程建设项目的预算执行情况和政府采购政策执行情况实施监督。

监察机关依法对与招标投标活动有关的监察对象实施监察。

第五条 设区的市级以上地方人民政府可以根据实际需要，建立统一规范的招标投标交易场所，为招标投标活动提供服务。招标投标交易场所不得与行政监督部门存在隶属关系，不得以营利为目的。

国家鼓励利用信息网络进行电子招标投标。

第六条 禁止国家工作人员以任何方式非法干涉招标投标活动。

第二章 招　　标

第七条 按照国家有关规定需要履行项目审批、核准手续的依法必须进行招标的项目，其招标范围、招标方式、招标组织形式应当报项目审批、核准部门审批、核准。项目审批、核准部门应当及时将审批、核准确定的招标范围、招标方式、招标组织形式通报有关行政监督部门。

第八条 国有资金占控股或者主导地位的依法必须进行招标的项目，应当公开招标；但有下列情形之一的，可以邀请招标：

（一）技术复杂、有特殊要求或者受自然环境限制，只有少量潜在投标人可供选择；

（二）采用公开招标方式的费用占项目合同金额的比例过大。

有前款第二项所列情形，属于本条例第七条规定的项目，由项目审批、核准部门在审批、核准项目时作出认定；其他项目由招标人申请有关行政监督部门作出认定。

第九条 除招标投标法第六十六条规定的可以不进行招标的特殊情况外，有下列情形之一的，可以不进行招标：

（一）需要采用不可替代的专利或者专有技术；

（二）采购人依法能够自行建设、生产或者提供；

（三）已通过招标方式选定的特许经营项目投资人依法能够自行建设、生产或者提供；

（四）需要向原中标人采购工程、货物或者服务，否则将影响施工或者功能配套要求；

（五）国家规定的其他特殊情形。

招标人为适用前款规定弄虚作假的，属于招标投标法第四条规定的规避招标。

第十条 招标投标法第十二条第二款规定的招标人具有编制招标文件和组织评标能力，是指招标人具有与招标项目规模和复杂程度相适应的技术、经济等方面的专业人员。

第十一条 招标代理机构的资格依照法律和国务院的规定由有关部门认定。

国务院住房城乡建设、商务、发展改革、工业和信息化等部门，按照规定的职责分工对招标代理机构依法实施监督管理。

第十二条 招标代理机构应当拥有一定数量的具备编制招标文件、组织评标等相应能力的专业人员。

第十三条 招标代理机构在其资格许可和招标人委托的范围内开展招标代理业务，任何单位和个人不得非法干涉。

招标代理机构代理招标业务，应当遵守招标投标法和本条例关于招标人的规定。招标代理机构不得在所代理的招标项目中投标或者代理投标，也不得为所代理的招标项目的投标人提供咨询。

招标代理机构不得涂改、出租、出借、转让资格证书。

第十四条 招标人应当与被委托的招标代理机构签订书面委托合同，合同约定的收费标准应当符合国家有关规定。

第十五条 公开招标的项目，应当依照招标投标法和本条例的规定发布招标公告、编制招标文件。

招标人采用资格预审办法对潜在投标人进行资格审查的，应当发布资格预审公告、编制资格预审文件。

依法必须进行招标的项目的资格预审公告和招标公告，应当在国务院发展改革部门依法指定的媒介发布。在不同媒介发布的同一招标项目的资格预审公告或者招标公告的内容应当一致。指定媒介发布依法必须进行招标的项目的境内资格预审公告、招标公告，不得收取费用。

编制依法必须进行招标的项目的资格预审文件和招标文件，应当使用国务院发展改革部门会同有关行政监督部门制定的标准文本。

第十六条 招标人应当按照资格预审公告、招标公告或者投标邀请书规定的时间、地点发售资格预审文件或者招标文件。资格预审文件或者招标文件的发售期不得少于5日。

招标人发售资格预审文件、招标文件收取的费用应当限于补偿印刷、邮寄的成本支出，不得以营利为目的。

第十七条 招标人应当合理确定提交资格预审申请文件的时间。依法必须进行招标的项目提交资格预审申请文件的时间，自资格预审文件停止发售之日起不得少于5日。

第十八条 资格预审应当按照资格预审文件载明的标准和方法进行。

国有资金占控股或者主导地位的依法必须进行招标的项目，招标人应当组建资格审查委员会审查资格预审申请文件。资格审查委员会及其成员应当遵守招标投标法和本条例有关评标委员会及其成员的规定。

第十九条 资格预审结束后，招标人应当及时向资格预审申请人发出资格预审结果通知书。未通过资格预审的申请人不具有投标资格。

通过资格预审的申请人少于3个的，应当重新招标。

第二十条 招标人采用资格后审办法对投标人进行资格审查的，应当在开标后由评标委员会按照招标文件规定的标准和方法对投标人的资格进行审查。

第二十一条 招标人可以对已发出的资格预审文件或者招标文件进行必要的澄清或者修改。澄清或者修改的内容可能影响资格预审申请文件或者投标文件编制的，招标人应当在提交资格预审申请文件截止时间至少3日前，或者投标截止时间至少15日前，以书面形式通知所有获取资格预审文件或者招标文件的潜在投标人；不足3日或者15日的，招标人应当顺延提交资格预审申请文件或者投标文件的截止时间。

第二十二条 潜在投标人或者其他利害关系人对资格预审文件有异议的，应当在提交资格预审申请文件截止时间2日前提出；对招标文件有异议的，应当在投标截止时间10日前提出。招标人应当自收到异议之日起3日内作出答复；作出答复前，应当暂停招标投标活动。

第二十三条 招标人编制的资格预审文件、招标文件的内容违反法律、行政法规的强制性规定，违反公开、公平、公正和诚实信用原则，影响资格预审结果或者潜在投标人投标的，依法必须进行招标的项目的招标人应当在修改资格预审文件或者招标文件后重新招标。

第二十四条 招标人对招标项目划分标段的，应当遵守招标投标法的有关规定，不得利用划分标段限制或者排斥潜在投标人。依法必须进行招标的项目的招标人不得利用划分标段规避招标。

第二十五条 招标人应当在招标文件中载明投标有效期。投标有效期从提交投标文件的截止之日起算。

第二十六条 招标人在招标文件中要求投标人提交投标保证金的，投标保证金不得超过招标项目估算价的2%。投标保证金有效期应当与投标有效期一致。

依法必须进行招标的项目的境内投标单位，以现金或者支票形式提交的投标保证金应当从其基本账户转出。

招标人不得挪用投标保证金。

第二十七条 招标人可以自行决定是否编制标底。一个招标项目只能有一个标底。标底必须保密。

接受委托编制标底的中介机构不得参加受托编制标底项目的投标，也不得为该项目的投标人编制投标文件或者提供咨询。

招标人设有最高投标限价的，应当在招标文件中明确最高投标限价或者最高投标限价的计算方法。招标人不得规定最低投标限价。

第二十八条 招标人不得组织单个或者部分潜在投标人踏勘项目现场。

第二十九条 招标人可以依法对工程以及与工程建设有关的货物、服务全部或者部分实行总承包招标。以暂估价形式包括在总承包范围内的工程、货物、服务属于依法必须进行招标的项目范围且达到国家规定规模标准的，应当依法进行招标。

前款所称暂估价，是指总承包招标时不能确定价格而由招标人在招标文件中暂时估定的工程、货物、服务的金额。

第三十条 对技术复杂或者无法精确拟定技术规格的项目，招标人可以分两阶段进行招标。

第一阶段，投标人按照招标公告或者投标邀请书的要求提交不带报价的技术建议，招标人根据投标人提交的技术建议确定技术标准和要求，编制招标文件。

第二阶段，招标人向在第一阶段提交技术建议的投标人提供招标文件，投标人按照招标文件的要求提交包括最终技术方案和投标报价的投标文件。

招标人要求投标人提交投标保证金的，应当在第二阶段提出。

第三十一条 招标人终止招标的，应当及时发布公告，或者以书面形式通知被邀请的或者已经获取资格预审文件、招标文件的潜在投标人。已经发售资格预审文件、招标文件或者已经收取投标保证金的，招标人应当及时退还所收取的资格预审文件、招标文件的费用，以及所收取的投标保证金及银行同期存款利息。

第三十二条　招标人不得以不合理的条件限制、排斥潜在投标人或者投标人。

招标人有下列行为之一的，属于以不合理条件限制、排斥潜在投标人或者投标人：

（一）就同一招标项目向潜在投标人或者投标人提供有差别的项目信息；

（二）设定的资格、技术、商务条件与招标项目的具体特点和实际需要不相适应或者与合同履行无关；

（三）依法必须进行招标的项目以特定行政区域或者特定行业的业绩、奖项作为加分条件或者中标条件；

（四）对潜在投标人或者投标人采取不同的资格审查或者评标标准；

（五）限定或者指定特定的专利、商标、品牌、原产地或者供应商；

（六）依法必须进行招标的项目非法限定潜在投标人或者投标人的所有制形式或者组织形式；

（七）以其他不合理条件限制、排斥潜在投标人或者投标人。

第三章　投　　标

第三十三条　投标人参加依法必须进行招标的项目的投标，不受地区或者部门的限制，任何单位和个人不得非法干涉。

第三十四条　与招标人存在利害关系可能影响招标公正性的法人、其他组织或者个人，不得参加投标。

单位负责人为同一人或者存在控股、管理关系的不同单位，不得参加同一标段投标或者未划分标段的同一招标项目投标。

违反前两款规定的，相关投标均无效。

第三十五条　投标人撤回已提交的投标文件，应当在投标截止时间前书面通知招标人。招标人已收取投标保证金的，应当自收到投标人书面撤回通知之日起 5 日内退还。

投标截止后投标人撤销投标文件的，招标人可以不退还投标保证金。

第三十六条　未通过资格预审的申请人提交的投标文件，以及逾期送达或者不按照招标文件要求密封的投标文件，招标人应当拒收。

招标人应当如实记载投标文件的送达时间和密封情况，并存档备查。

第三十七条　招标人应当在资格预审公告、招标公告或者投标邀请书中载明是否接受联合体投标。

招标人接受联合体投标并进行资格预审的，联合体应当在提交资格预审申请文件前组成。资格预审后联合体增减、更换成员的，其投标无效。

联合体各方在同一招标项目中以自己名义单独投标或者参加其他联合体投标的，相关投标均无效。

第三十八条 投标人发生合并、分立、破产等重大变化的，应当及时书面告知招标人。投标人不再具备资格预审文件、招标文件规定的资格条件或者其投标影响招标公正性的，其投标无效。

第三十九条 禁止投标人相互串通投标。

有下列情形之一的，属于投标人相互串通投标：

（一）投标人之间协商投标报价等投标文件的实质性内容；

（二）投标人之间约定中标人；

（三）投标人之间约定部分投标人放弃投标或者中标；

（四）属于同一集团、协会、商会等组织成员的投标人按照该组织要求协同投标；

（五）投标人之间为谋取中标或者排斥特定投标人而采取的其他联合行动。

第四十条 有下列情形之一的，视为投标人相互串通投标：

（一）不同投标人的投标文件由同一单位或者个人编制；

（二）不同投标人委托同一单位或者个人办理投标事宜；

（三）不同投标人的投标文件载明的项目管理成员为同一人；

（四）不同投标人的投标文件异常一致或者投标报价呈规律性差异；

（五）不同投标人的投标文件相互混装；

（六）不同投标人的投标保证金从同一单位或者个人的账户转出。

第四十一条 禁止招标人与投标人串通投标。

有下列情形之一的，属于招标人与投标人串通投标：

（一）招标人在开标前开启投标文件并将有关信息泄露给其他投标人；

（二）招标人直接或者间接向投标人泄露标底、评标委员会成员等信息；

（三）招标人明示或者暗示投标人压低或者抬高投标报价；

（四）招标人授意投标人撤换、修改投标文件；

（五）招标人明示或者暗示投标人为特定投标人中标提供方便；

（六）招标人与投标人为谋求特定投标人中标而采取的其他串通行为。

第四十二条 使用通过受让或者租借等方式获取的资格、资质证书投标的，属于招标投标法第三十三条规定的以他人名义投标。

投标人有下列情形之一的，属于招标投标法第三十三条规定的以其他方式弄虚作假的行为：

（一）使用伪造、变造的许可证件；

（二）提供虚假的财务状况或者业绩；

（三）提供虚假的项目负责人或者主要技术人员简历、劳动关系证明；

（四）提供虚假的信用状况；

（五）其他弄虚作假的行为。

第四十三条　提交资格预审申请文件的申请人应当遵守招标投标法和本条例有关投标人的规定。

第四章　开标、评标和中标

第四十四条　招标人应当按照招标文件规定的时间、地点开标。

投标人少于3个的，不得开标；招标人应当重新招标。

投标人对开标有异议的，应当在开标现场提出，招标人应当当场作出答复，并制作记录。

第四十五条　国家实行统一的评标专家专业分类标准和管理办法。具体标准和办法由国务院发展改革部门会同国务院有关部门制定。

省级人民政府和国务院有关部门应当组建综合评标专家库。

第四十六条　除招标投标法第三十七条第三款规定的特殊招标项目外，依法必须进行招标的项目，其评标委员会的专家成员应当从评标专家库内相关专业的专家名单中以随机抽取方式确定。任何单位和个人不得以明示、暗示等任何方式指定或者变相指定参加评标委员会的专家成员。

依法必须进行招标的项目的招标人非因招标投标法和本条例规定的事由，不得更换依法确定的评标委员会成员。更换评标委员会的专家成员应当依照前款规定进行。

评标委员会成员与投标人有利害关系的，应当主动回避。

有关行政监督部门应当按照规定的职责分工，对评标委员会成员的确定方式、评标专家的抽取和评标活动进行监督。行政监督部门的工作人员不得担任本部门负责监督项目的评标委员会成员。

第四十七条　招标投标法第三十七条第三款所称特殊招标项目，是指技术复杂、专业性强或者国家有特殊要求，采取随机抽取方式确定的专家难以保证胜任评标工作的项目。

第四十八条　招标人应当向评标委员会提供评标所必需的信息，但不得明示或者暗示其倾向或者排斥特定投标人。

招标人应当根据项目规模和技术复杂程度等因素合理确定评标时间。超过三分之一的评标委员会成员认为评标时间不够的，招标人应当适当延长。

评标过程中，评标委员会成员有回避事由、擅离职守或者因健康等原因不能继续评标的，应当及时更换。被更换的评标委员会成员作出的评审结论无效，由更换后的评标委员会成员重新进行评审。

第四十九条 评标委员会成员应当依照招标投标法和本条例的规定，按照招标文件规定的评标标准和方法，客观、公正地对投标文件提出评审意见。招标文件没有规定的评标标准和方法不得作为评标的依据。

评标委员会成员不得私下接触投标人，不得收受投标人给予的财物或者其他好处，不得向招标人征询确定中标人的意向，不得接受任何单位或者个人明示或者暗示提出的倾向或者排斥特定投标人的要求，不得有其他不客观、不公正履行职务的行为。

第五十条 招标项目设有标底的，招标人应当在开标时公布。标底只能作为评标的参考，不得以投标报价是否接近标底作为中标条件，也不得以投标报价超过标底上下浮动范围作为否决投标的条件。

第五十一条 有下列情形之一的，评标委员会应当否决其投标：

（一）投标文件未经投标单位盖章和单位负责人签字；

（二）投标联合体没有提交共同投标协议；

（三）投标人不符合国家或者招标文件规定的资格条件；

（四）同一投标人提交两个以上不同的投标文件或者投标报价，但招标文件要求提交备选投标的除外；

（五）投标报价低于成本或者高于招标文件设定的最高投标限价；

（六）投标文件没有对招标文件的实质性要求和条件作出响应；

（七）投标人有串通投标、弄虚作假、行贿等违法行为。

第五十二条 投标文件中有含义不明确的内容、明显文字或者计算错误，评标委员会认为需要投标人作出必要澄清、说明的，应当书面通知该投标人。投标人的澄清、说明应当采用书面形式，并不得超出投标文件的范围或者改变投标文件的实质性内容。

评标委员会不得暗示或者诱导投标人作出澄清、说明，不得接受投标人主动提出的澄清、说明。

第五十三条 评标完成后，评标委员会应当向招标人提交书面评标报告和中标候选人名单。中标候选人应当不超过 3 个，并标明排序。

评标报告应当由评标委员会全体成员签字。对评标结果有不同意见的评标委员会成员应当以书面形式说明其不同意见和理由，评标报告应当注明该不同意见。评标委员会成员拒绝在评标报告上签字又不书面说明其不同意见和理由的，视为同意评标结果。

第五十四条 依法必须进行招标的项目，招标人应当自收到评标报告之日起 3 日内公示中标候选人，公示期不得少于 3 日。

投标人或者其他利害关系人对依法必须进行招标的项目的评标结果有异议的，应当在中标候选人公示期间提出。招标人应当自收到异议之日起 3 日内作出答复；作出答复前，应当暂停招标投标活动。

第五十五条 国有资金占控股或者主导地位的依法必须进行招标的项目，招标人应当确定排名第一的中标候选人为中标人。排名第一的中标候选人放弃中标、因不可抗力不能履行合同、不按照招标文件要求提交履约保证金，或者被查实存在影响中标结果的违法行为等情形，不符合中标条件的，招标人可以按照评标委员会提出的中标候选人名单排序依次确定其他中标候选人为中标人，也可以重新招标。

第五十六条 中标候选人的经营、财务状况发生较大变化或者存在违法行为，招标人认为可能影响其履约能力的，应当在发出中标通知书前由原评标委员会按照招标文件规定的标准和方法审查确认。

第五十七条 招标人和中标人应当依照招标投标法和本条例的规定签订书面合同，合同的标的、价款、质量、履行期限等主要条款应当与招标文件和中标人的投标文件的内容一致。招标人和中标人不得再行订立背离合同实质性内容的其他协议。

招标人最迟应当在书面合同签订后 5 日内向中标人和未中标的投标人退还投标保证金及银行同期存款利息。

第五十八条 招标文件要求中标人提交履约保证金的，中标人应当按照招标文件的要求提交。履约保证金不得超过中标合同金额的 10%。

第五十九条 中标人应当按照合同约定履行义务，完成中标项目。中标人不得向他人转让中标项目，也不得将中标项目肢解后分别向他人转让。

中标人按照合同约定或者经招标人同意，可以将中标项目的部分非主体、非关键性工作分包给他人完成。接受分包的人应当具备相应的资格条件，并不得再次分包。

中标人应当就分包项目向招标人负责，接受分包的人就分包项目承担连带责任。

第五章 投诉与处理

第六十条 投标人或者其他利害关系人认为招标投标活动不符合法律、

行政法规规定的，可以自知道或者应当知道之日起10日内向有关行政监督部门投诉。投诉应当有明确的请求和必要的证明材料。

就本条例第二十二条、第四十四条、第五十四条规定事项投诉的，应当先向招标人提出异议，异议答复期间不计算在前款规定的期限内。

第六十一条 投诉人就同一事项向两个以上有权受理的行政监督部门投诉的，由最先收到投诉的行政监督部门负责处理。

行政监督部门应当自收到投诉之日起3个工作日内决定是否受理投诉，并自受理投诉之日起30个工作日内作出书面处理决定；需要检验、检测、鉴定、专家评审的，所需时间不计算在内。

投诉人捏造事实、伪造材料或者以非法手段取得证明材料进行投诉的，行政监督部门应当予以驳回。

第六十二条 行政监督部门处理投诉，有权查阅、复制有关文件、资料，调查有关情况，相关单位和人员应当予以配合。必要时，行政监督部门可以责令暂停招标投标活动。

行政监督部门的工作人员对监督检查过程中知悉的国家秘密、商业秘密，应当依法予以保密。

第六章 法律责任

第六十三条 招标人有下列限制或者排斥潜在投标人行为之一的，由有关行政监督部门依照招标投标法第五十一条的规定处罚：

（一）依法应当公开招标的项目不按照规定在指定媒介发布资格预审公告或者招标公告；

（二）在不同媒介发布的同一招标项目的资格预审公告或者招标公告的内容不一致，影响潜在投标人申请资格预审或者投标。

依法必须进行招标的项目的招标人不按照规定发布资格预审公告或者招标公告，构成规避招标的，依照招标投标法第四十九条的规定处罚。

第六十四条 招标人有下列情形之一的，由有关行政监督部门责令改正，可以处10万元以下的罚款：

（一）依法应当公开招标而采用邀请招标；

（二）招标文件、资格预审文件的发售、澄清、修改的时限，或者确定的提交资格预审申请文件、投标文件的时限不符合招标投标法和本条例规定；

（三）接受未通过资格预审的单位或者个人参加投标；

（四）接受应当拒收的投标文件。

招标人有前款第一项、第三项、第四项所列行为之一的，对单位直接负责的主管人员和其他直接责任人员依法给予处分。

第六十五条 招标代理机构在所代理的招标项目中投标、代理投标或者向该项目投标人提供咨询的，接受委托编制标底的中介机构参加受托编制标底项目的投标或者为该项目的投标人编制投标文件、提供咨询的，依照招标投标法第五十条的规定追究法律责任。

第六十六条 招标人超过本条例规定的比例收取投标保证金、履约保证金或者不按照规定退还投标保证金及银行同期存款利息的，由有关行政监督部门责令改正，可以处5万元以下的罚款；给他人造成损失的，依法承担赔偿责任。

第六十七条 投标人相互串通投标或者与招标人串通投标的，投标人向招标人或者评标委员会成员行贿谋取中标的，中标无效；构成犯罪的，依法追究刑事责任；尚不构成犯罪的，依照招标投标法第五十三条的规定处罚。投标人未中标的，对单位的罚款金额按照招标项目合同金额依照招标投标法规定的比例计算。

投标人有下列行为之一的，属于招标投标法第五十三条规定的情节严重行为，由有关行政监督部门取消其1年至2年内参加依法必须进行招标的项目的投标资格：

（一）以行贿谋取中标；

（二）3年内2次以上串通投标；

（三）串通投标行为损害招标人、其他投标人或者国家、集体、公民的合法利益，造成直接经济损失30万元以上；

（四）其他串通投标情节严重的行为。

投标人自本条第二款规定的处罚执行期限届满之日起3年内又有该款所列违法行为之一的，或者串通投标、以行贿谋取中标情节特别严重的，由工商行政管理机关吊销营业执照。

法律、行政法规对串通投标报价行为的处罚另有规定的，从其规定。

第六十八条 投标人以他人名义投标或者以其他方式弄虚作假骗取中标的，中标无效；构成犯罪的，依法追究刑事责任；尚不构成犯罪的，依照招标投标法第五十四条的规定处罚。依法必须进行招标的项目的投标人未中标的，对单位的罚款金额按照招标项目合同金额依照招标投标法规定的比例计算。

投标人有下列行为之一的，属于招标投标法第五十四条规定的情节严重行为，由有关行政监督部门取消其1年至3年内参加依法必须进行招标的项目的投标资格：

（一）伪造、变造资格、资质证书或者其他许可证件骗取中标；

（二）3年内2次以上使用他人名义投标；

（三）弄虚作假骗取中标给招标人造成直接经济损失30万元以上；

（四）其他弄虚作假骗取中标情节严重的行为。

投标人自本条第二款规定的处罚执行期限届满之日起3年内又有该款所列违法行为之一的，或者弄虚作假骗取中标情节特别严重的，由工商行政管理机关吊销营业执照。

第六十九条 出让或者出租资格、资质证书供他人投标的，依照法律、行政法规的规定给予行政处罚；构成犯罪的，依法追究刑事责任。

第七十条 依法必须进行招标的项目的招标人不按照规定组建评标委员会，或者确定、更换评标委员会成员违反招标投标法和本条例规定的，由有关行政监督部门责令改正，可以处10万元以下的罚款，对单位直接负责的主管人员和其他直接责任人员依法给予处分；违法确定或者更换的评标委员会成员作出的评审结论无效，依法重新进行评审。

国家工作人员以任何方式非法干涉选取评标委员会成员的，依照本条例第八十条的规定追究法律责任。

第七十一条 评标委员会成员有下列行为之一的，由有关行政监督部门责令改正；情节严重的，禁止其在一定期限内参加依法必须进行招标的项目的评标；情节特别严重的，取消其担任评标委员会成员的资格：

（一）应当回避而不回避；

（二）擅离职守；

（三）不按照招标文件规定的评标标准和方法评标；

（四）私下接触投标人；

（五）向招标人征询确定中标人的意向或者接受任何单位或者个人明示或者暗示提出的倾向或者排斥特定投标人的要求；

（六）对依法应当否决的投标不提出否决意见；

（七）暗示或者诱导投标人作出澄清、说明或者接受投标人主动提出的澄清、说明；

（八）其他不客观、不公正履行职务的行为。

第七十二条 评标委员会成员收受投标人的财物或者其他好处的，没收收受的财物，处3000元以上5万元以下的罚款，取消担任评标委员会成员的资格，不得再参加依法必须进行招标的项目的评标；构成犯罪的，依法追究刑事责任。

第七十三条 依法必须进行招标的项目的招标人有下列情形之一的，由有关行政监督部门责令改正，可以处中标项目金额10‰以下的罚款；给他人造成损失的，依法承担赔偿责任；对单位直接负责的主管人员和其他直接责任人员依法给予处分：

（一）无正当理由不发出中标通知书；

（二）不按照规定确定中标人；

（三）中标通知书发出后无正当理由改变中标结果；

（四）无正当理由不与中标人订立合同；

（五）在订立合同时向中标人提出附加条件。

第七十四条 中标人无正当理由不与招标人订立合同，在签订合同时向招标人提出附加条件，或者不按照招标文件要求提交履约保证金的，取消其中标资格，投标保证金不予退还。对依法必须进行招标的项目的中标人，由有关行政监督部门责令改正，可以处中标项目金额10‰以下的罚款。

第七十五条 招标人和中标人不按照招标文件和中标人的投标文件订立合同，合同的主要条款与招标文件、中标人的投标文件的内容不一致，或者招标人、中标人订立背离合同实质性内容的协议的，由有关行政监督部门责令改正，可以处中标项目金额5‰以上10‰以下的罚款。

第七十六条 中标人将中标项目转让给他人的，将中标项目肢解后分别转让给他人的，违反招标投标法和本条例规定将中标项目的部分主体、关键性工作分包给他人的，或者分包人再次分包的，转让、分包无效，处转让、分包项目金额5‰以上10‰以下的罚款；有违法所得的，并处没收违法所得；可以责令停业整顿；情节严重的，由工商行政管理机关吊销营业执照。

第七十七条 投标人或者其他利害关系人捏造事实、伪造材料或者以非法手段取得证明材料进行投诉，给他人造成损失的，依法承担赔偿责任。

招标人不按照规定对异议作出答复，继续进行招标投标活动的，由有关行政监督部门责令改正，拒不改正或者不能改正并影响中标结果的，依照本条例第八十一条的规定处理。

第七十八条 国家建立招标投标信用制度。有关行政监督部门应当依法公告对招标人、招标代理机构、投标人、评标委员会成员等当事人违法行为的行政处理决定。

第七十九条 项目审批、核准部门不依法审批、核准项目招标范围、招标方式、招标组织形式的，对单位直接负责的主管人员和其他直接责任人员依法给予处分。

有关行政监督部门不依法履行职责，对违反招标投标法和本条例规定的行为不依法查处，或者不按照规定处理投诉、不依法公告对招标投标当事人违法行为的行政处理决定的，对直接负责的主管人员和其他直接责任人员依法给予处分。

项目审批、核准部门和有关行政监督部门的工作人员徇私舞弊、滥用职权、玩忽职守，构成犯罪的，依法追究刑事责任。

第八十条 国家工作人员利用职务便利，以直接或者间接、明示或者暗示等任何方式非法干涉招标投标活动，有下列情形之一的，依法给予记过或者记大过处分；情节严重的，依法给予降级或者撤职处分；情节特别严重的，依法给予开除处分；构成犯罪的，依法追究刑事责任：

（一）要求对依法必须进行招标的项目不招标，或者要求对依法应当公开招标的项目不公开招标；

（二）要求评标委员会成员或者招标人以其指定的投标人作为中标候选人或者中标人，或者以其他方式非法干涉评标活动，影响中标结果；

（三）以其他方式非法干涉招标投标活动。

第八十一条 依法必须进行招标的项目的招标投标活动违反招标投标法和本条例的规定，对中标结果造成实质性影响，且不能采取补救措施予以纠正的，招标、投标、中标无效，应当依法重新招标或者评标。

第七章 附 则

第八十二条 招标投标协会按照依法制定的章程开展活动，加强行业自律和服务。

第八十三条 政府采购的法律、行政法规对政府采购货物、服务的招标投标另有规定的，从其规定。

第八十四条 本条例自 2012 年 2 月 1 日起施行。

建设工程价款结算暂行办法

（2004 年 10 月 20 日 财建〔2004〕369 号）

第一章 总 则

第一条 为加强和规范建设工程价款结算，维护建设市场正常秩序，根据《中华人民共和国合同法》、《中华人民共和国建筑法》、《中华人民共和国招标投标法》、《中华人民共和国预算法》、《中华人民共和国政府采购法》、《中华人民共和国预算法实施条例》等有关法律、行政法规制订本办法。

第二条 凡在中华人民共和国境内的建设工程价款结算活动，均适用本办法。国家法律法规另有规定的，从其规定。

第三条 本办法所称建设工程价款结算（以下简称“工程价款结算”），是指对建设工程的发承包合同价款进行约定和依据合同约定进行工程预付款、工程进度款、工程竣工价款结算的活动。

第四条 国务院财政部门、各级地方政府财政部门和国务院建设行政主管部门、各级地方政府建设行政主管部门在各自职责范围内负责工程价款结算的监督管理。

第五条 从事工程价款结算活动，应当遵循合法、平等、诚信的原则，并符合国家有关法律、法规和政策。

第二章 工程合同价款的约定与调整

第六条 招标工程的合同价款应当在规定时间内，依据招标文件、中标人的投标文件，由发包人与承包人（以下简称“发、承包人”）订立书面合同约定。

非招标工程的合同价款依据审定的工程预（概）算书由发、承包人在合同中约定。

合同价款在合同中约定后，任何一方不得擅自改变。

第七条 发包人、承包人应当在合同条款中对涉及工程价款结算的下列事项进行约定：

（一）预付工程款的数额、支付时限及抵扣方式；

（二）工程进度款的支付方式、数额及时限；

（三）工程施工中发生变更时，工程价款的调整方法、索赔方式、时限要求及金额支付方式；

（四）发生工程价款纠纷的解决方法；

（五）约定承担风险的范围及幅度以及超出约定范围和幅度的调整办法；

（六）工程竣工价款的结算与支付方式、数额及时限；

（七）工程质量保证（保修）金的数额、预扣方式及时限；

（八）安全措施和意外伤害保险费用；

（九）工期及工期提前或延后的奖惩办法；

（十）与履行合同、支付价款相关的担保事项。

第八条 发、承包人在签订合同时对于工程价款的约定，可选用下列一种约定方式：

（一）固定总价。合同工期较短且工程合同总价较低的工程，可以采用固定总价合同方式。

（二）固定单价。双方在合同中约定综合单价包含的风险范围和风险费用的计算方法，在约定的风险范围内综合单价不再调整。风险范围以外的综合单价调整方法，应当在合同中约定。

（三）可调价格。可调价格包括可调综合单价和措施费等，双方应在合同中约定综合单价和措施费的调整方法，调整因素包括：

1. 法律、行政法规和国家有关政策变化影响合同价款；

2. 工程造价管理机构的价格调整；

3. 经批准的设计变更；

4. 发包人更改经审定批准的施工组织设计（修正错误除外）造成费用增加；

5. 双方约定的其他因素。

第九条 承包人应当在合同规定的调整情况发生后14天内，将调整原因、金额以书面形式通知发包人，发包人确认调整金额后将其作为追加合同价款，与工程进度款同期支付。发包人收到承包人通知后14天内不予确认也不提出修改意见，视为已经同意该项调整。

当合同规定的调整合同价款的调整情况发生后，承包人未在规定时间内通知发包人，或者未在规定时间内提出调整报告，发包人可以根据有关资料，决定是否调整和调整的金额，并书面通知承包人。

第十条 工程设计变更价款调整

（一）施工中发生工程变更，承包人按照经发包人认可的变更设计文件，进行变更施工，其中，政府投资项目重大变更，需按基本建设程序报批后方可施工。

（二）在工程设计变更确定后14天内，设计变更涉及工程价款调整的，由承包人向发包人提出，经发包人审核同意后调整合同价款。变更合同价款按下列方法进行：

1. 合同中已有适用于变更工程的价格，按合同已有的价格变更合同价款；

2. 合同中只有类似于变更工程的价格，可以参照类似价格变更合同价款；

3. 合同中没有适用或类似于变更工程的价格，由承包人或发包人提出适当的变更价格，经对方确认后执行。如双方不能达成一致的，双方可提请工程所在地工程造价管理机构进行咨询或按合同约定的争议或纠纷解决程序办理。

（三）工程设计变更确定后14天内，如承包人未提出变更工程价款报告，则发包人可根据所掌握的资料决定是否调整合同价款和调整的具体金额。重大工程变更涉及工程价款变更报告和确认的时限由发承包双方协商确定。

收到变更工程价款报告一方，应在收到之日起14天内予以确认或提出协商意见，自变更工程价款报告送达之日起14天内，对方未确认也未提出协商意见时，视为变更工程价款报告已被确认。

确认增（减）的工程变更价款作为追加（减）合同价款与工程进度款同期支付。

第三章　工程价款结算

第十一条　工程价款结算应按合同约定办理，合同未作约定或约定不明的，发、承包双方应依照下列规定与文件协商处理：

（一）国家有关法律、法规和规章制度；

（二）国务院建设行政主管部门、省、自治区、直辖市或有关部门发布的工程造价计价标准、计价办法等有关规定；

（三）建设项目的合同、补充协议、变更签证和现场签证，以及经发、承包人认可的其他有效文件；

（四）其他可依据的材料。

第十二条　工程预付款结算应符合下列规定：

（一）包工包料工程的预付款按合同约定拨付，原则上预付比例不低于合同金额的10%，不高于合同金额的30%，对重大工程项目，按年度工程计划逐年预付。计价执行《建设工程工程量清单计价规范》（GB50500—2003）的工程，实体性消耗和非实体性消耗部分应在合同中分别约定预付款比例。

（二）在具备施工条件的前提下，发包人应在双方签订合同后的一个月内或不迟于约定的开工日期前的7天内预付工程款，发包人不按约定预付，承包人应在预付时间到期后10天内向发包人发出要求预付的通知，发包人收到通知后仍不按要求预付，承包人可在发出通知14天后停止施工，发包人应从约定应付之日起向承包人支付应付款的利息（利率按同期银行贷款利率计），并承担违约责任。

（三）预付的工程款必须在合同中约定抵扣方式，并在工程进度款中进行抵扣。

（四）凡是没有签订合同或不具备施工条件的工程，发包人不得预付工程款，不得以预付款为名转移资金。

第十三条 工程进度款结算与支付应当符合下列规定：

（一）工程进度款结算方式

1. 按月结算与支付。即实行按月支付进度款，竣工后清算的办法。合同工期在两个年度以上的工程，在年终进行工程盘点，办理年度结算。

2. 分段结算与支付。即当年开工、当年不能竣工的工程按照工程形象进度，划分不同阶段支付工程进度款。具体划分在合同中明确。

（二）工程量计算

1. 承包人应当按照合同约定的方法和时间，向发包人提交已完工程量的报告。发包人接到报告后 14 天内核实已完工程量，并在核实前 1 天通知承包人，承包人应提供条件并派人参加核实，承包人收到通知后不参加核实，以发包人核实的工程量作为工程价款支付的依据。发包人不按约定时间通知承包人，致使承包人未能参加核实，核实结果无效。

2. 发包人收到承包人报告后 14 天内未核实完工程量，从第 15 天起，承包人报告的工程量即视为被确认，作为工程价款支付的依据，双方合同另有约定的，按合同执行。

3. 对承包人超出设计图纸（含设计变更）范围和因承包人原因造成返工的工程量，发包人不予计量。

（三）工程进度款支付

1. 根据确定的工程计量结果，承包人向发包人提出支付工程进度款申请，14 天内，发包人应按不低于工程价款的 60%，不高于工程价款的 90% 向承包人支付工程进度款。按约定时间发包人应扣回的预付款，与工程进度款同期结算抵扣。

2. 发包人超过约定的支付时间不支付工程进度款，承包人应及时向发包人发出要求付款的通知，发包人收到承包人通知后仍不能按要求付款，可与承包人协商签订延期付款协议，经承包人同意后可延期支付，协议应明确延期支付的时间和从工程计量结果确认后第 15 天起计算应付款的利息（利率按同期银行贷款利率计）。

3. 发包人不按合同约定支付工程进度款，双方又未达成延期付款协议，导致施工无法进行，承包人可停止施工，由发包人承担违约责任。

第十四条 工程完工后，双方应按照约定的合同价款及合同价款调整内容以及索赔事项，进行工程竣工结算。

（一）工程竣工结算方式

工程竣工结算分为单位工程竣工结算、单项工程竣工结算和建设项目竣工总结算。

（二）工程竣工结算编审

1. 单位工程竣工结算由承包人编制，发包人审查；实行总承包的工程，由具体承包人编制，在总包人审查的基础上，发包人审查。

2. 单项工程竣工结算或建设项目竣工总结算由总（承）包人编制，发包人可直接进行审查，也可以委托具有相应资质的工程造价咨询机构进行审查。政府投资项目，由同级财政部门审查。单项工程竣工结算或建设项目竣工总结算经发、承包人签字盖章后有效。

承包人应在合同约定期限内完成项目竣工结算编制工作，未在规定期限内完成的并且提不出正当理由延期的，责任自负。

（三）工程竣工结算审查期限

单项工程竣工后，承包人应在提交竣工验收报告的同时，向发包人递交竣工结算报告及完整的结算资料，发包人应按以下规定时限进行核对（审查）并提出审查意见。

工程竣工结算报告金额	审查时间
1. 500 万元以下	从接到竣工结算报告和完整的竣工结算资料之日起 20 天
2. 500 万元～2000 万元	从接到竣工结算报告和完整的竣工结算资料之日起 30 天
3. 2000 万元～5000 万元	从接到竣工结算报告和完整的竣工结算资料之日起 45 天
4. 5000 万元以上	从接到竣工结算报告和完整的竣工结算资料之日起 60 天

建设项目竣工总结算在最后一个单项工程竣工结算审查确认后 15 天内汇总，送发包人后 30 天内审查完成。

（四）工程竣工价款结算

发包人收到承包人递交的竣工结算报告及完整的结算资料后，应按本办法规定的期限（合同约定有期限的，从其约定）进行核实，给予确认或者提出修改意见。发包人根据确认的竣工结算报告向承包人支付工程竣工结算价款，保留 5% 左右的质量保证（保修）金，待工程交付使用一年质保期到期后清算（合同另有约定的，从其约定），质保期内如有返修，发生费用应在质量保证（保修）金内扣除。

（五）索赔价款结算

发承包人未能按合同约定履行自己的各项义务或发生错误，给另一方造成经济损失的，由受损方按合同约定提出索赔，索赔金额按合同约定支付。

（六）合同以外零星项目工程价款结算

发包人要求承包人完成合同以外零星项目，承包人应在接受发包人要求的7天内就用工数量和单价、机械台班数量和单价、使用材料和金额等向发包人提出施工签证，发包人签证后施工，如发包人未签证，承包人施工后发生争议的，责任由承包人自负。

第十五条 发包人和承包人要加强施工现场的造价控制，及时对工程合同外的事项如实纪录并履行书面手续。凡由发、承包双方授权的现场代表签字的现场签证以及发、承包双方协商确定的索赔等费用，应在工程竣工结算中如实办理，不得因发、承包双方现场代表的中途变更改变其有效性。

第十六条 发包人收到竣工结算报告及完整的结算资料后，在本办法规定或合同约定期限内，对结算报告及资料没有提出意见，则视同认可。

承包人如未在规定时间内提供完整的工程竣工结算资料，经发包人催促后14天内仍未提供或没有明确答复，发包人有权根据已有资料进行审查，责任由承包人自负。

根据确认的竣工结算报告，承包人向发包人申请支付工程竣工结算款。发包人应在收到申请后15天内支付结算款，到期没有支付的应承担违约责任。承包人可以催告发包人支付结算价款，如达成延期支付协议，承包人应按同期银行贷款利率支付拖欠工程价款的利息。如未达成延期支付协议，承包人可以与发包人协商将该工程折价，或申请人民法院将该工程依法拍卖，承包人就该工程折价或者拍卖的价款优先受偿。

第十七条 工程竣工结算以合同工期为准，实际施工工期比合同工期提前或延后，发、承包双方应按合同约定的奖惩办法执行。

第四章 工程价款结算争议处理

第十八条 工程造价咨询机构接受发包人或承包人委托，编审工程竣工结算，应按合同约定和实际履约事项认真办理，出具的竣工结算报告经发、承包双方签字后生效。当事人一方对报告有异议的，可对工程结算中有异议部分，向有关部门申请咨询后协商处理，若不能达成一致的，双方可按合同约定的争议或纠纷解决程序办理。

第十九条 发包人对工程质量有异议，已竣工验收或已竣工未验收但实际投入使用的工程，其质量争议按该工程保修合同执行；已竣工未验收且未实际投入使用的工程以及停工、停建工程的质量争议，应当就有争议部分的竣工结算暂缓办理，双方可就有争议的工程委托有资质的检测鉴定机构进行检测，根据检测结果确定解决方案，或按工程质量监督机构的处理决定执行，其余部分的竣工结算依照约定办理。

第二十条 当事人对工程造价发生合同纠纷时，可通过下列办法解决：

（一）双方协商确定；

（二）按合同条款约定的办法提请调解；

（三）向有关仲裁机构申请仲裁或向人民法院起诉。

第五章 工程价款结算管理

第二十一条 工程竣工后，发、承包双方应及时办清工程竣工结算，否则，工程不得交付使用，有关部门不予办理权属登记。

第二十二条 发包人与中标的承包人不按照招标文件和中标的承包人的投标文件订立合同的，或者发包人、中标的承包人背离合同实质性内容另行订立协议，造成工程价款结算纠纷的，另行订立的协议无效，由建设行政主管部门责令改正，并按《中华人民共和国招标投标法》第五十九条进行处罚。

第二十三条 接受委托承接有关工程结算咨询业务的工程造价咨询机构应具有工程造价咨询单位资质，其出具的办理拨付工程价款和工程结算的文件，应当由造价工程师签字，并应加盖执业专用章和单位公章。

第六章 附 则

第二十四条 建设工程施工专业分包或劳务分包，总（承）包人与分包人必须依法订立专业分包或劳务分包合同，按照本办法的规定在合同中约定工程价款及其结算办法。

第二十五条 政府投资项目除执行本办法有关规定外，地方政府或地方政府财政部门对政府投资项目合同价款约定与调整、工程价款结算、工程价款结算争议处理等事项，如另有特殊规定的，从其规定。

第二十六条 凡实行监理的工程项目，工程价款结算过程中涉及监理工程师签证事项，应按工程监理合同约定执行。

第二十七条 有关主管部门、地方政府财政部门和地方政府建设行政主管部门可参照本办法，结合本部门、本地区实际情况，另行制订具体办法，并报财政部、建设部备案。

第二十八条 合同示范文本内容如与本办法不一致，以本办法为准。

第二十九条 本办法自公布之日起施行。

住房城乡建设部关于印发《建筑工程施工转包违法分包等违法行为认定查处管理办法（试行）》的通知

（2014 年 8 月 4 日 建市〔2014〕118 号）

各省、自治区住房城乡建设厅，直辖市建委，新疆生产建设兵团建设局：

为了规范建筑工程施工承发包活动，保证工程质量和施工安全，有效遏制违法发包、转包、违法分包及挂靠等违法行为，维护建筑市场秩序和建设工程主要参与方的合法权益，我部制定了《建筑工程施工转包违法分包等违法行为认定查处管理办法（试行）》，现印发给你们，请遵照执行。在执行过程中遇到的问题，请及时报我部。

建筑工程施工转包违法分包等违法行为认定查处管理办法（试行）

第一条 为了规范建筑工程施工承发包活动，保证工程质量和施工安全，有效遏制违法发包、转包、违法分包及挂靠等违法行为，维护建筑市场秩序和建设工程主要参与方的合法权益，根据《建筑法》、《招标投标法》、《合同法》以及《建设工程质量管理条例》、《建设工程安全生产管理条例》、《招标投标法实施条例》等法律法规，结合建筑活动实践，制定本办法。

第二条 本办法所称建筑工程，是指房屋建筑和市政基础设施工程。

第三条 住房城乡建设部负责统一监督管理全国建筑工程违法发包、转包、违法分包及挂靠等违法行为的认定查处工作。

县级以上地方人民政府住房城乡建设主管部门负责本行政区域内建筑工程违法发包、转包、违法分包及挂靠等违法行为的认定查处工作。

第四条 本办法所称违法发包，是指建设单位将工程发包给不具有相应资质条件的单位或个人，或者肢解发包等违反法律法规规定的行为。

第五条 存在下列情形之一的，属于违法发包：

（一）建设单位将工程发包给个人的；

（二）建设单位将工程发包给不具有相应资质或安全生产许可的施工单位的；

（三）未履行法定发包程序，包括应当依法进行招标未招标，应当申请直接发包未申请或申请未核准的；

（四）建设单位设置不合理的招投标条件，限制、排斥潜在投标人或者投标人的；

（五）建设单位将一个单位工程的施工分解成若干部分发包给不同的施工总承包或专业承包单位的；

（六）建设单位将施工合同范围内的单位工程或分部分项工程又另行发包的；

（七）建设单位违反施工合同约定，通过各种形式要求承包单位选择其指定分包单位的；

（八）法律法规规定的其他违法发包行为。

第六条 本办法所称转包，是指施工单位承包工程后，不履行合同约定的责任和义务，将其承包的全部工程或者将其承包的全部工程肢解后以分包的名义分别转给其他单位或个人施工的行为。

第七条 存在下列情形之一的，属于转包：

（一）施工单位将其承包的全部工程转给其他单位或个人施工的；

（二）施工总承包单位或专业承包单位将其承包的全部工程肢解以后，以分包的名义分别转给其他单位或个人施工的；

（三）施工总承包单位或专业承包单位未在施工现场设立项目管理机构或未派驻项目负责人、技术负责人、质量管理负责人、安全管理负责人等主要管理人员，不履行管理义务，未对该工程的施工活动进行组织管理的；

（四）施工总承包单位或专业承包单位不履行管理义务，只向实际施工单位收取费用，主要建筑材料、构配件及工程设备的采购由其他单位或个人实施的；

（五）劳务分包单位承包的范围是施工总承包单位或专业承包单位承包的全部工程，劳务分包单位计取的是除上缴给施工总承包单位或专业承包单位“管理费”之外的全部工程价款的；

（六）施工总承包单位或专业承包单位通过采取合作、联营、个人承包等形式或名义，直接或变相的将其承包的全部工程转给其他单位或个人施工的；

（七）法律法规规定的其他转包行为。

第八条 本办法所称违法分包，是指施工单位承包工程后违反法律法规规定或者施工合同关于工程分包的约定，把单位工程或分部分项工程分包给其他单位或个人施工的行为。

第九条 存在下列情形之一的，属于违法分包：

（一）施工单位将工程分包给个人的；

（二）施工单位将工程分包给不具备相应资质或安全生产许可的单位的；

（三）施工合同中没有约定，又未经建设单位认可，施工单位将其承包的部分工程交由其他单位施工的；

（四）施工总承包单位将房屋建筑工程的主体结构的施工分包给其他单位的，钢结构工程除外；

（五）专业分包单位将其承包的专业工程中非劳务作业部分再分包的；

（六）劳务分包单位将其承包的劳务再分包的；

（七）劳务分包单位除计取劳务作业费用外，还计取主要建筑材料款、周转材料款和大中型施工机械设备费用的；

（八）法律法规规定的其他违法分包行为。

第十条 本办法所称挂靠，是指单位或个人以其他有资质的施工单位的名义，承揽工程的行为。

前款所称承揽工程，包括参与投标、订立合同、办理有关施工手续、从事施工等活动。

第十一条 存在下列情形之一的，属于挂靠：

（一）没有资质的单位或个人借用其他施工单位的资质承揽工程的；

（二）有资质的施工单位相互借用资质承揽工程的，包括资质等级低的借用资质等级高的，资质等级高的借用资质等级低的，相同资质等级相互借用的；

（三）专业分包的发包单位不是该工程的施工总承包或专业承包单位的，但建设单位依约作为发包单位的除外；

（四）劳务分包的发包单位不是该工程的施工总承包、专业承包单位或专业分包单位的；

（五）施工单位在施工现场派驻的项目负责人、技术负责人、质量管理负责人、安全管理负责人中一人以上与施工单位没有订立劳动合同，或没有建立劳动工资或社会养老保险关系的；

（六）实际施工总承包单位或专业承包单位与建设单位之间没有工程款收付关系，或者工程款支付凭证上载明的单位与施工合同中载明的承包单位不一致，又不能进行合理解释并提供材料证明的；

（七）合同约定由施工总承包单位或专业承包单位负责采购或租赁的主

要建筑材料、构配件及工程设备或租赁的施工机械设备，由其他单位或个人采购、租赁，或者施工单位不能提供有关采购、租赁合同及发票等证明，又不能进行合理解释并提供材料证明的；

（八）法律法规规定的其他挂靠行为。

第十二条 建设单位及监理单位发现施工单位有转包、违法分包及挂靠等违法行为的，应及时向工程所在地的县级以上人民政府住房城乡建设主管部门报告。

施工总承包单位或专业承包单位发现分包单位有违法分包及挂靠等违法行为，应及时向建设单位和工程所在地的县级以上人民政府住房城乡建设主管部门报告；发现建设单位有违法发包行为的，应及时向工程所在地的县级以上人民政府住房城乡建设主管部门报告。

其他单位和个人发现违法发包、转包、违法分包及挂靠等违法行为的，均可向工程所在地的县级以上人民政府住房城乡建设主管部门进行举报并提供相关证据或线索。

接到举报的住房城乡建设主管部门应当依法受理、调查、认定和处理，除无法告知举报人的情况外，应当及时将查处结果告知举报人。

第十三条 县级以上人民政府住房城乡建设主管部门要加大执法力度，对在实施建筑市场和施工现场监督管理等工作中发现的违法发包、转包、违法分包及挂靠等违法行为，应当依法进行调查，按照本办法进行认定，并依法予以行政处罚。

（一）对建设单位将工程发包给不具有相应资质等级的施工单位的，依据《建筑法》第六十五条和《建设工程质量管理条例》第五十四条规定，责令其改正，处以50万元以上100万元以下罚款。对建设单位将建设工程肢解发包的，依据《建筑法》第六十五条和《建设工程质量管理条例》第五十五条规定，责令其改正，处工程合同价款0.5%以上1%以下的罚款；对全部或者部分使用国有资金的项目，并可以暂停项目执行或者暂停资金拨付。

（二）对认定有转包、违法分包违法行为的施工单位，依据《建筑法》第六十七条和《建设工程质量管理条例》第六十二条规定，责令其改正，没收违法所得，并处工程合同价款0.5%以上1%以下的罚款；可以责令停业整顿，降低资质等级；情节严重的，吊销资质证书。

（三）对认定有挂靠行为的施工单位或个人，依据《建筑法》第六十五条和《建设工程质量管理条例》第六十条规定，对超越本单位资质等级承揽工程的施工单位，责令停止违法行为，并处工程合同价款2%以上4%以下的罚款；可以责令停业整顿，降低资质等级；情节严重的，吊销资质证书；有违法所得的，予以没收。对未取得资质证书承揽工程的单位和个人，予以取缔，并处工程合同价款2%以上4%以下的罚款；有违法所得的，予以没收。对其他借用资质承揽工程的施工单位，按照超越本单位资质等级承揽工程予以处罚。

（四）对认定有转让、出借资质证书或者以其他方式允许他人以本单位的名义承揽工程的施工单位，依据《建筑法》第六十六条和《建设工程质量管理条例》第六十一条规定，责令改正，没收违法所得，并处工程合同价款2%以上4%以下的罚款；可以责令停业整顿，降低资质等级；情节严重的，吊销资质证书。

（五）对建设单位、施工单位给予单位罚款处罚的，依据《建设工程质量管理条例》第七十三条规定，对单位直接负责的主管人员和其他直接责任人员处单位罚款数额5%以上10%以下的罚款。

（六）对注册执业人员未执行法律法规的，依据《建设工程安全生产管理条例》第五十八条规定，责令其停止执业3个月以上1年以下；情节严重的，吊销执业资格证书，5年内不予注册；造成重大安全事故的，终身不予注册；构成犯罪的，依照刑法有关规定追究刑事责任。对注册执业人员违反法律法规规定，因过错造成质量事故的，依据《建设工程质量管理条例》第七十二条规定，责令停止执业1年；造成重大质量事故的，吊销执业资格证书，5年内不予注册；情节特别恶劣的，终身不予注册。

第十四条 县级以上人民政府住房城乡建设主管部门对有违法发包、转包、违法分包及挂靠等违法行为的单位和个人，除应按照本办法第十三条规定予以相应行政处罚外，还可以采取以下行政管理措施：

（一）建设单位违法发包，拒不整改或者整改仍达不到要求的，致使施工合同无效的，不予办理质量监督、施工许可等手续。对全部或部分使用国有资金的项目，同时将建设单位违法发包的行为告知其上级主管部门及纪检监察部门，并建议对建设单位直接负责的主管人员和其他直接责任人员给予相应的行政处分。

（二）对认定有转包、违法分包、挂靠、转让出借资质证书或者以其他方式允许他人以本单位的名义承揽工程等违法行为的施工单位，可依法限制其在3个月内不得参加违法行为发生地的招标投标活动、承揽新的工程项目，并对其企业资质是否满足资质标准条件进行核查，对达不到资质标准要求的限期整改，整改仍达不到要求的，资质审批机关撤回其资质证书。

对2年内发生2次转包、违法分包、挂靠、转让出借资质证书或者以其他方式允许他人以本单位的名义承揽工程的施工单位，责令其停业整顿6个月以上，停业整顿期间，不得承揽新的工程项目。

对2年内发生3次以上转包、违法分包、挂靠、转让出借资质证书或者以其他方式允许他人以本单位的名义承揽工程的施工单位，资质审批机关降低其资质等级。

（三）注册执业人员未执行法律法规，在认定有转包行为的项目中担任施工单位项目负责人的，吊销其执业资格证书，5 年内不予注册，且不得再担任施工单位项目负责人。

对认定有挂靠行为的个人，不得再担任该项目施工单位项目负责人；有执业资格证书的吊销其执业资格证书，5 年内不予执业资格注册；造成重大质量安全事故的，吊销其执业资格证书，终身不予注册。

第十五条 县级以上人民政府住房城乡建设主管部门应将查处的违法发包、转包、违法分包、挂靠等违法行为和处罚结果记入单位或个人信用档案，同时向社会公示，并逐级上报至住房城乡建设部，在全国建筑市场监管与诚信信息发布平台公示。

第十六条 建筑工程以外的其他专业工程参照本办法执行。省级人民政府住房城乡建设主管部门可结合本地实际，依据本办法制定相应实施细则。

第十七条 本办法由住房城乡建设部负责解释。

第十八条 本办法自 2014 年 10 月 1 日起施行。住房城乡建设部之前发布的有关规定与本办法的规定不一致的，以本办法为准。

最高人民法院关于审理建设工程施工合同纠纷案件适用法律问题的解释

（2004 年 9 月 29 日最高人民法院审判委员会第 1327 次会议通过 2004 年 10 月 25 日最高人民法院公告公布 自 2005 年 1 月 1 日起施行 法释〔2004〕14 号）

根据《中华人民共和国民法通则》、《中华人民共和国合同法》、《中华人民共和国招标投标法》、《中华人民共和国民事诉讼法》等法律规定，结合民事审判实际，就审理建设工程施工合同纠纷案件适用法律的问题，制定本解释。

第一条 建设工程施工合同具有下列情形之一的，应当根据合同法第五十二条第（五）项的规定，认定无效：

（一）承包人未取得建筑施工企业资质或者超越资质等级的；

（二）没有资质的实际施工人借用有资质的建筑施工企业名义的；

（三）建设工程必须进行招标而未招标或者中标无效的。

第二条 建设工程施工合同无效，但建设工程经竣工验收合格，承包人请求参照合同约定支付工程价款的，应予支持。

第三条 建设工程施工合同无效，且建设工程经竣工验收不合格的，按照以下情形分别处理：

（一）修复后的建设工程经竣工验收合格，发包人请求承包人承担修复费用的，应予支持；

（二）修复后的建设工程经竣工验收不合格，承包人请求支付工程价款的，不予支持。

因建设工程不合格造成的损失，发包人有过错的，也应承担相应的民事责任。

第四条 承包人非法转包、违法分包建设工程或者没有资质的实际施工人借用有资质的建筑施工企业名义与他人签订建设工程施工合同的行为无效。人民法院可以根据民法通则第一百三十四条规定，收缴当事人已经取得的非法所得。

第五条 承包人超越资质等级许可的业务范围签订建设工程施工合同，在建设工程竣工前取得相应资质等级，当事人请求按照无效合同处理的，不予支持。

第六条 当事人对垫资和垫资利息有约定，承包人请求按照约定返还垫资及其利息的，应予支持，但是约定的利息计算标准高于中国人民银行发布的同期同类贷款利率的部分除外。

当事人对垫资没有约定的，按照工程欠款处理。

当事人对垫资利息没有约定，承包人请求支付利息的，不予支持。

第七条 具有劳务作业法定资质的承包人与总承包人、分包人签订的劳务分包合同，当事人以转包建设工程违反法律规定为由请求确认无效的，不予支持。

第八条 承包人具有下列情形之一，发包人请求解除建设工程施工合同的，应予支持：

（一）明确表示或者以行为表明不履行合同主要义务的；

（二）合同约定的期限内没有完工，且在发包人催告的合理期限内仍未完工的；

（三）已经完成的建设工程质量不合格，并拒绝修复的；

（四）将承包的建设工程非法转包、违法分包的。

第九条 发包人具有下列情形之一，致使承包人无法施工，且在催告的合理期限内仍未履行相应义务，承包人请求解除建设工程施工合同的，应予支持：

（一）未按约定支付工程价款的；

（二）提供的主要建筑材料、建筑构配件和设备不符合强制性标准的；

（三）不履行合同约定的协助义务的。

第十条 建设工程施工合同解除后，已经完成的建设工程质量合格的，发包人应当按照约定支付相应的工程价款；已经完成的建设工程质量不合格的，参照本解释第三条规定处理。

因一方违约导致合同解除的，违约方应当赔偿因此而给对方造成的损失。

第十一条 因承包人的过错造成建设工程质量不符合约定，承包人拒绝修理、返工或者改建，发包人请求减少支付工程价款的，应予支持。

第十二条 发包人具有下列情形之一，造成建设工程质量缺陷，应当承担过错责任：

（一）提供的设计有缺陷；

（二）提供或者指定购买的建筑材料、建筑构配件、设备不符合强制性标准；

（三）直接指定分包人分包专业工程。

承包人有过错的，也应当承担相应的过错责任。

第十三条 建设工程未经竣工验收，发包人擅自使用后，又以使用部分质量不符合约定为由主张权利的，不予支持；但是承包人应当在建设工程的合理使用寿命内对地基基础工程和主体结构质量承担民事责任。

第十四条 当事人对建设工程实际竣工日期有争议的，按照以下情形分别处理：

（一）建设工程经竣工验收合格的，以竣工验收合格之日为竣工日期；

（二）承包人已经提交竣工验收报告，发包人拖延验收的，以承包人提交验收报告之日为竣工日期；

（三）建设工程未经竣工验收，发包人擅自使用的，以转移占有建设工程之日为竣工日期。

第十五条 建设工程竣工前，当事人对工程质量发生争议，工程质量经鉴定合格的，鉴定期间为顺延工期期间。

第十六条 当事人对建设工程的计价标准或者计价方法有约定的，按照约定结算工程价款。

因设计变更导致建设工程的工程量或者质量标准发生变化，当事人对该部分工程价款不能协商一致的，可以参照签订建设工程施工合同时当地建设行政主管部门发布的计价方法或者计价标准结算工程价款。

建设工程施工合同有效，但建设工程经竣工验收不合格的，工程价款结算参照本解释第三条规定处理。

第十七条 当事人对欠付工程价款利息计付标准有约定的，按照约定处理；没有约定的，按照中国人民银行发布的同期同类贷款利率计息。

第十八条 利息从应付工程价款之日计付。当事人对付款时间没有约定或者约定不明的，下列时间视为应付款时间：

（一）建设工程已实际交付的，为交付之日；

（二）建设工程没有交付的，为提交竣工结算文件之日；

（三）建设工程未交付，工程价款也未结算的，为当事人起诉之日。

第十九条 当事人对工程量有争议的，按照施工过程中形成的签证等书面文件确认。承包人能够证明发包人同意其施工，但未能提供签证文件证明工程量发生的，可以按照当事人提供的其他证据确认实际发生的工程量。

第二十条 当事人约定，发包人收到竣工结算文件后，在约定期限内不予答复，视为认可竣工结算文件的，按照约定处理。承包人请求按照竣工结算文件结算工程价款的，应予支持。

第二十一条 当事人就同一建设工程另行订立的建设工程施工合同与经过备案的中标合同实质性内容不一致的，应当以备案的中标合同作为结算工程价款的根据。

第二十二条 当事人约定按照固定价结算工程价款，一方当事人请求对建设工程造价进行鉴定的，不予支持。

第二十三条 当事人对部分案件事实有争议的，仅对有争议的事实进行鉴定，但争议事实范围不能确定，或者双方当事人请求对全部事实鉴定的除外。

第二十四条 建设工程施工合同纠纷以施工行为地为合同履行地。

第二十五条 因建设工程质量发生争议的，发包人可以以总承包人、分包人和实际施工人为共同被告提起诉讼。

第二十六条 实际施工人以转包人、违法分包人为被告起诉的，人民法院应当依法受理。

实际施工人以发包人为被告主张权利的，人民法院可以追加转包人或者违法分包人为本案当事人。发包人只在欠付工程价款范围内对实际施工人承担责任。

第二十七条 因保修人未及时履行保修义务，导致建筑物毁损或者造成人身、财产损害的，保修人应当承担赔偿责任。

保修人与建筑物所有人或者发包人对建筑物毁损均有过错的，各自承担相应的责任。

第二十八条 本解释自二〇〇五年一月一日起施行。

施行后受理的第一审案件适用本解释。

施行前最高人民法院发布的司法解释与本解释相抵触的，以本解释为准。

建筑工程监理

建设工程监理范围和规模标准规定

（2001年1月17日建设部令第86号发布　自发布之日起施行）

第一条　为了确定必须实行监理的建设工程项目具体范围和规模标准，规范建设工程监理活动，根据《建设工程质量管理条例》，制定本规定。

第二条　下列建设工程必须实行监理：

（一）国家重点建设工程；

（二）大中型公用事业工程；

（三）成片开发建设的住宅小区工程；

（四）利用外国政府或者国际组织贷款、援助资金的工程；

（五）国家规定必须实行监理的其他工程。

第三条　国家重点建设工程，是指依据《国家重点建设项目管理办法》所确定的对国民经济和社会发展有重大影响的骨干项目。

第四条　大中型公用事业工程，是指项目总投资额在3000万元以上的下列工程项目：

（一）供水、供电、供气、供热等市政工程项目；

（二）科技、教育、文化等项目；

（三）体育、旅游、商业等项目；

（四）卫生、社会福利等项目；

（五）其他公用事业项目。

第五条　成片开发建设的住宅小区工程，建筑面积在5万平方米以上的住宅建设工程必须实行监理；5万平方米以下的住宅建设工程，可以实行监理，具体范围和规模标准，由省、自治区、直辖市人民政府建设行政主管部门规定。

为了保证住宅质量，对高层住宅及地基、结构复杂的多层住宅应当实行监理。

第六条　利用外国政府或者国际组织贷款、援助资金的工程范围包括：

（一）使用世界银行、亚洲开发银行等国际组织贷款资金的项目；

（二）使用国外政府及其机构贷款资金的项目；

（三）使用国际组织或者国外政府援助资金的项目。

第七条 国家规定必须实行监理的其他工程是指：

（一）项目总投资额在3000万元以上关系社会公共利益、公众安全的下列基础设施项目：

（1）煤炭、石油、化工、天然气、电力、新能源等项目；

（2）铁路、公路、管道、水运、民航以及其他交通运输业等项目；

（3）邮政、电信枢纽、通信、信息网络等项目；

（4）防洪、灌溉、排涝、发电、引（供）水、滩涂治理、水资源保护、水土保持等水利建设项目；

（5）道路、桥梁、铁路和轻轨交通、污水排放及处理、垃圾处理、地下管道、公共停车场等城市基础设施项目；

（6）生态环境保护项目；

（7）其他基础设施项目。

（二）学校、影剧院、体育场馆项目。

第八条 国务院建设行政主管部门商同国务院有关部门后，可以对本规定确定的必须实行监理的建设工程具体范围和规模标准进行调整。

第九条 本规定由国务院建设行政主管部门负责解释。

第十条 本规定自发布之日起施行。

工程监理企业资质管理规定

（2007年6月26日建设部令第158号发布　根据2015年5月4日《住房和城乡建设部关于修改〈房地产开发企业资质管理规定〉等部门规章的决定》修订　根据2016年9月13日《住房城乡建设部关于修改〈勘察设计注册工程师管理规定〉等11个部门规章的决定》第二次修订）

第一章　总　　则

第一条 为了加强工程监理企业资质管理，规范建设工程监理活动，维护建筑市场秩序，根据《中华人民共和国建筑法》、《中华人民共和国行政许可法》、《建设工程质量管理条例》等法律、行政法规，制定本规定。

第二条 在中华人民共和国境内从事建设工程监理活动，申请工程监理企业资质，实施对工程监理企业资质监督管理，适用本规定。

第三条 从事建设工程监理活动的企业，应当按照本规定取得工程监理企业资质，并在工程监理企业资质证书（以下简称资质证书）许可的范围内从事工程监理活动。

第四条 国务院住房城乡建设主管部门负责全国工程监理企业资质的统一监督管理工作。国务院铁路、交通、水利、信息产业、民航等有关部门配合国务院住房城乡建设主管部门实施相关资质类别工程监理企业资质的监督管理工作。

省、自治区、直辖市人民政府住房城乡建设主管部门负责本行政区域内工程监理企业资质的统一监督管理工作。省、自治区、直辖市人民政府交通、水利、信息产业等有关部门配合同级住房城乡建设主管部门实施相关资质类别工程监理企业资质的监督管理工作。

第五条 工程监理行业组织应当加强工程监理行业自律管理。

鼓励工程监理企业加入工程监理行业组织。

第二章 资质等级和业务范围

第六条 工程监理企业资质分为综合资质、专业资质和事务所资质。其中，专业资质按照工程性质和技术特点划分为若干工程类别。

综合资质、事务所资质不分级别。专业资质分为甲级、乙级；其中，房屋建筑、水利水电、公路和市政公用专业资质可设立丙级。

第七条 工程监理企业的资质等级标准如下：

（一）综合资质标准

1. 具有独立法人资格且具有符合国家有关规定的资产；

2. 企业技术负责人应为注册监理工程师，并具有15年以上从事工程建设工作的经历或者具有工程类高级职称；

3. 具有5个以上工程类别的专业甲级工程监理资质；

4. 注册监理工程师不少于60人，注册造价工程师不少于5人，一级注册建造师、一级注册建筑师、一级注册结构工程师或者其他勘察设计注册工程师合计不少于15人次；

5. 企业具有完善的组织结构和质量管理体系，有健全的技术、档案等管理制度；

6. 企业具有必要的工程试验检测设备；

7. 申请工程监理资质之日前一年内没有本规定第十六条禁止的行为；

8. 申请工程监理资质之日前一年内没有因本企业监理责任造成重大质量事故；

9. 申请工程监理资质之日前一年内没有因本企业监理责任发生三级以上工程建设重大安全事故或者发生两起以上四级工程建设安全事故。

（二）专业资质标准

1. 甲级

（1）具有独立法人资格且具有符合国家有关规定的资产；

（2）企业技术负责人应为注册监理工程师，并具有15年以上从事工程建设工作的经历或者具有工程类高级职称；

（3）注册监理工程师、注册造价工程师、一级注册建造师、一级注册建筑师、一级注册结构工程师或者其他勘察设计注册工程师合计不少于25人次；其中，相应专业注册监理工程师不少于《专业资质注册监理工程师人数配备表》（附表1）中要求配备的人数，注册造价工程师不少于2人；

（4）企业近2年内独立监理过3个以上相应专业的二级工程项目，但是，具有甲级设计资质或一级及以上施工总承包资质的企业申请本专业工程类别甲级资质的除外；

（5）企业具有完善的组织结构和质量管理体系，有健全的技术、档案等管理制度；

（6）企业具有必要的工程试验检测设备；

（7）申请工程监理资质之日前一年内没有本规定第十六条禁止的行为；

（8）申请工程监理资质之日前一年内没有因本企业监理责任造成重大质量事故；

（9）申请工程监理资质之日前一年内没有因本企业监理责任发生三级以上工程建设重大安全事故或者发生两起以上四级工程建设安全事故。

2. 乙级

（1）具有独立法人资格且具有符合国家有关规定的资产；

（2）企业技术负责人应为注册监理工程师，并具有10年以上从事工程建设工作的经历；

（3）注册监理工程师、注册造价工程师、一级注册建造师、一级注册建筑师、一级注册结构工程师或者其他勘察设计注册工程师合计不少于15人次。其中，相应专业注册监理工程师不少于《专业资质注册监理工程师人数配备表》（附表1）中要求配备的人数，注册造价工程师不少于1人；

（4）有较完善的组织结构和质量管理体系，有技术、档案等管理制度；

（5）有必要的工程试验检测设备；

（6）申请工程监理资质之日前一年内没有本规定第十六条禁止的行为；

（7）申请工程监理资质之日前一年内没有因本企业监理责任造成重大质量事故；

（8）申请工程监理资质之日前一年内没有因本企业监理责任发生三级以上工程建设重大安全事故或者发生两起以上四级工程建设安全事故。

3. 丙级

（1）具有独立法人资格且具有符合国家有关规定的资产；

（2）企业技术负责人应为注册监理工程师，并具有 8 年以上从事工程建设工作的经历；

（3）相应专业的注册监理工程师不少于《专业资质注册监理工程师人数配备表》（附表 1）中要求配备的人数；

（4）有必要的质量管理体系和规章制度；

（5）有必要的工程试验检测设备。

（三）事务所资质标准

1. 取得合伙企业营业执照，具有书面合作协议书；

2. 合伙人中有 3 名以上注册监理工程师，合伙人均有 5 年以上从事建设工程监理的工作经历；

3. 有固定的工作场所；

4. 有必要的质量管理体系和规章制度；

5. 有必要的工程试验检测设备。

第八条 工程监理企业资质相应许可的业务范围如下：

（一）综合资质

可以承担所有专业工程类别建设工程项目的工程监理业务。

（二）专业资质

1. 专业甲级资质：

可承担相应专业工程类别建设工程项目的工程监理业务（见附表 2）。

2. 专业乙级资质：

可承担相应专业工程类别二级以下（含二级）建设工程项目的工程监理业务（见附表 2）。

3. 专业丙级资质：

可承担相应专业工程类别三级建设工程项目的工程监理业务（见附表 2）。

（三）事务所资质

可承担三级建设工程项目的工程监理业务（见附表 2），但是，国家规定必须实行强制监理的工程除外。

工程监理企业可以开展相应类别建设工程的项目管理、技术咨询等业务。

第三章 资质申请和审批

第九条 申请综合资质、专业甲级资质的，可以向企业工商注册所在地的省、自治区、直辖市人民政府住房城乡建设主管部门提交申请材料。

省、自治区、直辖市人民政府住房城乡建设主管部门收到申请材料后，应当在 5 日内将全部申请材料报审批部门。

国务院住房城乡建设主管部门在收到申请材料后，应当依法作出是否受理的决定，并出具凭证；申请材料不齐全或者不符合法定形式的，应当在 5 日内一次性告知申请人需要补正的全部内容。逾期不告知的，自收到申请材料之日起即为受理。

国务院住房城乡建设主管部门应当自受理之日起 20 日内作出审批决定。自作出决定之日起 10 日内公告审批结果。其中，涉及铁路、交通、水利、通信、民航等专业工程监理资质的，由国务院住房城乡建设主管部门送国务院有关部门审核。国务院有关部门应当在 15 日内审核完毕，并将审核意见报国务院住房城乡建设主管部门。

组织专家评审所需时间不计算在上述时限内，但应当明确告知申请人。

第十条 专业乙级、丙级资质和事务所资质由企业所在地省、自治区、直辖市人民政府住房城乡建设主管部门审批。

专业乙级、丙级资质和事务所资质许可、延续的实施程序由省、自治区、直辖市人民政府住房城乡建设主管部门依法确定。

省、自治区、直辖市人民政府住房城乡建设主管部门应当自作出决定之日起 10 日内，将准予资质许可的决定报国务院住房城乡建设主管部门备案。

第十一条 工程监理企业资质证书分为正本和副本，每套资质证书包括一本正本，四本副本。正、副本具有同等法律效力。

工程监理企业资质证书的有效期为 5 年。

工程监理企业资质证书由国务院住房城乡建设主管部门统一印制并发放。

第十二条 申请工程监理企业资质，应当提交以下材料：

（一）工程监理企业资质申请表（一式三份）及相应电子文档；

（二）企业法人、合伙企业营业执照；

（三）企业章程或合伙人协议；

（四）企业法定代表人、企业负责人和技术负责人的身份证明、工作简历及任命（聘用）文件；

（五）工程监理企业资质申请表中所列注册监理工程师及其他注册执业人员的注册执业证书；

（六）有关企业质量管理体系、技术和档案等管理制度的证明材料；

（七）有关工程试验检测设备的证明材料。

取得专业资质的企业申请晋升专业资质等级或者取得专业甲级资质的企业申请综合资质的，除前款规定的材料外，还应当提交企业原工程监理企业资质证书正、副本复印件，企业《监理业务手册》及近两年已完成代表工程的监理合同、监理规划、工程竣工验收报告及监理工作总结。

第十三条 资质有效期届满，工程监理企业需要继续从事工程监理活动的，应当在资质证书有效期届满60日前，向原资质许可机关申请办理延续手续。

对在资质有效期内遵守有关法律、法规、规章、技术标准，信用档案中无不良记录，且专业技术人员满足资质标准要求的企业，经资质许可机关同意，有效期延续5年。

第十四条 工程监理企业在资质证书有效期内名称、地址、注册资本、法定代表人等发生变更的，应当在工商行政管理部门办理变更手续后30日内办理资质证书变更手续。

涉及综合资质、专业甲级资质证书中企业名称变更的，由国务院住房城乡建设主管部门负责办理，并自受理申请之日起3日内办理变更手续。

前款规定以外的资质证书变更手续，由省、自治区、直辖市人民政府住房城乡建设主管部门负责办理。省、自治区、直辖市人民政府住房城乡建设主管部门应当自受理申请之日起3日内办理变更手续，并在办理资质证书变更手续后15日内将变更结果报国务院住房城乡建设主管部门备案。

第十五条 申请资质证书变更，应当提交以下材料：

（一）资质证书变更的申请报告；

（二）企业法人营业执照副本原件；

（三）工程监理企业资质证书正、副本原件。

工程监理企业改制的，除前款规定材料外，还应当提交企业职工代表大会或股东大会关于企业改制或股权变更的决议、企业上级主管部门关于企业申请改制的批复文件。

第十六条 工程监理企业不得有下列行为：

（一）与建设单位串通投标或者与其他工程监理企业串通投标，以行贿手段谋取中标；

（二）与建设单位或者施工单位串通弄虚作假、降低工程质量；

（三）将不合格的建设工程、建筑材料、建筑构配件和设备按照合格签字；

（四）超越本企业资质等级或以其他企业名义承揽监理业务；

（五）允许其他单位或个人以本企业的名义承揽工程；

（六）将承揽的监理业务转包；

（七）在监理过程中实施商业贿赂；

（八）涂改、伪造、出借、转让工程监理企业资质证书；

（九）其他违反法律法规的行为。

第十七条 工程监理企业合并的，合并后存续或者新设立的工程监理企业可以承继合并前各方中较高的资质等级，但应当符合相应的资质等级条件。

工程监理企业分立的，分立后企业的资质等级，根据实际达到的资质条件，按照本规定的审批程序核定。

第十八条 企业需增补工程监理企业资质证书的（含增加、更换、遗失补办），应当持资质证书增补申请及电子文档等材料向资质许可机关申请办理。遗失资质证书的，在申请补办前应当在公众媒体刊登遗失声明。资质许可机关应当自受理申请之日起 3 日内予以办理。

第四章 监督管理

第十九条 县级以上人民政府住房城乡建设主管部门和其他有关部门应当依照有关法律、法规和本规定，加强对工程监理企业资质的监督管理。

第二十条 住房城乡建设主管部门履行监督检查职责时，有权采取下列措施：

（一）要求被检查单位提供工程监理企业资质证书、注册监理工程师注册执业证书，有关工程监理业务的文档，有关质量管理、安全生产管理、档案管理等企业内部管理制度的文件；

（二）进入被检查单位进行检查，查阅相关资料；

（三）纠正违反有关法律、法规和本规定及有关规范和标准的行为。

第二十一条 住房城乡建设主管部门进行监督检查时，应当有两名以上监督检查人员参加，并出示执法证件，不得妨碍被检查单位的正常经营活动，不得索取或者收受财物、谋取其他利益。

有关单位和个人对依法进行的监督检查应当协助与配合，不得拒绝或者阻挠。

监督检查机关应当将监督检查的处理结果向社会公布。

第二十二条 工程监理企业违法从事工程监理活动的，违法行为发生地的县级以上地方人民政府住房城乡建设主管部门应当依法查处，并将违法事实、处理结果或处理建议及时报告该工程监理企业资质的许可机关。

第二十三条 工程监理企业取得工程监理企业资质后不再符合相应资质条件的，资质许可机关根据利害关系人的请求或者依据职权，可以责令其限期改正；逾期不改的，可以撤回其资质。

第二十四条 有下列情形之一的，资质许可机关或者其上级机关，根据利害关系人的请求或者依据职权，可以撤销工程监理企业资质：

（一）资质许可机关工作人员滥用职权、玩忽职守作出准予工程监理企业资质许可的；

（二）超越法定职权作出准予工程监理企业资质许可的；

（三）违反资质审批程序作出准予工程监理企业资质许可的；

（四）对不符合许可条件的申请人作出准予工程监理企业资质许可的；

（五）依法可以撤销资质证书的其他情形。

以欺骗、贿赂等不正当手段取得工程监理企业资质证书的，应当予以撤销。

第二十五条 有下列情形之一的，工程监理企业应当及时向资质许可机关提出注销资质的申请，交回资质证书，国务院住房城乡建设主管部门应当办理注销手续，公告其资质证书作废：

（一）资质证书有效期届满，未依法申请延续的；

（二）工程监理企业依法终止的；

（三）工程监理企业资质依法被撤销、撤回或吊销的；

（四）法律、法规规定的应当注销资质的其他情形。

第二十六条 工程监理企业应当按照有关规定，向资质许可机关提供真实、准确、完整的工程监理企业的信用档案信息。

工程监理企业的信用档案应当包括基本情况、业绩、工程质量和安全、合同违约等情况。被投诉举报和处理、行政处罚等情况应当作为不良行为记入其信用档案。

工程监理企业的信用档案信息按照有关规定向社会公示，公众有权查阅。

第五章 法律责任

第二十七条 申请人隐瞒有关情况或者提供虚假材料申请工程监理企业资质的，资质许可机关不予受理或者不予行政许可，并给予警告，申请人在1年内不得再次申请工程监理企业资质。

第二十八条 以欺骗、贿赂等不正当手段取得工程监理企业资质证书的，由县级以上地方人民政府住房城乡建设主管部门或者有关部门给予警告，并处1万元以上2万元以下的罚款，申请人3年内不得再次申请工程监理企业资质。

第二十九条 工程监理企业有本规定第十六条第七项、第八项行为之一的，由县级以上地方人民政府住房城乡建设主管部门或者有关部门予以警告，责令其改正，并处1万元以上3万元以下的罚款；造成损失的，依法承担赔偿责任；构成犯罪的，依法追究刑事责任。

第三十条 违反本规定，工程监理企业不及时办理资质证书变更手续的，由资质许可机关责令限期办理；逾期不办理的，可处以1千元以上1万元以下的罚款。

第三十一条 工程监理企业未按照本规定要求提供工程监理企业信用档案信息的，由县级以上地方人民政府住房城乡建设主管部门予以警告，责令限期改正；逾期未改正的，可处以1千元以上1万元以下的罚款。

第三十二条 县级以上地方人民政府住房城乡建设主管部门依法给予工程监理企业行政处罚的，应当将行政处罚决定以及给予行政处罚的事实、理由和依据，报国务院住房城乡建设主管部门备案。

第三十三条 县级以上人民政府住房城乡建设主管部门及有关部门有下列情形之一的，由其上级行政主管部门或者监察机关责令改正，对直接负责的主管人员和其他直接责任人员依法给予处分；构成犯罪的，依法追究刑事责任：

（一）对不符合本规定条件的申请人准予工程监理企业资质许可的；

（二）对符合本规定条件的申请人不予工程监理企业资质许可或者不在法定期限内作出准予许可决定的；

（三）对符合法定条件的申请不予受理或者未在法定期限内初审完毕的；

（四）利用职务上的便利，收受他人财物或者其他好处的；

（五）不依法履行监督管理职责或者监督不力，造成严重后果的。

第六章　附　　则

第三十四条 本规定自2007年8月1日起施行。2001年8月29日建设部颁布的《工程监理企业资质管理规定》（建设部令第102号）同时废止。

附件：1. 专业资质注册监理工程师人数配备表（略）

2. 专业工程类别和等级表（略）

建设工程安全生产与质量管理

中华人民共和国安全生产法

（2002年6月29日第九届全国人民代表大会常务委员会第二十八次会议通过　根据2009年8月27日第十一届全国人民代表大会常务委员会第十次会议《关于修改部分法律的决定》第一次修正　根据2014年8月31日第十二届全国人民代表大会常务委员会第十次会议《关于修改〈中华人民共和国安全生产法〉的决定》第二次修正）

第一章　总　　则

第一条　为了加强安全生产工作，防止和减少生产安全事故，保障人民群众生命和财产安全，促进经济社会持续健康发展，制定本法。

第二条　在中华人民共和国领域内从事生产经营活动的单位（以下统称生产经营单位）的安全生产，适用本法；有关法律、行政法规对消防安全和道路交通安全、铁路交通安全、水上交通安全、民用航空安全以及核与辐射安全、特种设备安全另有规定的，适用其规定。

第三条　安全生产工作应当以人为本，坚持安全发展，坚持安全第一、预防为主、综合治理的方针，强化和落实生产经营单位的主体责任，建立生产经营单位负责、职工参与、政府监管、行业自律和社会监督的机制。

第四条　生产经营单位必须遵守本法和其他有关安全生产的法律、法规，加强安全生产管理，建立、健全安全生产责任制和安全生产规章制度，改善安全生产条件，推进安全生产标准化建设，提高安全生产水平，确保安全生产。

第五条　生产经营单位的主要负责人对本单位的安全生产工作全面负责。

第六条　生产经营单位的从业人员有依法获得安全生产保障的权利，并应当依法履行安全生产方面的义务。

第七条 工会依法对安全生产工作进行监督。

生产经营单位的工会依法组织职工参加本单位安全生产工作的民主管理和民主监督，维护职工在安全生产方面的合法权益。生产经营单位制定或者修改有关安全生产的规章制度，应当听取工会的意见。

第八条 国务院和县级以上地方各级人民政府应当根据国民经济和社会发展规划制定安全生产规划，并组织实施。安全生产规划应当与城乡规划相衔接。

国务院和县级以上地方各级人民政府应当加强对安全生产工作的领导，支持、督促各有关部门依法履行安全生产监督管理职责，建立健全安全生产工作协调机制，及时协调、解决安全生产监督管理中存在的重大问题。

乡、镇人民政府以及街道办事处、开发区管理机构等地方人民政府的派出机关应当按照职责，加强对本行政区域内生产经营单位安全生产状况的监督检查，协助上级人民政府有关部门依法履行安全生产监督管理职责。

第九条 国务院安全生产监督管理部门依照本法，对全国安全生产工作实施综合监督管理；县级以上地方各级人民政府安全生产监督管理部门依照本法，对本行政区域内安全生产工作实施综合监督管理。

国务院有关部门依照本法和其他有关法律、行政法规的规定，在各自的职责范围内对有关行业、领域的安全生产工作实施监督管理；县级以上地方各级人民政府有关部门依照本法和其他有关法律、法规的规定，在各自的职责范围内对有关行业、领域的安全生产工作实施监督管理。

安全生产监督管理部门和对有关行业、领域的安全生产工作实施监督管理的部门，统称负有安全生产监督管理职责的部门。

第十条 国务院有关部门应当按照保障安全生产的要求，依法及时制定有关的国家标准或者行业标准，并根据科技进步和经济发展适时修订。

生产经营单位必须执行依法制定的保障安全生产的国家标准或者行业标准。

第十一条 各级人民政府及其有关部门应当采取多种形式，加强对有关安全生产的法律、法规和安全生产知识的宣传，增强全社会的安全生产意识。

第十二条 有关协会组织依照法律、行政法规和章程，为生产经营单位提供安全生产方面的信息、培训等服务，发挥自律作用，促进生产经营单位加强安全生产管理。

第十三条 依法设立的为安全生产提供技术、管理服务的机构，依照法律、行政法规和执业准则，接受生产经营单位的委托为其安全生产工作提供技术、管理服务。

生产经营单位委托前款规定的机构提供安全生产技术、管理服务的，保证安全生产的责任仍由本单位负责。

第十四条 国家实行生产安全事故责任追究制度，依照本法和有关法律、法规的规定，追究生产安全事故责任人员的法律责任。

第十五条 国家鼓励和支持安全生产科学技术研究和安全生产先进技术的推广应用，提高安全生产水平。

第十六条 国家对在改善安全生产条件、防止生产安全事故、参加抢险救护等方面取得显著成绩的单位和个人，给予奖励。

第二章 生产经营单位的安全生产保障

第十七条 生产经营单位应当具备本法和有关法律、行政法规和国家标准或者行业标准规定的安全生产条件；不具备安全生产条件的，不得从事生产经营活动。

第十八条 生产经营单位的主要负责人对本单位安全生产工作负有下列职责：

（一）建立、健全本单位安全生产责任制；

（二）组织制定本单位安全生产规章制度和操作规程；

（三）组织制定并实施本单位安全生产教育和培训计划；

（四）保证本单位安全生产投入的有效实施；

（五）督促、检查本单位的安全生产工作，及时消除生产安全事故隐患；

（六）组织制定并实施本单位的生产安全事故应急救援预案；

（七）及时、如实报告生产安全事故。

第十九条 生产经营单位的安全生产责任制应当明确各岗位的责任人员、责任范围和考核标准等内容。

生产经营单位应当建立相应的机制，加强对安全生产责任制落实情况的监督考核，保证安全生产责任制的落实。

第二十条 生产经营单位应当具备的安全生产条件所必需的资金投入，由生产经营单位的决策机构、主要负责人或者个人经营的投资人予以保证，并对由于安全生产所必需的资金投入不足导致的后果承担责任。

有关生产经营单位应当按照规定提取和使用安全生产费用，专门用于改善安全生产条件。安全生产费用在成本中据实列支。安全生产费用提取、使用和监督管理的具体办法由国务院财政部门会同国务院安全生产监督管理部门征求国务院有关部门意见后制定。

第二十一条 矿山、金属冶炼、建筑施工、道路运输单位和危险物品的生产、经营、储存单位，应当设置安全生产管理机构或者配备专职安全生产管理人员。

前款规定以外的其他生产经营单位，从业人员超过一百人的，应当设置安全生产管理机构或者配备专职安全生产管理人员；从业人员在一百人以下的，应当配备专职或者兼职的安全生产管理人员。

第二十二条 生产经营单位的安全生产管理机构以及安全生产管理人员履行下列职责：

（一）组织或者参与拟订本单位安全生产规章制度、操作规程和生产安全事故应急救援预案；

（二）组织或者参与本单位安全生产教育和培训，如实记录安全生产教育和培训情况；

（三）督促落实本单位重大危险源的安全管理措施；

（四）组织或者参与本单位应急救援演练；

（五）检查本单位的安全生产状况，及时排查生产安全事故隐患，提出改进安全生产管理的建议；

（六）制止和纠正违章指挥、强令冒险作业、违反操作规程的行为；

（七）督促落实本单位安全生产整改措施。

第二十三条 生产经营单位的安全生产管理机构以及安全生产管理人员应当恪尽职守，依法履行职责。

生产经营单位作出涉及安全生产的经营决策，应当听取安全生产管理机构以及安全生产管理人员的意见。

生产经营单位不得因安全生产管理人员依法履行职责而降低其工资、福利等待遇或者解除与其订立的劳动合同。

危险物品的生产、储存单位以及矿山、金属冶炼单位的安全生产管理人员的任免，应当告知主管的负有安全生产监督管理职责的部门。

第二十四条 生产经营单位的主要负责人和安全生产管理人员必须具备与本单位所从事的生产经营活动相应的安全生产知识和管理能力。

危险物品的生产、经营、储存单位以及矿山、金属冶炼、建筑施工、道路运输单位的主要负责人和安全生产管理人员，应当由主管的负有安全生产监督管理职责的部门对其安全生产知识和管理能力考核合格。考核不得收费。

危险物品的生产、储存单位以及矿山、金属冶炼单位应当有注册安全工程师从事安全生产管理工作。鼓励其他生产经营单位聘用注册安全工程师从事安全生产管理工作。注册安全工程师按专业分类管理，具体办法由国务院人力资源和社会保障部门、国务院安全生产监督管理部门会同国务院有关部门制定。

第二十五条 生产经营单位应当对从业人员进行安全生产教育和培训，保证从业人员具备必要的安全生产知识，熟悉有关的安全生产规章制度和安全操作规程，掌握本岗位的安全操作技能，了解事故应急处理措施，知悉自身在安全生产方面的权利和义务。未经安全生产教育和培训合格的从业人员，不得上岗作业。

生产经营单位使用被派遣劳动者的，应当将被派遣劳动者纳入本单位从业人员统一管理，对被派遣劳动者进行岗位安全操作规程和安全操作技能的教育和培训。劳务派遣单位应当对被派遣劳动者进行必要的安全生产教育和培训。

生产经营单位接收中等职业学校、高等学校学生实习的，应当对实习学生进行相应的安全生产教育和培训，提供必要的劳动防护用品。学校应当协助生产经营单位对实习学生进行安全生产教育和培训。

生产经营单位应当建立安全生产教育和培训档案，如实记录安全生产教育和培训的时间、内容、参加人员以及考核结果等情况。

第二十六条 生产经营单位采用新工艺、新技术、新材料或者使用新设备，必须了解、掌握其安全技术特性，采取有效的安全防护措施，并对从业人员进行专门的安全生产教育和培训。

第二十七条 生产经营单位的特种作业人员必须按照国家有关规定经专门的安全作业培训，取得相应资格，方可上岗作业。

特种作业人员的范围由国务院安全生产监督管理部门会同国务院有关部门确定。

第二十八条 生产经营单位新建、改建、扩建工程项目（以下统称建设项目）的安全设施，必须与主体工程同时设计、同时施工、同时投入生产和使用。安全设施投资应当纳入建设项目概算。

第二十九条 矿山、金属冶炼建设项目和用于生产、储存、装卸危险物品的建设项目，应当按照国家有关规定进行安全评价。

第三十条 建设项目安全设施的设计人、设计单位应当对安全设施设计负责。

矿山、金属冶炼建设项目和用于生产、储存、装卸危险物品的建设项目的安全设施设计应当按照国家有关规定报经有关部门审查，审查部门及其负责审查的人员对审查结果负责。

第三十一条 矿山、金属冶炼建设项目和用于生产、储存、装卸危险物品的建设项目的施工单位必须按照批准的安全设施设计施工，并对安全设施的工程质量负责。

矿山、金属冶炼建设项目和用于生产、储存危险物品的建设项目竣工投入生产或者使用前，应当由建设单位负责组织对安全设施进行验收；验收合格后，方可投入生产和使用。安全生产监督管理部门应当加强对建设单位验收活动和验收结果的监督核查。

第三十二条 生产经营单位应当在有较大危险因素的生产经营场所和有关设施、设备上，设置明显的安全警示标志。

第三十三条 安全设备的设计、制造、安装、使用、检测、维修、改造和报废，应当符合国家标准或者行业标准。

生产经营单位必须对安全设备进行经常性维护、保养，并定期检测，保证正常运转。维护、保养、检测应当作好记录，并由有关人员签字。

第三十四条 生产经营单位使用的危险物品的容器、运输工具，以及涉及人身安全、危险性较大的海洋石油开采特种设备和矿山井下特种设备，必须按照国家有关规定，由专业生产单位生产，并经具有专业资质的检测、检验机构检测、检验合格，取得安全使用证或者安全标志，方可投入使用。检测、检验机构对检测、检验结果负责。

第三十五条 国家对严重危及生产安全的工艺、设备实行淘汰制度，具体目录由国务院安全生产监督管理部门会同国务院有关部门制定并公布。法律、行政法规对目录的制定另有规定的，适用其规定。

省、自治区、直辖市人民政府可以根据本地区实际情况制定并公布具体目录，对前款规定以外的危及生产安全的工艺、设备予以淘汰。

生产经营单位不得使用应当淘汰的危及生产安全的工艺、设备。

第三十六条 生产、经营、运输、储存、使用危险物品或者处置废弃危险物品的，由有关主管部门依照有关法律、法规的规定和国家标准或者行业标准审批并实施监督管理。

生产经营单位生产、经营、运输、储存、使用危险物品或者处置废弃危险物品，必须执行有关法律、法规和国家标准或者行业标准，建立专门的安全管理制度，采取可靠的安全措施，接受有关主管部门依法实施的监督管理。

第三十七条 生产经营单位对重大危险源应当登记建档，进行定期检测、评估、监控，并制定应急预案，告知从业人员和相关人员在紧急情况下应当采取的应急措施。

生产经营单位应当按照国家有关规定将本单位重大危险源及有关安全措施、应急措施报有关地方人民政府安全生产监督管理部门和有关部门备案。

第三十八条 生产经营单位应当建立健全生产安全事故隐患排查治理制度，采取技术、管理措施，及时发现并消除事故隐患。事故隐患排查治理情况应当如实记录，并向从业人员通报。

县级以上地方各级人民政府负有安全生产监督管理职责的部门应当建立健全重大事故隐患治理督办制度，督促生产经营单位消除重大事故隐患。

第三十九条 生产、经营、储存、使用危险物品的车间、商店、仓库不得与员工宿舍在同一座建筑物内，并应当与员工宿舍保持安全距离。

生产经营场所和员工宿舍应当设有符合紧急疏散要求、标志明显、保持畅通的出口。禁止锁闭、封堵生产经营场所或者员工宿舍的出口。

第四十条 生产经营单位进行爆破、吊装以及国务院安全生产监督管理部门会同国务院有关部门规定的其他危险作业，应当安排专门人员进行现场安全管理，确保操作规程的遵守和安全措施的落实。

第四十一条 生产经营单位应当教育和督促从业人员严格执行本单位的安全生产规章制度和安全操作规程；并向从业人员如实告知作业场所和工作岗位存在的危险因素、防范措施以及事故应急措施。

第四十二条 生产经营单位必须为从业人员提供符合国家标准或者行业标准的劳动防护用品，并监督、教育从业人员按照使用规则佩戴、使用。

第四十三条 生产经营单位的安全生产管理人员应当根据本单位的生产经营特点，对安全生产状况进行经常性检查；对检查中发现的安全问题，应当立即处理；不能处理的，应当及时报告本单位有关负责人，有关负责人应当及时处理。检查及处理情况应当如实记录在案。

生产经营单位的安全生产管理人员在检查中发现重大事故隐患，依照前款规定向本单位有关负责人报告，有关负责人不及时处理的，安全生产管理人员可以向主管的负有安全生产监督管理职责的部门报告，接到报告的部门应当依法及时处理。

第四十四条 生产经营单位应当安排用于配备劳动防护用品、进行安全生产培训的经费。

第四十五条 两个以上生产经营单位在同一作业区域内进行生产经营活动，可能危及对方生产安全的，应当签订安全生产管理协议，明确各自的安全生产管理职责和应当采取的安全措施，并指定专职安全生产管理人员进行安全检查与协调。

第四十六条 生产经营单位不得将生产经营项目、场所、设备发包或者出租给不具备安全生产条件或者相应资质的单位或者个人。

生产经营项目、场所发包或者出租给其他单位的，生产经营单位应当与承包单位、承租单位签订专门的安全生产管理协议，或者在承包合同、租赁合同中约定各自的安全生产管理职责；生产经营单位对承包单位、承租单位的安全生产工作统一协调、管理，定期进行安全检查，发现安全问题的，应当及时督促整改。

第四十七条 生产经营单位发生生产安全事故时，单位的主要负责人应当立即组织抢救，并不得在事故调查处理期间擅离职守。

第四十八条 生产经营单位必须依法参加工伤保险，为从业人员缴纳保险费。

国家鼓励生产经营单位投保安全生产责任保险。

第三章 从业人员的安全生产权利义务

第四十九条 生产经营单位与从业人员订立的劳动合同，应当载明有关保障从业人员劳动安全、防止职业危害的事项，以及依法为从业人员办理工伤保险的事项。

生产经营单位不得以任何形式与从业人员订立协议，免除或者减轻其对从业人员因生产安全事故伤亡依法应承担的责任。

第五十条 生产经营单位的从业人员有权了解其作业场所和工作岗位存在的危险因素、防范措施及事故应急措施，有权对本单位的安全生产工作提出建议。

第五十一条 从业人员有权对本单位安全生产工作中存在的问题提出批评、检举、控告；有权拒绝违章指挥和强令冒险作业。

生产经营单位不得因从业人员对本单位安全生产工作提出批评、检举、控告或者拒绝违章指挥、强令冒险作业而降低其工资、福利等待遇或者解除与其订立的劳动合同。

第五十二条 从业人员发现直接危及人身安全的紧急情况时，有权停止作业或者在采取可能的应急措施后撤离作业场所。

生产经营单位不得因从业人员在前款紧急情况下停止作业或者采取紧急撤离措施而降低其工资、福利等待遇或者解除与其订立的劳动合同。

第五十三条 因生产安全事故受到损害的从业人员，除依法享有工伤保险外，依照有关民事法律尚有获得赔偿的权利的，有权向本单位提出赔偿要求。

第五十四条 从业人员在作业过程中，应当严格遵守本单位的安全生产规章制度和操作规程，服从管理，正确佩戴和使用劳动防护用品。

第五十五条 从业人员应当接受安全生产教育和培训，掌握本职工作所需的安全生产知识，提高安全生产技能，增强事故预防和应急处理能力。

第五十六条 从业人员发现事故隐患或者其他不安全因素，应当立即向现场安全生产管理人员或者本单位负责人报告；接到报告的人员应当及时予以处理。

第五十七条 工会有权对建设项目的安全设施与主体工程同时设计、同时施工、同时投入生产和使用进行监督，提出意见。

工会对生产经营单位违反安全生产法律、法规，侵犯从业人员合法权益的行为，有权要求纠正；发现生产经营单位违章指挥、强令冒险作业或者发现事故隐患时，有权提出解决的建议，生产经营单位应当及时研究答复；发现危及从业人员生命安全的情况时，有权向生产经营单位建议组织从业人员撤离危险场所，生产经营单位必须立即作出处理。

工会有权依法参加事故调查，向有关部门提出处理意见，并要求追究有关人员的责任。

第五十八条 生产经营单位使用被派遣劳动者的，被派遣劳动者享有本法规定的从业人员的权利，并应当履行本法规定的从业人员的义务。

第四章　安全生产的监督管理

第五十九条 县级以上地方各级人民政府应当根据本行政区域内的安全生产状况，组织有关部门按照职责分工，对本行政区域内容易发生重大生产安全事故的生产经营单位进行严格检查。

安全生产监督管理部门应当按照分类分级监督管理的要求，制定安全生产年度监督检查计划，并按照年度监督检查计划进行监督检查，发现事故隐患，应当及时处理。

第六十条 负有安全生产监督管理职责的部门依照有关法律、法规的规定，对涉及安全生产的事项需要审查批准（包括批准、核准、许可、注册、认证、颁发证照等，下同）或者验收的，必须严格依照有关法律、法规和国家标准或者行业标准规定的安全生产条件和程序进行审查；不符合有关法律、法规和国家标准或者行业标准规定的安全生产条件的，不得批准或者验收通过。对未依法取得批准或者验收合格的单位擅自从事有关活动的，负责行政审批的部门发现或者接到举报后应当立即予以取缔，并依法予以处理。对已经依法取得批准的单位，负责行政审批的部门发现其不再具备安全生产条件的，应当撤销原批准。

第六十一条 负有安全生产监督管理职责的部门对涉及安全生产的事项

进行审查、验收，不得收取费用；不得要求接受审查、验收的单位购买其指定品牌或者指定生产、销售单位的安全设备、器材或者其他产品。

第六十二条 安全生产监督管理部门和其他负有安全生产监督管理职责的部门依法开展安全生产行政执法工作，对生产经营单位执行有关安全生产的法律、法规和国家标准或者行业标准的情况进行监督检查，行使以下职权：

（一）进入生产经营单位进行检查，调阅有关资料，向有关单位和人员了解情况；

（二）对检查中发现的安全生产违法行为，当场予以纠正或者要求限期改正；对依法应当给予行政处罚的行为，依照本法和其他有关法律、行政法规的规定作出行政处罚决定；

（三）对检查中发现的事故隐患，应当责令立即排除；重大事故隐患排除前或者排除过程中无法保证安全的，应当责令从危险区域内撤出作业人员，责令暂时停产停业或者停止使用相关设施、设备；重大事故隐患排除后，经审查同意，方可恢复生产经营和使用；

（四）对有根据认为不符合保障安全生产的国家标准或者行业标准的设施、设备、器材以及违法生产、储存、使用、经营、运输的危险物品予以查封或者扣押，对违法生产、储存、使用、经营危险物品的作业场所予以查封，并依法作出处理决定。

监督检查不得影响被检查单位的正常生产经营活动。

第六十三条 生产经营单位对负有安全生产监督管理职责的部门的监督检查人员（以下统称安全生产监督检查人员）依法履行监督检查职责，应当予以配合，不得拒绝、阻挠。

第六十四条 安全生产监督检查人员应当忠于职守，坚持原则，秉公执法。

安全生产监督检查人员执行监督检查任务时，必须出示有效的监督执法证件；对涉及被检查单位的技术秘密和业务秘密，应当为其保密。

第六十五条 安全生产监督检查人员应当将检查的时间、地点、内容、发现的问题及其处理情况，作出书面记录，并由检查人员和被检查单位的负责人签字；被检查单位的负责人拒绝签字的，检查人员应当将情况记录在案，并向负有安全生产监督管理职责的部门报告。

第六十六条 负有安全生产监督管理职责的部门在监督检查中，应当互相配合，实行联合检查；确需分别进行检查的，应当互通情况，发现存在的安全问题应当由其他有关部门进行处理的，应当及时移送其他有关部门并形成记录备查，接受移送的部门应当及时进行处理。

第六十七条 负有安全生产监督管理职责的部门依法对存在重大事故隐患的生产经营单位作出停产停业、停止施工、停止使用相关设施或者设备的决定，生产经营单位应当依法执行，及时消除事故隐患。生产经营单位拒不执行，有发生生产安全事故的现实危险的，在保证安全的前提下，经本部门主要负责人批准，负有安全生产监督管理职责的部门可以采取通知有关单位停止供电、停止供应民用爆炸物品等措施，强制生产经营单位履行决定。通知应当采用书面形式，有关单位应当予以配合。

负有安全生产监督管理职责的部门依照前款规定采取停止供电措施，除有危及生产安全的紧急情形外，应当提前二十四小时通知生产经营单位。生产经营单位依法履行行政决定、采取相应措施消除事故隐患的，负有安全生产监督管理职责的部门应当及时解除前款规定的措施。

第六十八条 监察机关依照行政监察法的规定，对负有安全生产监督管理职责的部门及其工作人员履行安全生产监督管理职责实施监察。

第六十九条 承担安全评价、认证、检测、检验的机构应当具备国家规定的资质条件，并对其作出的安全评价、认证、检测、检验的结果负责。

第七十条 负有安全生产监督管理职责的部门应当建立举报制度，公开举报电话、信箱或者电子邮件地址，受理有关安全生产的举报；受理的举报事项经调查核实后，应当形成书面材料；需要落实整改措施的，报经有关负责人签字并督促落实。

第七十一条 任何单位或者个人对事故隐患或者安全生产违法行为，均有权向负有安全生产监督管理职责的部门报告或者举报。

第七十二条 居民委员会、村民委员会发现其所在区域内的生产经营单位存在事故隐患或者安全生产违法行为时，应当向当地人民政府或者有关部门报告。

第七十三条 县级以上各级人民政府及其有关部门对报告重大事故隐患或者举报安全生产违法行为的有功人员，给予奖励。具体奖励办法由国务院安全生产监督管理部门会同国务院财政部门制定。

第七十四条 新闻、出版、广播、电影、电视等单位有进行安全生产公益宣传教育的义务，有对违反安全生产法律、法规的行为进行舆论监督的权利。

第七十五条 负有安全生产监督管理职责的部门应当建立安全生产违法行为信息库，如实记录生产经营单位的安全生产违法行为信息；对违法行为情节严重的生产经营单位，应当向社会公告，并通报行业主管部门、投资主管部门、国土资源主管部门、证券监督管理机构以及有关金融机构。

第五章　生产安全事故的应急救援与调查处理

第七十六条　国家加强生产安全事故应急能力建设，在重点行业、领域建立应急救援基地和应急救援队伍，鼓励生产经营单位和其他社会力量建立应急救援队伍，配备相应的应急救援装备和物资，提高应急救援的专业化水平。

国务院安全生产监督管理部门建立全国统一的生产安全事故应急救援信息系统，国务院有关部门建立健全相关行业、领域的生产安全事故应急救援信息系统。

第七十七条　县级以上地方各级人民政府应当组织有关部门制定本行政区域内生产安全事故应急救援预案，建立应急救援体系。

第七十八条　生产经营单位应当制定本单位生产安全事故应急救援预案，与所在地县级以上地方人民政府组织制定的生产安全事故应急救援预案相衔接，并定期组织演练。

第七十九条　危险物品的生产、经营、储存单位以及矿山、金属冶炼、城市轨道交通运营、建筑施工单位应当建立应急救援组织；生产经营规模较小的，可以不建立应急救援组织，但应当指定兼职的应急救援人员。

危险物品的生产、经营、储存、运输单位以及矿山、金属冶炼、城市轨道交通运营、建筑施工单位应当配备必要的应急救援器材、设备和物资，并进行经常性维护、保养，保证正常运转。

第八十条　生产经营单位发生生产安全事故后，事故现场有关人员应当立即报告本单位负责人。

单位负责人接到事故报告后，应当迅速采取有效措施，组织抢救，防止事故扩大，减少人员伤亡和财产损失，并按照国家有关规定立即如实报告当地负有安全生产监督管理职责的部门，不得隐瞒不报、谎报或者迟报，不得故意破坏事故现场、毁灭有关证据。

第八十一条　负有安全生产监督管理职责的部门接到事故报告后，应当立即按照国家有关规定上报事故情况。负有安全生产监督管理职责的部门和有关地方人民政府对事故情况不得隐瞒不报、谎报或者迟报。

第八十二条　有关地方人民政府和负有安全生产监督管理职责的部门的负责人接到生产安全事故报告后，应当按照生产安全事故应急救援预案的要求立即赶到事故现场，组织事故抢救。

参与事故抢救的部门和单位应当服从统一指挥，加强协同联动，采取有效的应急救援措施，并根据事故救援的需要采取警戒、疏散等措施，防止事故扩大和次生灾害的发生，减少人员伤亡和财产损失。

事故抢救过程中应当采取必要措施，避免或者减少对环境造成的危害。

任何单位和个人都应当支持、配合事故抢救，并提供一切便利条件。

第八十三条 事故调查处理应当按照科学严谨、依法依规、实事求是、注重实效的原则，及时、准确地查清事故原因，查明事故性质和责任，总结事故教训，提出整改措施，并对事故责任者提出处理意见。事故调查报告应当依法及时向社会公布。事故调查和处理的具体办法由国务院制定。

事故发生单位应当及时全面落实整改措施，负有安全生产监督管理职责的部门应当加强监督检查。

第八十四条 生产经营单位发生生产安全事故，经调查确定为责任事故的，除了应当查明事故单位的责任并依法予以追究外，还应当查明对安全生产的有关事项负有审查批准和监督职责的行政部门的责任，对有失职、渎职行为的，依照本法第八十七条的规定追究法律责任。

第八十五条 任何单位和个人不得阻挠和干涉对事故的依法调查处理。

第八十六条 县级以上地方各级人民政府安全生产监督管理部门应当定期统计分析本行政区域内发生生产安全事故的情况，并定期向社会公布。

第六章 法律责任

第八十七条 负有安全生产监督管理职责的部门的工作人员，有下列行为之一的，给予降级或者撤职的处分；构成犯罪的，依照刑法有关规定追究刑事责任：

（一）对不符合法定安全生产条件的涉及安全生产的事项予以批准或者验收通过的；

（二）发现未依法取得批准、验收的单位擅自从事有关活动或者接到举报后不予取缔或者不依法予以处理的；

（三）对已经依法取得批准的单位不履行监督管理职责，发现其不再具备安全生产条件而不撤销原批准或者发现安全生产违法行为不予查处的；

（四）在监督检查中发现重大事故隐患，不依法及时处理的。

负有安全生产监督管理职责的部门的工作人员有前款规定以外的滥用职权、玩忽职守、徇私舞弊行为的，依法给予处分；构成犯罪的，依照刑法有关规定追究刑事责任。

第八十八条 负有安全生产监督管理职责的部门，要求被审查、验收的单位购买其指定的安全设备、器材或者其他产品的，在对安全生产事项的审查、验收中收取费用的，由其上级机关或者监察机关责令改正，责令退还收取的费用；情节严重的，对直接负责的主管人员和其他直接责任人员依法给予处分。

第八十九条 承担安全评价、认证、检测、检验工作的机构，出具虚假证明的，没收违法所得；违法所得在十万元以上的，并处违法所得二倍以上五倍以下的罚款；没有违法所得或者违法所得不足十万元的，单处或者并处十万元以上二十万元以下的罚款；对其直接负责的主管人员和其他直接责任人员处二万元以上五万元以下的罚款；给他人造成损害的，与生产经营单位承担连带赔偿责任；构成犯罪的，依照刑法有关规定追究刑事责任。

对有前款违法行为的机构，吊销其相应资质。

第九十条 生产经营单位的决策机构、主要负责人或者个人经营的投资人不依照本法规定保证安全生产所必需的资金投入，致使生产经营单位不具备安全生产条件的，责令限期改正，提供必需的资金；逾期未改正的，责令生产经营单位停产停业整顿。

有前款违法行为，导致发生生产安全事故的，对生产经营单位的主要负责人给予撤职处分，对个人经营的投资人处二万元以上二十万元以下的罚款；构成犯罪的，依照刑法有关规定追究刑事责任。

第九十一条 生产经营单位的主要负责人未履行本法规定的安全生产管理职责的，责令限期改正；逾期未改正的，处二万元以上五万元以下的罚款，责令生产经营单位停产停业整顿。

生产经营单位的主要负责人有前款违法行为，导致发生生产安全事故的，给予撤职处分；构成犯罪的，依照刑法有关规定追究刑事责任。

生产经营单位的主要负责人依照前款规定受刑事处罚或者撤职处分的，自刑罚执行完毕或者受处分之日起，五年内不得担任任何生产经营单位的主要负责人；对重大、特别重大生产安全事故负有责任的，终身不得担任本行业生产经营单位的主要负责人。

第九十二条 生产经营单位的主要负责人未履行本法规定的安全生产管理职责，导致发生生产安全事故的，由安全生产监督管理部门依照下列规定处以罚款：

（一）发生一般事故的，处上一年年收入百分之三十的罚款；

（二）发生较大事故的，处上一年年收入百分之四十的罚款；

（三）发生重大事故的，处上一年年收入百分之六十的罚款；

（四）发生特别重大事故的，处上一年年收入百分之八十的罚款。

第九十三条 生产经营单位的安全生产管理人员未履行本法规定的安全

生产管理职责的，责令限期改正；导致发生生产安全事故的，暂停或者撤销其与安全生产有关的资格；构成犯罪的，依照刑法有关规定追究刑事责任。

第九十四条 生产经营单位有下列行为之一的，责令限期改正，可以处五万元以下的罚款；逾期未改正的，责令停产停业整顿，并处五万元以上十万元以下的罚款，对其直接负责的主管人员和其他直接责任人员处一万元以上二万元以下的罚款：

（一）未按照规定设置安全生产管理机构或者配备安全生产管理人员的；

（二）危险物品的生产、经营、储存单位以及矿山、金属冶炼、建筑施工、道路运输单位的主要负责人和安全生产管理人员未按照规定经考核合格的；

（三）未按照规定对从业人员、被派遣劳动者、实习学生进行安全生产教育和培训，或者未按照规定如实告知有关的安全生产事项的；

（四）未如实记录安全生产教育和培训情况的；

（五）未将事故隐患排查治理情况如实记录或者未向从业人员通报的；

（六）未按照规定制定生产安全事故应急救援预案或者未定期组织演练的；

（七）特种作业人员未按照规定经专门的安全作业培训并取得相应资格，上岗作业的。

第九十五条 生产经营单位有下列行为之一的，责令停止建设或者停产停业整顿，限期改正；逾期未改正的，处五十万元以上一百万元以下的罚款，对其直接负责的主管人员和其他直接责任人员处二万元以上五万元以下的罚款；构成犯罪的，依照刑法有关规定追究刑事责任：

（一）未按照规定对矿山、金属冶炼建设项目或者用于生产、储存、装卸危险物品的建设项目进行安全评价的；

（二）矿山、金属冶炼建设项目或者用于生产、储存、装卸危险物品的建设项目没有安全设施设计或者安全设施设计未按照规定报经有关部门审查同意的；

（三）矿山、金属冶炼建设项目或者用于生产、储存、装卸危险物品的建设项目的施工单位未按照批准的安全设施设计施工的；

（四）矿山、金属冶炼建设项目或者用于生产、储存危险物品的建设项目竣工投入生产或者使用前，安全设施未经验收合格的。

第九十六条 生产经营单位有下列行为之一的，责令限期改正，可以处五万元以下的罚款；逾期未改正的，处五万元以上二十万元以下的罚款，对其直接负责的主管人员和其他直接责任人员处一万元以上二万元以下的罚款；情节严重的，责令停产停业整顿；构成犯罪的，依照刑法有关规定追究刑事责任：

（一）未在有较大危险因素的生产经营场所和有关设施、设备上设置明显的安全警示标志的；

（二）安全设备的安装、使用、检测、改造和报废不符合国家标准或者行业标准的；

（三）未对安全设备进行经常性维护、保养和定期检测的；

（四）未为从业人员提供符合国家标准或者行业标准的劳动防护用品的；

（五）危险物品的容器、运输工具，以及涉及人身安全、危险性较大的海洋石油开采特种设备和矿山井下特种设备未经具有专业资质的机构检测、检验合格，取得安全使用证或者安全标志，投入使用的；

（六）使用应当淘汰的危及生产安全的工艺、设备的。

第九十七条 未经依法批准，擅自生产、经营、运输、储存、使用危险物品或者处置废弃危险物品的，依照有关危险物品安全管理的法律、行政法规的规定予以处罚；构成犯罪的，依照刑法有关规定追究刑事责任。

第九十八条 生产经营单位有下列行为之一的，责令限期改正，可以处十万元以下的罚款；逾期未改正的，责令停产停业整顿，并处十万元以上二十万元以下的罚款，对其直接负责的主管人员和其他直接责任人员处二万元以上五万元以下的罚款；构成犯罪的，依照刑法有关规定追究刑事责任：

（一）生产、经营、运输、储存、使用危险物品或者处置废弃危险物品，未建立专门安全管理制度、未采取可靠的安全措施的；

（二）对重大危险源未登记建档，或者未进行评估、监控，或者未制定应急预案的；

（三）进行爆破、吊装以及国务院安全生产监督管理部门会同国务院有关部门规定的其他危险作业，未安排专门人员进行现场安全管理的；

（四）未建立事故隐患排查治理制度的。

第九十九条 生产经营单位未采取措施消除事故隐患的，责令立即消除或者限期消除；生产经营单位拒不执行的，责令停产停业整顿，并处十万元以上五十万元以下的罚款，对其直接负责的主管人员和其他直接责任人员处二万元以上五万元以下的罚款。

第一百条 生产经营单位将生产经营项目、场所、设备发包或者出租给不具备安全生产条件或者相应资质的单位或者个人的，责令限期改正，没收违法所得；违法所得十万元以上的，并处违法所得二倍以上五倍以下的罚款；没有违法所得或者违法所得不足十万元的，单处或者并处十万元以上二十万元以下的罚款；对其直接负责的主管人员和其他直接责任人员处一万元以上二万元以下的罚款；导致发生生产安全事故给他人造成损害的，与承包方、承租方承担连带赔偿责任。

生产经营单位未与承包单位、承租单位签订专门的安全生产管理协议或者未在承包合同、租赁合同中明确各自的安全生产管理职责，或者未对承包单位、承租单位的安全生产统一协调、管理的，责令限期改正，可以处五万元以下的罚款，对其直接负责的主管人员和其他直接责任人员可以处一万元以下的罚款；逾期未改正的，责令停产停业整顿。

第一百零一条 两个以上生产经营单位在同一作业区域内进行可能危及对方安全生产的生产经营活动，未签订安全生产管理协议或者未指定专职安全生产管理人员进行安全检查与协调的，责令限期改正，可以处五万元以下的罚款，对其直接负责的主管人员和其他直接责任人员可以处一万元以下的罚款；逾期未改正的，责令停产停业。

第一百零二条 生产经营单位有下列行为之一的，责令限期改正，可以处五万元以下的罚款，对其直接负责的主管人员和其他直接责任人员可以处一万元以下的罚款；逾期未改正的，责令停产停业整顿；构成犯罪的，依照刑法有关规定追究刑事责任：

（一）生产、经营、储存、使用危险物品的车间、商店、仓库与员工宿舍在同一座建筑内，或者与员工宿舍的距离不符合安全要求的；

（二）生产经营场所和员工宿舍未设有符合紧急疏散需要、标志明显、保持畅通的出口，或者锁闭、封堵生产经营场所或者员工宿舍出口的。

第一百零三条 生产经营单位与从业人员订立协议，免除或者减轻其对从业人员因生产安全事故伤亡依法应承担的责任的，该协议无效；对生产经营单位的主要负责人、个人经营的投资人处二万元以上十万元以下的罚款。

第一百零四条 生产经营单位的从业人员不服从管理，违反安全生产规章制度或者操作规程的，由生产经营单位给予批评教育，依照有关规章制度给予处分；构成犯罪的，依照刑法有关规定追究刑事责任。

第一百零五条 违反本法规定，生产经营单位拒绝、阻碍负有安全生产监督管理职责的部门依法实施监督检查的，责令改正；拒不改正的，处二万元以上二十万元以下的罚款；对其直接负责的主管人员和其他直接责任人员处一万元以上二万元以下的罚款；构成犯罪的，依照刑法有关规定追究刑事责任。

第一百零六条 生产经营单位的主要负责人在本单位发生生产安全事故时，不立即组织抢救或者在事故调查处理期间擅离职守或者逃匿的，给予降级、撤职的处分，并由安全生产监督管理部门处上一年年收入百分之六十至百分之一百的罚款；对逃匿的处十五日以下拘留；构成犯罪的，依照刑法有关规定追究刑事责任。

生产经营单位的主要负责人对生产安全事故隐瞒不报、谎报或者迟报的，依照前款规定处罚。

第一百零七条 有关地方人民政府、负有安全生产监督管理职责的部门，对生产安全事故隐瞒不报、谎报或者迟报的，对直接负责的主管人员和其他直接责任人员依法给予处分；构成犯罪的，依照刑法有关规定追究刑事责任。

第一百零八条 生产经营单位不具备本法和其他有关法律、行政法规和国家标准或者行业标准规定的安全生产条件，经停产停业整顿仍不具备安全生产条件的，予以关闭；有关部门应当依法吊销其有关证照。

第一百零九条 发生生产安全事故，对负有责任的生产经营单位除要求其依法承担相应的赔偿等责任外，由安全生产监督管理部门依照下列规定处以罚款：

（一）发生一般事故的，处二十万元以上五十万元以下的罚款；

（二）发生较大事故的，处五十万元以上一百万元以下的罚款；

（三）发生重大事故的，处一百万元以上五百万元以下的罚款；

（四）发生特别重大事故的，处五百万元以上一千万元以下的罚款；情节特别严重的，处一千万元以上二千万元以下的罚款。

第一百一十条 本法规定的行政处罚，由安全生产监督管理部门和其他负有安全生产监督管理职责的部门按照职责分工决定。予以关闭的行政处罚由负有安全生产监督管理职责的部门报请县级以上人民政府按照国务院规定的权限决定；给予拘留的行政处罚由公安机关依照治安管理处罚法的规定决定。

第一百一十一条 生产经营单位发生生产安全事故造成人员伤亡、他人财产损失的，应当依法承担赔偿责任；拒不承担或者其负责人逃匿的，由人民法院依法强制执行。

生产安全事故的责任人未依法承担赔偿责任，经人民法院依法采取执行措施后，仍不能对受害人给予足额赔偿的，应当继续履行赔偿义务；受害人发现责任人有其他财产的，可以随时请求人民法院执行。

第七章　附　　则

第一百一十二条 本法下列用语的含义：

危险物品，是指易燃易爆物品、危险化学品、放射性物品等能够危及人身安全和财产安全的物品。

重大危险源，是指长期地或者临时地生产、搬运、使用或者储存危险物品，且危险物品的数量等于或者超过临界量的单元（包括场所和设施）。

第一百一十三条 本法规定的生产安全一般事故、较大事故、重大事故、特别重大事故的划分标准由国务院规定。

国务院安全生产监督管理部门和其他负有安全生产监督管理职责的部门应当根据各自的职责分工，制定相关行业、领域重大事故隐患的判定标准。

第一百一十四条 本法自2002年11月1日起施行。

建设工程安全生产管理条例

（2003年11月12日国务院第28次常务会议通过 2003年11月24日中华人民共和国国务院令第393号公布 自2004年2月1日起施行）

第一章 总 则

第一条 为了加强建设工程安全生产监督管理，保障人民群众生命和财产安全，根据《中华人民共和国建筑法》、《中华人民共和国安全生产法》，制定本条例。

第二条 在中华人民共和国境内从事建设工程的新建、扩建、改建和拆除等有关活动及实施对建设工程安全生产的监督管理，必须遵守本条例。

本条例所称建设工程，是指土木工程、建筑工程、线路管道和设备安装工程及装修工程。

第三条 建设工程安全生产管理，坚持安全第一、预防为主的方针。

第四条 建设单位、勘察单位、设计单位、施工单位、工程监理单位及其他与建设工程安全生产有关的单位，必须遵守安全生产法律、法规的规定，保证建设工程安全生产，依法承担建设工程安全生产责任。

第五条 国家鼓励建设工程安全生产的科学技术研究和先进技术的推广应用，推进建设工程安全生产的科学管理。

第二章 建设单位的安全责任

第六条 建设单位应当向施工单位提供施工现场及毗邻区域内供水、排水、供电、供气、供热、通信、广播电视等地下管线资料，气象和水文观测资料，相邻建筑物和构筑物、地下工程的有关资料，并保证资料的真实、准确、完整。

建设单位因建设工程需要，向有关部门或者单位查询前款规定的资料时，有关部门或者单位应当及时提供。

第七条 建设单位不得对勘察、设计、施工、工程监理等单位提出不符合建设工程安全生产法律、法规和强制性标准规定的要求，不得压缩合同约定的工期。

第八条 建设单位在编制工程概算时，应当确定建设工程安全作业环境及安全施工措施所需费用。

第九条 建设单位不得明示或者暗示施工单位购买、租赁、使用不符合安全施工要求的安全防护用具、机械设备、施工机具及配件、消防设施和器材。

第十条 建设单位在申请领取施工许可证时，应当提供建设工程有关安全施工措施的资料。

依法批准开工报告的建设工程，建设单位应当自开工报告批准之日起15日内，将保证安全施工的措施报送建设工程所在地的县级以上地方人民政府建设行政主管部门或者其他有关部门备案。

第十一条 建设单位应当将拆除工程发包给具有相应资质等级的施工单位。

建设单位应当在拆除工程施工15日前，将下列资料报送建设工程所在地的县级以上地方人民政府建设行政主管部门或者其他有关部门备案：

（一）施工单位资质等级证明；

（二）拟拆除建筑物、构筑物及可能危及毗邻建筑的说明；

（三）拆除施工组织方案；

（四）堆放、清除废弃物的措施。

实施爆破作业的，应当遵守国家有关民用爆炸物品管理的规定。

第三章 勘察、设计、工程监理及其他有关单位的安全责任

第十二条 勘察单位应当按照法律、法规和工程建设强制性标准进行勘察，提供的勘察文件应当真实、准确，满足建设工程安全生产的需要。

勘察单位在勘察作业时，应当严格执行操作规程，采取措施保证各类管

线、设施和周边建筑物、构筑物的安全。

第十三条 设计单位应当按照法律、法规和工程建设强制性标准进行设计，防止因设计不合理导致生产安全事故的发生。

设计单位应当考虑施工安全操作和防护的需要，对涉及施工安全的重点部位和环节在设计文件中注明，并对防范生产安全事故提出指导意见。

采用新结构、新材料、新工艺的建设工程和特殊结构的建设工程，设计单位应当在设计中提出保障施工作业人员安全和预防生产安全事故的措施建议。

设计单位和注册建筑师等注册执业人员应当对其设计负责。

第十四条 工程监理单位应当审查施工组织设计中的安全技术措施或者专项施工方案是否符合工程建设强制性标准。

工程监理单位在实施监理过程中，发现存在安全事故隐患的，应当要求施工单位整改；情况严重的，应当要求施工单位暂时停止施工，并及时报告建设单位。施工单位拒不整改或者不停止施工的，工程监理单位应当及时向有关主管部门报告。

工程监理单位和监理工程师应当按照法律、法规和工程建设强制性标准实施监理，并对建设工程安全生产承担监理责任。

第十五条 为建设工程提供机械设备和配件的单位，应当按照安全施工的要求配备齐全有效的保险、限位等安全设施和装置。

第十六条 出租的机械设备和施工机具及配件，应当具有生产（制造）许可证、产品合格证。

出租单位应当对出租的机械设备和施工机具及配件的安全性能进行检测，在签订租赁协议时，应当出具检测合格证明。

禁止出租检测不合格的机械设备和施工机具及配件。

第十七条 在施工现场安装、拆卸施工起重机械和整体提升脚手架、模板等自升式架设设施，必须由具有相应资质的单位承担。

安装、拆卸施工起重机械和整体提升脚手架、模板等自升式架设设施，应当编制拆装方案、制定安全施工措施，并由专业技术人员现场监督。

施工起重机械和整体提升脚手架、模板等自升式架设设施安装完毕后，安装单位应当自检，出具自检合格证明，并向施工单位进行安全使用说明，办理验收手续并签字。

第十八条 施工起重机械和整体提升脚手架、模板等自升式架设设施的使用达到国家规定的检验检测期限的，必须经具有专业资质的检验检测机构检测。经检测不合格的，不得继续使用。

第十九条 检验检测机构对检测合格的施工起重机械和整体提升脚手

架、模板等自升式架设设施，应当出具安全合格证明文件，并对检测结果负责。

第四章　施工单位的安全责任

第二十条　施工单位从事建设工程的新建、扩建、改建和拆除等活动，应当具备国家规定的注册资本、专业技术人员、技术装备和安全生产等条件，依法取得相应等级的资质证书，并在其资质等级许可的范围内承揽工程。

第二十一条　施工单位主要负责人依法对本单位的安全生产工作全面负责。施工单位应当建立健全安全生产责任制度和安全生产教育培训制度，制定安全生产规章制度和操作规程，保证本单位安全生产条件所需资金的投入，对所承担的建设工程进行定期和专项安全检查，并做好安全检查记录。

施工单位的项目负责人应当由取得相应执业资格的人员担任，对建设工程项目的安全施工负责，落实安全生产责任制度、安全生产规章制度和操作规程，确保安全生产费用的有效使用，并根据工程的特点组织制定安全施工措施，消除安全事故隐患，及时、如实报告生产安全事故。

第二十二条　施工单位对列入建设工程概算的安全作业环境及安全施工措施所需费用，应当用于施工安全防护用具及设施的采购和更新、安全施工措施的落实、安全生产条件的改善，不得挪作他用。

第二十三条　施工单位应当设立安全生产管理机构，配备专职安全生产管理人员。

专职安全生产管理人员负责对安全生产进行现场监督检查。发现安全事故隐患，应当及时向项目负责人和安全生产管理机构报告；对于违章指挥、违章操作的，应当立即制止。

专职安全生产管理人员的配备办法由国务院建设行政主管部门会同国务院其他有关部门制定。

第二十四条　建设工程实行施工总承包的，由总承包单位对施工现场的安全生产负总责。

总承包单位应当自行完成建设工程主体结构的施工。

总承包单位依法将建设工程分包给其他单位的，分包合同中应当明确各自的安全生产方面的权利、义务。总承包单位和分包单位对分包工程的安全生产承担连带责任。

分包单位应当服从总承包单位的安全生产管理，分包单位不服从管理导致生产安全事故的，由分包单位承担主要责任。

第二十五条 垂直运输机械作业人员、安装拆卸工、爆破作业人员、起重信号工、登高架设作业人员等特种作业人员，必须按照国家有关规定经过专门的安全作业培训，并取得特种作业操作资格证书后，方可上岗作业。

第二十六条 施工单位应当在施工组织设计中编制安全技术措施和施工现场临时用电方案，对下列达到一定规模的危险性较大的分部分项工程编制专项施工方案，并附具安全验算结果，经施工单位技术负责人、总监理工程师签字后实施，由专职安全生产管理人员进行现场监督：

（一）基坑支护与降水工程；

（二）土方开挖工程；

（三）模板工程；

（四）起重吊装工程；

（五）脚手架工程；

（六）拆除、爆破工程；

（七）国务院建设行政主管部门或者其他有关部门规定的其他危险性较大的工程。

对前款所列工程中涉及深基坑、地下暗挖工程、高大模板工程的专项施工方案，施工单位还应当组织专家进行论证、审查。

本条第一款规定的达到一定规模的危险性较大工程的标准，由国务院建设行政主管部门会同国务院其他有关部门制定。

第二十七条 建设工程施工前，施工单位负责项目管理的技术人员应当对有关安全施工的技术要求向施工作业班组、作业人员作出详细说明，并由双方签字确认。

第二十八条 施工单位应当在施工现场入口处、施工起重机械、临时用电设施、脚手架、出入通道口、楼梯口、电梯井口、孔洞口、桥梁口、隧道口、基坑边沿、爆破物及有害危险气体和液体存放处等危险部位，设置明显的安全警示标志。安全警示标志必须符合国家标准。

施工单位应当根据不同施工阶段和周围环境及季节、气候的变化，在施工现场采取相应的安全施工措施。施工现场暂时停止施工的，施工单位应当做好现场防护，所需费用由责任方承担，或者按照合同约定执行。

第二十九条 施工单位应当将施工现场的办公、生活区与作业区分开设置，并保持安全距离；办公、生活区的选址应当符合安全性要求。职工的膳食、饮水、休息场所等应当符合卫生标准。施工单位不得在尚未竣工的建筑物内设置员工集体宿舍。

施工现场临时搭建的建筑物应当符合安全使用要求。施工现场使用的装配式活动房屋应当具有产品合格证。

第三十条 施工单位对因建设工程施工可能造成损害的毗邻建筑物、构筑物和地下管线等，应当采取专项防护措施。

施工单位应当遵守有关环境保护法律、法规的规定，在施工现场采取措施，防止或者减少粉尘、废气、废水、固体废物、噪声、振动和施工照明对人和环境的危害和污染。

在城市市区内的建设工程，施工单位应当对施工现场实行封闭围挡。

第三十一条 施工单位应当在施工现场建立消防安全责任制度，确定消防安全责任人，制定用火、用电、使用易燃易爆材料等各项消防安全管理制度和操作规程，设置消防通道、消防水源，配备消防设施和灭火器材，并在施工现场入口处设置明显标志。

第三十二条 施工单位应当向作业人员提供安全防护用具和安全防护服装，并书面告知危险岗位的操作规程和违章操作的危害。

作业人员有权对施工现场的作业条件、作业程序和作业方式中存在的安全问题提出批评、检举和控告，有权拒绝违章指挥和强令冒险作业。

在施工中发生危及人身安全的紧急情况时，作业人员有权立即停止作业或者在采取必要的应急措施后撤离危险区域。

第三十三条 作业人员应当遵守安全施工的强制性标准、规章制度和操作规程，正确使用安全防护用具、机械设备等。

第三十四条 施工单位采购、租赁的安全防护用具、机械设备、施工机具及配件，应当具有生产（制造）许可证、产品合格证，并在进入施工现场前进行查验。

施工现场的安全防护用具、机械设备、施工机具及配件必须由专人管理，定期进行检查、维修和保养，建立相应的资料档案，并按照国家有关规定及时报废。

第三十五条 施工单位在使用施工起重机械和整体提升脚手架、模板等自升式架设设施前，应当组织有关单位进行验收，也可以委托具有相应资质的检验检测机构进行验收；使用承租的机械设备和施工机具及配件的，由施工总承包单位、分包单位、出租单位和安装单位共同进行验收。验收合格的方可使用。

《特种设备安全监察条例》规定的施工起重机械，在验收前应当经有相应资质的检验检测机构监督检验合格。

施工单位应当自施工起重机械和整体提升脚手架、模板等自升式架设设施验收合格之日起 30 日内，向建设行政主管部门或者其他有关部门登记。登记标志应当置于或者附着于该设备的显著位置。

第三十六条 施工单位的主要负责人、项目负责人、专职安全生产管理人员应当经建设行政主管部门或者其他有关部门考核合格后方可任职。

施工单位应当对管理人员和作业人员每年至少进行一次安全生产教育培训，其教育培训情况记入个人工作档案。安全生产教育培训考核不合格的人员，不得上岗。

第三十七条 作业人员进入新的岗位或者新的施工现场前，应当接受安全生产教育培训。未经教育培训或者教育培训考核不合格的人员，不得上岗作业。

施工单位在采用新技术、新工艺、新设备、新材料时，应当对作业人员进行相应的安全生产教育培训。

第三十八条 施工单位应当为施工现场从事危险作业的人员办理意外伤害保险。

意外伤害保险费由施工单位支付。实行施工总承包的，由总承包单位支付意外伤害保险费。意外伤害保险期限自建设工程开工之日起至竣工验收合格止。

第五章 监督管理

第三十九条 国务院负责安全生产监督管理的部门依照《中华人民共和国安全生产法》的规定，对全国建设工程安全生产工作实施综合监督管理。

县级以上地方人民政府负责安全生产监督管理的部门依照《中华人民共和国安全生产法》的规定，对本行政区域内建设工程安全生产工作实施综合监督管理。

第四十条 国务院建设行政主管部门对全国的建设工程安全生产实施监督管理。国务院铁路、交通、水利等有关部门按照国务院规定的职责分工，负责有关专业建设工程安全生产的监督管理。

县级以上地方人民政府建设行政主管部门对本行政区域内的建设工程安全生产实施监督管理。县级以上地方人民政府交通、水利等有关部门在各自的职责范围内，负责本行政区域内的专业建设工程安全生产的监督管理。

第四十一条 建设行政主管部门和其他有关部门应当将本条例第十条、第十一条规定的有关资料的主要内容抄送同级负责安全生产监督管理的部门。

第四十二条 建设行政主管部门在审核发放施工许可证时，应当对建设工程是否有安全施工措施进行审查，对没有安全施工措施的，不得颁发施工许可证。

建设行政主管部门或者其他有关部门对建设工程是否有安全施工措施进行审查时，不得收取费用。

第四十三条 县级以上人民政府负有建设工程安全生产监督管理职责的部门在各自的职责范围内履行安全监督检查职责时，有权采取下列措施：

（一）要求被检查单位提供有关建设工程安全生产的文件和资料；

（二）进入被检查单位施工现场进行检查；

（三）纠正施工中违反安全生产要求的行为；

（四）对检查中发现的安全事故隐患，责令立即排除；重大安全事故隐患排除前或者排除过程中无法保证安全的，责令从危险区域内撤出作业人员或者暂时停止施工。

第四十四条 建设行政主管部门或者其他有关部门可以将施工现场的监督检查委托给建设工程安全监督机构具体实施。

第四十五条 国家对严重危及施工安全的工艺、设备、材料实行淘汰制度。具体目录由国务院建设行政主管部门会同国务院其他有关部门制定并公布。

第四十六条 县级以上人民政府建设行政主管部门和其他有关部门应当及时受理对建设工程生产安全事故及安全事故隐患的检举、控告和投诉。

第六章 生产安全事故的应急救援和调查处理

第四十七条 县级以上地方人民政府建设行政主管部门应当根据本级人民政府的要求，制定本行政区域内建设工程特大生产安全事故应急救援预案。

第四十八条 施工单位应当制定本单位生产安全事故应急救援预案，建立应急救援组织或者配备应急救援人员，配备必要的应急救援器材、设备，并定期组织演练。

第四十九条 施工单位应当根据建设工程施工的特点、范围，对施工现场易发生重大事故的部位、环节进行监控，制定施工现场生产安全事故应急救援预案。实行施工总承包的，由总承包单位统一组织编制建设工程生产安全事故应急救援预案，工程总承包单位和分包单位按照应急救援预案，各自建立应急救援组织或者配备应急救援人员，配备救援器材、设备，并定期组织演练。

第五十条 施工单位发生生产安全事故，应当按照国家有关伤亡事故报告和调查处理的规定，及时、如实地向负责安全生产监督管理的部门、建设行政主管部门或者其他有关部门报告；特种设备发生事故的，还应当同时向特种设备安全监督管理部门报告。接到报告的部门应当按照国家有关规定，如实上报。

实行施工总承包的建设工程，由总承包单位负责上报事故。

第五十一条 发生生产安全事故后，施工单位应当采取措施防止事故扩大，保护事故现场。需要移动现场物品时，应当做出标记和书面记录，妥善保管有关证物。

第五十二条 建设工程生产安全事故的调查、对事故责任单位和责任人的处罚与处理，按照有关法律、法规的规定执行。

第七章 法律责任

第五十三条 违反本条例的规定，县级以上人民政府建设行政主管部门或者其他有关行政管理部门的工作人员，有下列行为之一的，给予降级或者撤职的行政处分；构成犯罪的，依照刑法有关规定追究刑事责任：

（一）对不具备安全生产条件的施工单位颁发资质证书的；

（二）对没有安全施工措施的建设工程颁发施工许可证的；

（三）发现违法行为不予查处的；

（四）不依法履行监督管理职责的其他行为。

第五十四条 违反本条例的规定，建设单位未提供建设工程安全生产作业环境及安全施工措施所需费用的，责令限期改正；逾期未改正的，责令该建设工程停止施工。

建设单位未将保证安全施工的措施或者拆除工程的有关资料报送有关部门备案的，责令限期改正，给予警告。

第五十五条 违反本条例的规定，建设单位有下列行为之一的，责令限期改正，处20万元以上50万元以下的罚款；造成重大安全事故，构成犯罪的，对直接责任人员，依照刑法有关规定追究刑事责任；造成损失的，依法承担赔偿责任：

（一）对勘察、设计、施工、工程监理等单位提出不符合安全生产法律、法规和强制性标准规定的要求的；

（二）要求施工单位压缩合同约定的工期的；

（三）将拆除工程发包给不具有相应资质等级的施工单位的。

第五十六条 违反本条例的规定，勘察单位、设计单位有下列行为之一的，责令限期改正，处10万元以上30万元以下的罚款；情节严重的，责令停业整顿，降低资质等级，直至吊销资质证书；造成重大安全事故，构成犯罪的，对直接责任人员，依照刑法有关规定追究刑事责任；造成损失的，依法承担赔偿责任：

（一）未按照法律、法规和工程建设强制性标准进行勘察、设计的；

（二）采用新结构、新材料、新工艺的建设工程和特殊结构的建设工程，设计单位未在设计中提出保障施工作业人员安全和预防生产安全事故的措施建议的。

第五十七条 违反本条例的规定，工程监理单位有下列行为之一的，责令限期改正；逾期未改正的，责令停业整顿，并处10万元以上30万元以下的罚款；情节严重的，降低资质等级，直至吊销资质证书；造成重大安全事故，构成犯罪的，对直接责任人员，依照刑法有关规定追究刑事责任；造成损失的，依法承担赔偿责任：

（一）未对施工组织设计中的安全技术措施或者专项施工方案进行审查的；

（二）发现安全事故隐患未及时要求施工单位整改或者暂时停止施工的；

（三）施工单位拒不整改或者不停止施工，未及时向有关主管部门报告的；

（四）未依照法律、法规和工程建设强制性标准实施监理的。

第五十八条 注册执业人员未执行法律、法规和工程建设强制性标准的，责令停止执业3个月以上1年以下；情节严重的，吊销执业资格证书，5年内不予注册；造成重大安全事故的，终身不予注册；构成犯罪的，依照刑法有关规定追究刑事责任。

第五十九条 违反本条例的规定，为建设工程提供机械设备和配件的单位，未按照安全施工的要求配备齐全有效的保险、限位等安全设施和装置的，责令限期改正，处合同价款1倍以上3倍以下的罚款；造成损失的，依法承担赔偿责任。

第六十条 违反本条例的规定，出租单位出租未经安全性能检测或者经检测不合格的机械设备和施工机具及配件的，责令停业整顿，并处5万元以上10万元以下的罚款；造成损失的，依法承担赔偿责任。

第六十一条 违反本条例的规定，施工起重机械和整体提升脚手架、模板等自升式架设设施安装、拆卸单位有下列行为之一的，责令限期改正，处5万元以上10万元以下的罚款；情节严重的，责令停业整顿，降低资质等级，直至吊销资质证书；造成损失的，依法承担赔偿责任：

（一）未编制拆装方案、制定安全施工措施的；

（二）未由专业技术人员现场监督的；

（三）未出具自检合格证明或者出具虚假证明的；

（四）未向施工单位进行安全使用说明，办理移交手续的。

施工起重机械和整体提升脚手架、模板等自升式架设设施安装、拆卸单位有前款规定的第（一）项、第（三）项行为，经有关部门或者单位职工提出后，对事故隐患仍不采取措施，因而发生重大伤亡事故或者造成其他严重后果，构成犯罪的，对直接责任人员，依照刑法有关规定追究刑事责任。

第六十二条 违反本条例的规定，施工单位有下列行为之一的，责令限期改正；逾期未改正的，责令停业整顿，依照《中华人民共和国安全生产法》的有关规定处以罚款；造成重大安全事故，构成犯罪的，对直接责任人员，依照刑法有关规定追究刑事责任：

（一）未设立安全生产管理机构、配备专职安全生产管理人员或者分部分项工程施工时无专职安全生产管理人员现场监督的；

（二）施工单位的主要负责人、项目负责人、专职安全生产管理人员、作业人员或者特种作业人员，未经安全教育培训或者经考核不合格即从事相关工作的；

（三）未在施工现场的危险部位设置明显的安全警示标志，或者未按照国家有关规定在施工现场设置消防通道、消防水源、配备消防设施和灭火器材的；

（四）未向作业人员提供安全防护用具和安全防护服装的；

（五）未按照规定在施工起重机械和整体提升脚手架、模板等自升式架设设施验收合格后登记的；

（六）使用国家明令淘汰、禁止使用的危及施工安全的工艺、设备、材料的。

第六十三条 违反本条例的规定，施工单位挪用列入建设工程概算的安全生产作业环境及安全施工措施所需费用的，责令限期改正，处挪用费用20%以上50%以下的罚款；造成损失的，依法承担赔偿责任。

第六十四条 违反本条例的规定，施工单位有下列行为之一的，责令限期改正；逾期未改正的，责令停业整顿，并处5万元以上10万元以下的罚款；造成重大安全事故，构成犯罪的，对直接责任人员，依照刑法有关规定追究刑事责任：

（一）施工前未对有关安全施工的技术要求作出详细说明的；

（二）未根据不同施工阶段和周围环境及季节、气候的变化，在施工现场采取相应的安全施工措施，或者在城市市区内的建设工程的施工现场未实行封闭围挡的；

（三）在尚未竣工的建筑物内设置员工集体宿舍的；

（四）施工现场临时搭建的建筑物不符合安全使用要求的；

（五）未对因建设工程施工可能造成损害的毗邻建筑物、构筑物和地下管线等采取专项防护措施的。

施工单位有前款规定第（四）项、第（五）项行为，造成损失的，依法承担赔偿责任。

第六十五条 违反本条例的规定，施工单位有下列行为之一的，责令限期改正；逾期未改正的，责令停业整顿，并处10万元以上30万元以下的罚款；情节严重的，降低资质等级，直至吊销资质证书；造成重大安全事故，构成犯罪的，对直接责任人员，依照刑法有关规定追究刑事责任；造成损失的，依法承担赔偿责任：

（一）安全防护用具、机械设备、施工机具及配件在进入施工现场前未经查验或者查验不合格即投入使用的；

（二）使用未经验收或者验收不合格的施工起重机械和整体提升脚手架、模板等自升式架设设施的；

（三）委托不具有相应资质的单位承担施工现场安装、拆卸施工起重机械和整体提升脚手架、模板等自升式架设设施的；

（四）在施工组织设计中未编制安全技术措施、施工现场临时用电方案或者专项施工方案的。

第六十六条 违反本条例的规定，施工单位的主要负责人、项目负责人未履行安全生产管理职责的，责令限期改正；逾期未改正的，责令施工单位停业整顿；造成重大安全事故、重大伤亡事故或者其他严重后果，构成犯罪的，依照刑法有关规定追究刑事责任。

作业人员不服管理、违反规章制度和操作规程冒险作业造成重大伤亡事故或者其他严重后果，构成犯罪的，依照刑法有关规定追究刑事责任。

施工单位的主要负责人、项目负责人有前款违法行为，尚不够刑事处罚的，处2万元以上20万元以下的罚款或者按照管理权限给予撤职处分；自刑罚执行完毕或者受处分之日起，5年内不得担任任何施工单位的主要负责人、项目负责人。

第六十七条 施工单位取得资质证书后，降低安全生产条件的，责令限期改正；经整改仍未达到与其资质等级相适应的安全生产条件的，责令停业整顿，降低其资质等级直至吊销资质证书。

第六十八条 本条例规定的行政处罚，由建设行政主管部门或者其他有关部门依照法定职权决定。

违反消防安全管理规定的行为，由公安消防机构依法处罚。

有关法律、行政法规对建设工程安全生产违法行为的行政处罚决定机关另有规定的，从其规定。

第八章　附　　则

第六十九条　抢险救灾和农民自建低层住宅的安全生产管理，不适用本条例。

第七十条　军事建设工程的安全生产管理，按照中央军事委员会的有关规定执行。

第七十一条　本条例自2004年2月1日起施行。

建设工程勘察设计管理条例

（2000年9月25日中华人民共和国国务院令第293号公布　根据2015年6月12日《国务院关于修改〈建设工程勘察设计管理条例〉的决定》第一次修订　根据2017年10月7日《国务院关于修改部分行政法规的决定》第二次修订）

第一章　总　　则

第一条　为了加强对建设工程勘察、设计活动的管理，保证建设工程勘察、设计质量，保护人民生命和财产安全，制定本条例。

第二条　从事建设工程勘察、设计活动，必须遵守本条例。

本条例所称建设工程勘察，是指根据建设工程的要求，查明、分析、评价建设场地的地质地理环境特征和岩土工程条件，编制建设工程勘察文件的活动。

本条例所称建设工程设计，是指根据建设工程的要求，对建设工程所需的技术、经济、资源、环境等条件进行综合分析、论证，编制建设工程设计文件的活动。

第三条　建设工程勘察、设计应当与社会、经济发展水平相适应，做到经济效益、社会效益和环境效益相统一。

第四条 从事建设工程勘察、设计活动，应当坚持先勘察、后设计、再施工的原则。

第五条 县级以上人民政府建设行政主管部门和交通、水利等有关部门应当依照本条例的规定，加强对建设工程勘察、设计活动的监督管理。

建设工程勘察、设计单位必须依法进行建设工程勘察、设计，严格执行工程建设强制性标准，并对建设工程勘察、设计的质量负责。

第六条 国家鼓励在建设工程勘察、设计活动中采用先进技术、先进工艺、先进设备、新型材料和现代管理方法。

第二章 资质资格管理

第七条 国家对从事建设工程勘察、设计活动的单位，实行资质管理制度。具体办法由国务院建设行政主管部门商国务院有关部门制定。

第八条 建设工程勘察、设计单位应当在其资质等级许可的范围内承揽建设工程勘察、设计业务。

禁止建设工程勘察、设计单位超越其资质等级许可的范围或者以其他建设工程勘察、设计单位的名义承揽建设工程勘察、设计业务。禁止建设工程勘察、设计单位允许其他单位或者个人以本单位的名义承揽建设工程勘察、设计业务。

第九条 国家对从事建设工程勘察、设计活动的专业技术人员，实行执业资格注册管理制度。

未经注册的建设工程勘察、设计人员，不得以注册执业人员的名义从事建设工程勘察、设计活动。

第十条 建设工程勘察、设计注册执业人员和其他专业技术人员只能受聘于一个建设工程勘察、设计单位；未受聘于建设工程勘察、设计单位的，不得从事建设工程的勘察、设计活动。

第十一条 建设工程勘察、设计单位资质证书和执业人员注册证书，由国务院建设行政主管部门统一制作。

第三章 建设工程勘察设计发包与承包

第十二条 建设工程勘察、设计发包依法实行招标发包或者直接发包。

第十三条 建设工程勘察、设计应当依照《中华人民共和国招标投标法》的规定，实行招标发包。

第十四条　建设工程勘察、设计方案评标，应当以投标人的业绩、信誉和勘察、设计人员的能力以及勘察、设计方案的优劣为依据，进行综合评定。

第十五条　建设工程勘察、设计的招标人应当在评标委员会推荐的候选方案中确定中标方案。但是，建设工程勘察、设计的招标人认为评标委员会推荐的候选方案不能最大限度满足招标文件规定的要求的，应当依法重新招标。

第十六条　下列建设工程的勘察、设计，经有关主管部门批准，可以直接发包：

（一）采用特定的专利或者专有技术的；

（二）建筑艺术造型有特殊要求的；

（三）国务院规定的其他建设工程的勘察、设计。

第十七条　发包方不得将建设工程勘察、设计业务发包给不具有相应勘察、设计资质等级的建设工程勘察、设计单位。

第十八条　发包方可以将整个建设工程的勘察、设计发包给一个勘察、设计单位；也可以将建设工程的勘察、设计分别发包给几个勘察、设计单位。

第十九条　除建设工程主体部分的勘察、设计外，经发包方书面同意，承包方可以将建设工程其他部分的勘察、设计再分包给其他具有相应资质等级的建设工程勘察、设计单位。

第二十条　建设工程勘察、设计单位不得将所承揽的建设工程勘察、设计转包。

第二十一条　承包方必须在建设工程勘察、设计资质证书规定的资质等级和业务范围内承揽建设工程的勘察、设计业务。

第二十二条　建设工程勘察、设计的发包方与承包方，应当执行国家规定的建设工程勘察、设计程序。

第二十三条　建设工程勘察、设计的发包方与承包方应当签订建设工程勘察、设计合同。

第二十四条　建设工程勘察、设计发包方与承包方应当执行国家有关建设工程勘察费、设计费的管理规定。

第四章　建设工程勘察设计文件的编制与实施

第二十五条　编制建设工程勘察、设计文件，应当以下列规定为依据：

（一）项目批准文件；

（二）城乡规划；

（三）工程建设强制性标准；

（四）国家规定的建设工程勘察、设计深度要求。

铁路、交通、水利等专业建设工程，还应当以专业规划的要求为依据。

第二十六条 编制建设工程勘察文件，应当真实、准确，满足建设工程规划、选址、设计、岩土治理和施工的需要。

编制方案设计文件，应当满足编制初步设计文件和控制概算的需要。

编制初步设计文件，应当满足编制施工招标文件、主要设备材料订货和编制施工图设计文件的需要。

编制施工图设计文件，应当满足设备材料采购、非标准设备制作和施工的需要，并注明建设工程合理使用年限。

第二十七条 设计文件中选用的材料、构配件、设备，应当注明其规格、型号、性能等技术指标，其质量要求必须符合国家规定的标准。

除有特殊要求的建筑材料、专用设备和工艺生产线等外，设计单位不得指定生产厂、供应商。

第二十八条 建设单位、施工单位、监理单位不得修改建设工程勘察、设计文件；确需修改建设工程勘察、设计文件的，应当由原建设工程勘察、设计单位修改。经原建设工程勘察、设计单位书面同意，建设单位也可以委托其他具有相应资质的建设工程勘察、设计单位修改。修改单位对修改的勘察、设计文件承担相应责任。

施工单位、监理单位发现建设工程勘察、设计文件不符合工程建设强制性标准、合同约定的质量要求的，应当报告建设单位，建设单位有权要求建设工程勘察、设计单位对建设工程勘察、设计文件进行补充、修改。

建设工程勘察、设计文件内容需要作重大修改的，建设单位应当报经原审批机关批准后，方可修改。

第二十九条 建设工程勘察、设计文件中规定采用的新技术、新材料，可能影响建设工程质量和安全，又没有国家技术标准的，应当由国家认可的检测机构进行试验、论证，出具检测报告，并经国务院有关部门或者省、自治区、直辖市人民政府有关部门组织的建设工程技术专家委员会审定后，方可使用。

第三十条 建设工程勘察、设计单位应当在建设工程施工前，向施工单位和监理单位说明建设工程勘察、设计意图，解释建设工程勘察、设计文件。

建设工程勘察、设计单位应当及时解决施工中出现的勘察、设计问题。

第五章　监督管理

第三十一条　国务院建设行政主管部门对全国的建设工程勘察、设计活动实施统一监督管理。国务院铁路、交通、水利等有关部门按照国务院规定的职责分工，负责对全国的有关专业建设工程勘察、设计活动的监督管理。

县级以上地方人民政府建设行政主管部门对本行政区域内的建设工程勘察、设计活动实施监督管理。县级以上地方人民政府交通、水利等有关部门在各自的职责范围内，负责对本行政区域内的有关专业建设工程勘察、设计活动的监督管理。

第三十二条　建设工程勘察、设计单位在建设工程勘察、设计资质证书规定的业务范围内跨部门、跨地区承揽勘察、设计业务的，有关地方人民政府及其所属部门不得设置障碍，不得违反国家规定收取任何费用。

第三十三条　施工图设计文件审查机构应当对房屋建筑工程、市政基础设施工程施工图设计文件中涉及公共利益、公众安全、工程建设强制性标准的内容进行审查。县级以上人民政府交通运输等有关部门应当按照职责对施工图设计文件中涉及公共利益、公众安全、工程建设强制性标准的内容进行审查。

施工图设计文件未经审查批准的，不得使用。

第三十四条　任何单位和个人对建设工程勘察、设计活动中的违法行为都有权检举、控告、投诉。

第六章　罚　　则

第三十五条　违反本条例第八条规定的，责令停止违法行为，处合同约定的勘察费、设计费1倍以上2倍以下的罚款，有违法所得的，予以没收；可以责令停业整顿，降低资质等级；情节严重的，吊销资质证书。

未取得资质证书承揽工程的，予以取缔，依照前款规定处以罚款；有违法所得的，予以没收。

以欺骗手段取得资质证书承揽工程的，吊销资质证书，依照本条第一款规定处以罚款；有违法所得的，予以没收。

第三十六条　违反本条例规定，未经注册，擅自以注册建设工程勘察、设计人员的名义从事建设工程勘察、设计活动的，责令停止违法行为，没收违法所得，处违法所得2倍以上5倍以下罚款；给他人造成损失的，依法承担赔偿责任。

第三十七条 违反本条例规定，建设工程勘察、设计注册执业人员和其他专业技术人员未受聘于一个建设工程勘察、设计单位或者同时受聘于两个以上建设工程勘察、设计单位，从事建设工程勘察、设计活动的，责令停止违法行为，没收违法所得，处违法所得2倍以上5倍以下的罚款；情节严重的，可以责令停止执行业务或者吊销资格证书；给他人造成损失的，依法承担赔偿责任。

第三十八条 违反本条例规定，发包方将建设工程勘察、设计业务发包给不具有相应资质等级的建设工程勘察、设计单位的，责令改正，处50万元以上100万元以下的罚款。

第三十九条 违反本条例规定，建设工程勘察、设计单位将所承揽的建设工程勘察、设计转包的，责令改正，没收违法所得，处合同约定的勘察费、设计费25%以上50%以下的罚款，可以责令停业整顿，降低资质等级；情节严重的，吊销资质证书。

第四十条 违反本条例规定，勘察、设计单位未依据项目批准文件，城乡规划及专业规划，国家规定的建设工程勘察、设计深度要求编制建设工程勘察、设计文件的，责令限期改正；逾期不改正的，处10万元以上30万元以下的罚款；造成工程质量事故或者环境污染和生态破坏的，责令停业整顿，降低资质等级；情节严重的，吊销资质证书；造成损失的，依法承担赔偿责任。

第四十一条 违反本条例规定，有下列行为之一的，依照《建设工程质量管理条例》第六十三条的规定给予处罚：

（一）勘察单位未按照工程建设强制性标准进行勘察的；

（二）设计单位未根据勘察成果文件进行工程设计的；

（三）设计单位指定建筑材料、建筑构配件的生产厂、供应商的；

（四）设计单位未按照工程建设强制性标准进行设计的。

第四十二条 本条例规定的责令停业整顿、降低资质等级和吊销资质证书、资格证书的行政处罚，由颁发资质证书、资格证书的机关决定；其他行政处罚，由建设行政主管部门或者其他有关部门依据法定职权范围决定。

依照本条例规定被吊销资质证书的，由工商行政管理部门吊销其营业执照。

第四十三条 国家机关工作人员在建设工程勘察、设计活动的监督管理工作中玩忽职守、滥用职权、徇私舞弊，构成犯罪的，依法追究刑事责任；尚不构成犯罪的，依法给予行政处分。

第七章 附 则

第四十四条 抢险救灾及其他临时性建筑和农民自建两层以下住宅的勘察、设计活动，不适用本条例。

第四十五条 军事建设工程勘察、设计的管理，按照中央军事委员会的有关规定执行。

第四十六条 本条例自公布之日起施行。

建设工程质量管理条例

（2000年1月30日国务院令第279号发布 根据2017年10月7日《国务院关于修改部分行政法规的决定》修订）

第一章 总 则

第一条 为了加强对建设工程质量的管理，保证建设工程质量，保护人民生命和财产安全，根据《中华人民共和国建筑法》，制定本条例。

第二条 凡在中华人民共和国境内从事建设工程的新建、扩建、改建等有关活动及实施对建设工程质量监督管理的，必须遵守本条例。

本条例所称建设工程，是指土木工程、建筑工程、线路管道和设备安装工程及装修工程。

第三条 建设单位、勘察单位、设计单位、施工单位、工程监理单位依法对建设工程质量负责。

第四条 县级以上人民政府建设行政主管部门和其他有关部门应当加强对建设工程质量的监督管理。

第五条 从事建设工程活动，必须严格执行基本建设程序，坚持先勘察、后设计、再施工的原则。

县级以上人民政府及其有关部门不得超越权限审批建设项目或者擅自简化基本建设程序。

第六条 国家鼓励采用先进的科学技术和管理方法，提高建设工程质量。

第二章　建设单位的质量责任和义务

第七条　建设单位应当将工程发包给具有相应资质等级的单位。

建设单位不得将建设工程肢解发包。

第八条　建设单位应当依法对工程建设项目的勘察、设计、施工、监理以及与工程建设有关的重要设备、材料等的采购进行招标。

第九条　建设单位必须向有关的勘察、设计、施工、工程监理等单位提供与建设工程有关的原始资料。

原始资料必须真实、准确、齐全。

第十条　建设工程发包单位不得迫使承包方以低于成本的价格竞标，不得任意压缩合理工期。

建设单位不得明示或者暗示设计单位或者施工单位违反工程建设强制性标准，降低建设工程质量。

第十一条　施工图设计文件审查的具体办法，由国务院建设行政主管部门、国务院其他有关部门制定。

施工图设计文件未经审查批准的，不得使用。

第十二条　实行监理的建设工程，建设单位应当委托具有相应资质等级的工程监理单位进行监理，也可以委托具有工程监理相应资质等级并与被监理工程的施工承包单位没有隶属关系或者其他利害关系的该工程的设计单位进行监理。

下列建设工程必须实行监理：

（一）国家重点建设工程；

（二）大中型公用事业工程；

（三）成片开发建设的住宅小区工程；

（四）利用外国政府或者国际组织贷款、援助资金的工程；

（五）国家规定必须实行监理的其他工程。

第十三条　建设单位在领取施工许可证或者开工报告前，应当按照国家有关规定办理工程质量监督手续。

第十四条　按照合同约定，由建设单位采购建筑材料、建筑构配件和设备的，建设单位应当保证建筑材料、建筑构配件和设备符合设计文件和合同要求。

建设单位不得明示或者暗示施工单位使用不合格的建筑材料、建筑构配件和设备。

第十五条 涉及建筑主体和承重结构变动的装修工程，建设单位应当在施工前委托原设计单位或者具有相应资质等级的设计单位提出设计方案；没有设计方案的，不得施工。

房屋建筑使用者在装修过程中，不得擅自变动房屋建筑主体和承重结构。

第十六条 建设单位收到建设工程竣工报告后，应当组织设计、施工、工程监理等有关单位进行竣工验收。

建设工程竣工验收应当具备下列条件：

（一）完成建设工程设计和合同约定的各项内容；

（二）有完整的技术档案和施工管理资料；

（三）有工程使用的主要建筑材料、建筑构配件和设备的进场试验报告；

（四）有勘察、设计、施工、工程监理等单位分别签署的质量合格文件；

（五）有施工单位签署的工程保修书。

建设工程经验收合格的，方可交付使用。

第十七条 建设单位应当严格按照国家有关档案管理的规定，及时收集、整理建设项目各环节的文件资料，建立、健全建设项目档案，并在建设工程竣工验收后，及时向建设行政主管部门或者其他有关部门移交建设项目档案。

第三章　勘察、设计单位的质量责任和义务

第十八条 从事建设工程勘察、设计的单位应当依法取得相应等级的资质证书，并在其资质等级许可的范围内承揽工程。

禁止勘察、设计单位超越其资质等级许可的范围或者以其他勘察、设计单位的名义承揽工程。禁止勘察、设计单位允许其他单位或者个人以本单位的名义承揽工程。

勘察、设计单位不得转包或者违法分包所承揽的工程。

第十九条 勘察、设计单位必须按照工程建设强制性标准进行勘察、设计，并对其勘察、设计的质量负责。

注册建筑师、注册结构工程师等注册执业人员应当在设计文件上签字，对设计文件负责。

第二十条 勘察单位提供的地质、测量、水文等勘察成果必须真实、准确。

第二十一条 设计单位应当根据勘察成果文件进行建设工程设计。

设计文件应当符合国家规定的设计深度要求，注明工程合理使用年限。

第二十二条 设计单位在设计文件中选用的建筑材料、建筑构配件和设

备，应当注明规格、型号、性能等技术指标，其质量要求必须符合国家规定的标准。

除有特殊要求的建筑材料、专用设备、工艺生产线等外，设计单位不得指定生产厂、供应商。

第二十三条 设计单位应当就审查合格的施工图设计文件向施工单位作出详细说明。

第二十四条 设计单位应当参与建设工程质量事故分析，并对因设计造成的质量事故，提出相应的技术处理方案。

第四章 施工单位的质量责任和义务

第二十五条 施工单位应当依法取得相应等级的资质证书，并在其资质等级许可的范围内承揽工程。

禁止施工单位超越本单位资质等级许可的业务范围或者以其他施工单位的名义承揽工程。禁止施工单位允许其他单位或者个人以本单位的名义承揽工程。

施工单位不得转包或者违法分包工程。

第二十六条 施工单位对建设工程的施工质量负责。

施工单位应当建立质量责任制，确定工程项目的项目经理、技术负责人和施工管理负责人。

建设工程实行总承包的，总承包单位应当对全部建设工程质量负责；建设工程勘察、设计、施工、设备采购的一项或者多项实行总承包的，总承包单位应当对其承包的建设工程或者采购的设备的质量负责。

第二十七条 总承包单位依法将建设工程分包给其他单位的，分包单位应当按照分包合同的约定对其分包工程的质量向总承包单位负责，总承包单位与分包单位对分包工程的质量承担连带责任。

第二十八条 施工单位必须按照工程设计图纸和施工技术标准施工，不得擅自修改工程设计，不得偷工减料。

施工单位在施工过程中发现设计文件和图纸有差错的，应当及时提出意见和建议。

第二十九条 施工单位必须按照工程设计要求、施工技术标准和合同约定，对建筑材料、建筑构配件、设备和商品混凝土进行检验，检验应当有书面记录和专人签字；未经检验或者检验不合格的，不得使用。

第三十条 施工单位必须建立、健全施工质量的检验制度，严格工序管理，作好隐蔽工程的质量检查和记录。隐蔽工程在隐蔽前，施工单位应当通知建设单位和建设工程质量监督机构。

第三十一条 施工人员对涉及结构安全的试块、试件以及有关材料，应当在建设单位或者工程监理单位监督下现场取样，并送具有相应资质等级的质量检测单位进行检测。

第三十二条 施工单位对施工中出现质量问题的建设工程或者竣工验收不合格的建设工程，应当负责返修。

第三十三条 施工单位应当建立、健全教育培训制度，加强对职工的教育培训；未经教育培训或者考核不合格的人员，不得上岗作业。

第五章 工程监理单位的质量责任和义务

第三十四条 工程监理单位应当依法取得相应等级的资质证书，并在其资质等级许可的范围内承担工程监理业务。

禁止工程监理单位超越本单位资质等级许可的范围或者以其他工程监理单位的名义承担工程监理业务。禁止工程监理单位允许其他单位或者个人以本单位的名义承担工程监理业务。

工程监理单位不得转让工程监理业务。

第三十五条 工程监理单位与被监理工程的施工承包单位以及建筑材料、建筑构配件和设备供应单位有隶属关系或者其他利害关系的，不得承担该项建设工程的监理业务。

第三十六条 工程监理单位应当依照法律、法规以及有关技术标准、设计文件和建设工程承包合同，代表建设单位对施工质量实施监理，并对施工质量承担监理责任。

第三十七条 工程监理单位应当选派具备相应资格的总监理工程师和监理工程师进驻施工现场。

未经监理工程师签字，建筑材料、建筑构配件和设备不得在工程上使用或者安装，施工单位不得进行下一道工序的施工。未经总监理工程师签字，建设单位不拨付工程款，不进行竣工验收。

第三十八条 监理工程师应当按照工程监理规范的要求，采取旁站、巡视和平行检验等形式，对建设工程实施监理。

第六章 建设工程质量保修

第三十九条 建设工程实行质量保修制度。

建设工程承包单位在向建设单位提交工程竣工验收报告时，应当向建设单位出具质量保修书。质量保修书中应当明确建设工程的保修范围、保修期限和保修责任等。

第四十条　在正常使用条件下，建设工程的最低保修期限为：

（一）基础设施工程、房屋建筑的地基基础工程和主体结构工程，为设计文件规定的该工程的合理使用年限；

（二）屋面防水工程、有防水要求的卫生间、房间和外墙面的防渗漏，为5年；

（三）供热与供冷系统，为2个采暖期、供冷期；

（四）电气管线、给排水管道、设备安装和装修工程，为2年。

其他项目的保修期限由发包方与承包方约定。

建设工程的保修期，自竣工验收合格之日起计算。

第四十一条　建设工程在保修范围和保修期限内发生质量问题的，施工单位应当履行保修义务，并对造成的损失承担赔偿责任。

第四十二条　建设工程在超过合理使用年限后需要继续使用的，产权所有人应当委托具有相应资质等级的勘察、设计单位鉴定，并根据鉴定结果采取加固、维修等措施，重新界定使用期。

第七章　监督管理

第四十三条　国家实行建设工程质量监督管理制度。

国务院建设行政主管部门对全国的建设工程质量实施统一监督管理。国务院铁路、交通、水利等有关部门按照国务院规定的职责分工，负责对全国的有关专业建设工程质量的监督管理。

县级以上地方人民政府建设行政主管部门对本行政区域内的建设工程质量实施监督管理。县级以上地方人民政府交通、水利等有关部门在各自的职责范围内，负责对本行政区域内的专业建设工程质量的监督管理。

第四十四条　国务院建设行政主管部门和国务院铁路、交通、水利等有关部门应当加强对有关建设工程质量的法律、法规和强制性标准执行情况的监督检查。

第四十五条　国务院发展计划部门按照国务院规定的职责，组织稽察特派员，对国家出资的重大建设项目实施监督检查。

国务院经济贸易主管部门按照国务院规定的职责，对国家重大技术改造项目实施监督检查。

第四十六条　建设工程质量监督管理，可以由建设行政主管部门或者其他有关部门委托的建设工程质量监督机构具体实施。

从事房屋建筑工程和市政基础设施工程质量监督的机构，必须按照国家有关规定经国务院建设行政主管部门或者省、自治区、直辖市人民政府建设行政主管部门考核；从事专业建设工程质量监督的机构，必须按照国家有关规定经国务院有关部门或者省、自治区、直辖市人民政府有关部门考核。经考核合格后，方可实施质量监督。

第四十七条　县级以上地方人民政府建设行政主管部门和其他有关部门应当加强对有关建设工程质量的法律、法规和强制性标准执行情况的监督检查。

第四十八条　县级以上人民政府建设行政主管部门和其他有关部门履行监督检查职责时，有权采取下列措施：

（一）要求被检查的单位提供有关工程质量的文件和资料；

（二）进入被检查单位的施工现场进行检查；

（三）发现有影响工程质量的问题时，责令改正。

第四十九条　建设单位应当自建设工程竣工验收合格之日起 15 日内，将建设工程竣工验收报告和规划、公安消防、环保等部门出具的认可文件或者准许使用文件报建设行政主管部门或者其他有关部门备案。

建设行政主管部门或者其他有关部门发现建设单位在竣工验收过程中有违反国家有关建设工程质量管理规定行为的，责令停止使用，重新组织竣工验收。

第五十条　有关单位和个人对县级以上人民政府建设行政主管部门和其他有关部门进行的监督检查应当支持与配合，不得拒绝或者阻碍建设工程质量监督检查人员依法执行职务。

第五十一条　供水、供电、供气、公安消防等部门或者单位不得明示或者暗示建设单位、施工单位购买其指定的生产供应单位的建筑材料、建筑构配件和设备。

第五十二条　建设工程发生质量事故，有关单位应当在 24 小时内向当地建设行政主管部门和其他有关部门报告。对重大质量事故，事故发生地的建设行政主管部门和其他有关部门应当按照事故类别和等级向当地人民政府和上级建设行政主管部门和其他有关部门报告。

特别重大质量事故的调查程序按照国务院有关规定办理。

第五十三条　任何单位和个人对建设工程的质量事故、质量缺陷都有权检举、控告、投诉。

第八章　罚　　则

第五十四条　违反本条例规定，建设单位将建设工程发包给不具有相应资质等级的勘察、设计、施工单位或者委托给不具有相应资质等级的工程监理单位的，责令改正，处 50 万元以上 100 万元以下的罚款。

第五十五条　违反本条例规定，建设单位将建设工程肢解发包的，责令改正，处工程合同价款 0.5% 以上 1% 以下的罚款；对全部或者部分使用国有资金的项目，并可以暂停项目执行或者暂停资金拨付。

第五十六条　违反本条例规定，建设单位有下列行为之一的，责令改正，处 20 万元以上 50 万元以下的罚款：

（一）迫使承包方以低于成本的价格竞标的；

（二）任意压缩合理工期的；

（三）明示或者暗示设计单位或者施工单位违反工程建设强制性标准，降低工程质量的；

（四）施工图设计文件未经审查或者审查不合格，擅自施工的；

（五）建设项目必须实行工程监理而未实行工程监理的；

（六）未按照国家规定办理工程质量监督手续的；

（七）明示或者暗示施工单位使用不合格的建筑材料、建筑构配件和设备的；

（八）未按照国家规定将竣工验收报告、有关认可文件或者准许使用文件报送备案的。

第五十七条　违反本条例规定，建设单位未取得施工许可证或者开工报告未经批准，擅自施工的，责令停止施工，限期改正，处工程合同价款 1% 以上 2% 以下的罚款。

第五十八条　违反本条例规定，建设单位有下列行为之一的，责令改正，处工程合同价款 2% 以上 4% 以下的罚款；造成损失的，依法承担赔偿责任：

（一）未组织竣工验收，擅自交付使用的；

（二）验收不合格，擅自交付使用的；

（三）对不合格的建设工程按照合格工程验收的。

第五十九条　违反本条例规定，建设工程竣工验收后，建设单位未向建设行政主管部门或者其他有关部门移交建设项目档案的，责令改正，处 1 万元以上 10 万元以下的罚款。

第六十条 违反本条例规定，勘察、设计、施工、工程监理单位超越本单位资质等级承揽工程的，责令停止违法行为，对勘察、设计单位或者工程监理单位处合同约定的勘察费、设计费或者监理酬金1倍以上2倍以下的罚款；对施工单位处工程合同价款2%以上4%以下的罚款，可以责令停业整顿，降低资质等级；情节严重的，吊销资质证书；有违法所得的，予以没收。

未取得资质证书承揽工程的，予以取缔，依照前款规定处以罚款；有违法所得的，予以没收。

以欺骗手段取得资质证书承揽工程的，吊销资质证书，依照本条第一款规定处以罚款；有违法所得的，予以没收。

第六十一条 违反本条例规定，勘察、设计、施工、工程监理单位允许其他单位或者个人以本单位名义承揽工程的，责令改正，没收违法所得，对勘察、设计单位和工程监理单位处合同约定的勘察费、设计费和监理酬金1倍以上2倍以下的罚款；对施工单位处工程合同价款2%以上4%以下的罚款；可以责令停业整顿，降低资质等级；情节严重的，吊销资质证书。

第六十二条 违反本条例规定，承包单位将承包的工程转包或者违法分包的，责令改正，没收违法所得，对勘察、设计单位处合同约定的勘察费、设计费25%以上50%以下的罚款；对施工单位处工程合同价款0.5%以上1%以下的罚款；可以责令停业整顿，降低资质等级；情节严重的，吊销资质证书。

工程监理单位转让工程监理业务的，责令改正，没收违法所得，处合同约定的监理酬金25%以上50%以下的罚款；可以责令停业整顿，降低资质等级；情节严重的，吊销资质证书。

第六十三条 违反本条例规定，有下列行为之一的，责令改正，处10万元以上30万元以下的罚款：

（一）勘察单位未按照工程建设强制性标准进行勘察的；

（二）设计单位未根据勘察成果文件进行工程设计的；

（三）设计单位指定建筑材料、建筑构配件的生产厂、供应商的；

（四）设计单位未按照工程建设强制性标准进行设计的。

有前款所列行为，造成工程质量事故的，责令停业整顿，降低资质等级；情节严重的，吊销资质证书；造成损失的，依法承担赔偿责任。

第六十四条 违反本条例规定，施工单位在施工中偷工减料的，使用不合格的建筑材料、建筑构配件和设备的，或者有不按照工程设计图纸或者施工技术标准施工的其他行为的，责令改正，处工程合同价款2%以上4%以下的罚款；造成建设工程质量不符合规定的质量标准的，负责返工、修理，并赔偿因此造成的损失；情节严重的，责令停业整顿，降低资质等级或者吊销资质证书。

第六十五条 违反本条例规定，施工单位未对建筑材料、建筑构配件、设备和商品混凝土进行检验，或者未对涉及结构安全的试块、试件以及有关材料取样检测的，责令改正，处10万元以上20万元以下的罚款；情节严重的，责令停业整顿，降低资质等级或者吊销资质证书；造成损失的，依法承担赔偿责任。

第六十六条 违反本条例规定，施工单位不履行保修义务或者拖延履行保修义务的，责令改正，处10万元以上20万元以下的罚款，并对在保修期内因质量缺陷造成的损失承担赔偿责任。

第六十七条 工程监理单位有下列行为之一的，责令改正，处50万元以上100万元以下的罚款，降低资质等级或者吊销资质证书；有违法所得的，予以没收；造成损失的，承担连带赔偿责任：

（一）与建设单位或者施工单位串通，弄虚作假、降低工程质量的；

（二）将不合格的建设工程、建筑材料、建筑构配件和设备按照合格签字的。

第六十八条 违反本条例规定，工程监理单位与被监理工程的施工承包单位以及建筑材料、建筑构配件和设备供应单位有隶属关系或者其他利害关系承担该项建设工程的监理业务的，责令改正，处5万元以上10万元以下的罚款，降低资质等级或者吊销资质证书；有违法所得的，予以没收。

第六十九条 违反本条例规定，涉及建筑主体或者承重结构变动的装修工程，没有设计方案擅自施工的，责令改正，处50万元以上100万元以下的罚款；房屋建筑使用者在装修过程中擅自变动房屋建筑主体和承重结构的，责令改正，处5万元以上10万元以下的罚款。

有前款所列行为，造成损失的，依法承担赔偿责任。

第七十条 发生重大工程质量事故隐瞒不报、谎报或者拖延报告期限的，对直接负责的主管人员和其他责任人员依法给予行政处分。

第七十一条 违反本条例规定，供水、供电、供气、公安消防等部门或者单位明示或者暗示建设单位或者施工单位购买其指定的生产供应单位的建筑材料、建筑构配件和设备的，责令改正。

第七十二条 违反本条例规定，注册建筑师、注册结构工程师、监理工程师等注册执业人员因过错造成质量事故的，责令停止执业1年；造成重大质量事故的，吊销执业资格证书，5年以内不予注册；情节特别恶劣的，终身不予注册。

第七十三条 依照本条例规定，给予单位罚款处罚的，对单位直接负责的主管人员和其他直接责任人员处单位罚款数额5%以上10%以下的罚款。

第七十四条 建设单位、设计单位、施工单位、工程监理单位违反国家规定，降低工程质量标准，造成重大安全事故，构成犯罪的，对直接责任人员依法追究刑事责任。

第七十五条 本条例规定的责令停业整顿，降低资质等级和吊销资质证书的行政处罚，由颁发资质证书的机关决定；其他行政处罚，由建设行政主管部门或者其他有关部门依照法定职权决定。

依照本条例规定被吊销资质证书的，由工商行政管理部门吊销其营业执照。

第七十六条 国家机关工作人员在建设工程质量监督管理工作中玩忽职守、滥用职权、徇私舞弊，构成犯罪的，依法追究刑事责任；尚不构成犯罪的，依法给予行政处分。

第七十七条 建设、勘察、设计、施工、工程监理单位的工作人员因调动工作、退休等原因离开该单位后，被发现在该单位工作期间违反国家有关建设工程质量管理规定，造成重大工程质量事故的，仍应当依法追究法律责任。

第九章 附 则

第七十八条 本条例所称肢解发包，是指建设单位将应当由一个承包单位完成的建设工程分解成若干部分发包给不同的承包单位的行为。

本条例所称违法分包，是指下列行为：

（一）总承包单位将建设工程分包给不具备相应资质条件的单位的；

（二）建设工程总承包合同中未有约定，又未经建设单位认可，承包单位将其承包的部分建设工程交由其他单位完成的；

（三）施工总承包单位将建设工程主体结构的施工分包给其他单位的；

（四）分包单位将其承包的建设工程再分包的。

本条例所称转包，是指承包单位承包建设工程后，不履行合同约定的责任和义务，将其承包的全部建设工程转给他人或者将其承包的全部建设工程肢解以后以分包的名义分别转给其他单位承包的行为。

第七十九条 本条例规定的罚款和没收的违法所得，必须全部上缴国库。

第八十条 抢险救灾及其他临时性房屋建筑和农民自建低层住宅的建设活动，不适用本条例。

第八十一条 军事建设工程的管理，按照中央军事委员会的有关规定执行。

第八十二条 本条例自发布之日起施行。

典型案例

沈希贤等182人诉北京市规划委员会颁发建设工程规划许可证纠纷案①

【裁判要旨】

根据环境保护法第十三条的规定，规划部门审批建设污染环境项目时，在申请方没有提供有关环境保护影响报告书，且建设项目不符合有关国家标准的情况下，即颁发建设许可证的行为，构成违法，应予撤销。

【案情】

原告：沈希贤等182人（名单略）。

被告：北京市规划委员会。

第三人：中国疾病预防控制中心营养与食品安全所。

第三人：中国疾病预防控制环境与健康相关产品安全所。

北京市规划委员会（以下简称规划委员会）根据《中华人民共和国城市规划法》（以下简称城市规划法）第三十二条之规定，于2001年12月10日向第三人原卫生部卫生监督检验所（已与其他单位合并为中国疾病预防控制中心营养与食品安全所，以下简称食品安全所）、第三人原中国预防医学科学院环境卫生监测所（已与其他单位合并为中国疾病预防控制中心环境与健康相关产品安全所，以下简称健康安全所）颁发了2001规建字1769号《建设工程规划许可证》，许可第三人在朝阳区潘家园南里7号建设二级动物实验室。原告不服该《建设工程规划许可证》，向北京市西城区人民法院提起行政诉讼。

原告诉称：我们均系北京市朝阳区潘家园南里4号楼和6号楼的居民，与第三人的住所地仅隔一条马路。被告规划委员会就动物实验室建设项目向第三人食品安全所和健康安全所核发的《建设工程规划许可证》，违反法定程序，不符合法律规定的精神。建设污染环境的项目，必须遵守国家有关建设项目环境保护管理的规定。建设项目的环境影响报告书，必须对建设项目产生污染和环境作出评价，规定防治措施，经项目主管部门预审并依照规定的程序报环境保护行政主管部门批准。环境影响报告书经批准后，计划部门

① 案例来源：《最高人民法院公报》2004年第3期。

方可批准建设项目设计任务书。但规划委员会于2000年9月11日就核定了《审定设计方案通知书》，确定了本项目的可行性研究结论。而本案的第三人却在2000年12月7日才就动物实验室建设项目向北京环境保护局（以下简称环保局）申请办理环保审批，2002年2月21日环保局才给予确定批复。由于本项目在可行性研究阶段并未进行环境影响评估，被告的审批行为显然不符合法律规定。本案中被告核准的动物实验室工程设计方案中，实验室与原告的住宅楼之间的距离为19.09米，不符合GB14925－2001号国家标准中关于实验动物繁育、生产、试验设施应与生活区保持大于50米距离的规定。另外，卫生部颁布施行的《卫生系统实验动物管理暂行条例》规定，具有一定规模的实验动物室建筑，周围至少应有20米的卫生隔离区，而原告住宅楼与该动物实验室之间是马路，显然不符合卫生隔离区的概念。本案中承担建设项目环境评价任务的中国预防医学科学院环境卫生与卫生工程研究所虽具有一定资质，但因与第三人同属中国预防医学科学院的下属单位，所作的环境影响评价难免有失公正。请求法院撤销被告为第三人颁发的《建设工程规划许可证》。

被告辩称：我委核发《建设工程规划许可证》是依法履行法定职责，本案的建设项目建设单位曾组织专家就此进行过论证并报行业主管部门审批。卫生部于2000年1月作出批复，同意第三人在朝阳区潘家园7号院内建设清洁级动物实验室。北京市城乡建设委员会于2001年11月下达了建设项目施工计划通知书。据此，我委于2001年12月给第三人核发了《建设工程规划许可证》。关于本案审批项目的环保问题，除我委核发规划许可证前卫生部已有相关批复外，核发该规划许可证后，环保局亦于2002年2月对该建设项目核发了《关于卫生部食品卫生检验所动物房项目环境影响报告表的批复》，上述情况说明该项目通过了相关专业管理部门的批准。目前的规划审批程序并未将环保部门的意见作为前置条件，原告提出该项目应当先经环保部门同意后方可核发《建设工程规划许可证》的说法无法律依据。另外，我委在审批该建设项目时，有关国家标准尚未正式实施，故不适用本案。

北京市西城区人民法院经审理查明：

2001年12月10日，被告规划委员会向第三人食品安全所和健康安全所颁发了编号为2001规建字1769号《建设工程规划许可证》，该许可证标明的建设项目为二级动物实验室，建设位置为朝阳区潘家园南里7号，建设规模为2949.18平方米。许可证的附件中标明该二级动物实验室层数为地上3层，地下1层，结构类型为框架。原告住宅楼均位于该二级动物实验室的北侧，其中6号楼与该规划建筑的间距为19.06米。

【裁判结果】

北京市西城区人民法院认为：

根据城市规划法的规定，在城市规划区内新建、扩建和改建建筑物、构筑物、道路、管线和其他工程设施，必须持有关批准文件向城市规划行政主管部门提出申请，由城市规划行政主管部门根据城市规划提出的规划设计要求，核发建设工程规划许可证。被告作为城市规划行政主管部门，有权根据建设单位的申请，对符合城市规划设计要求的建设项目，核发《建设工程规划许可证》。

根据《中华人民共和国环境保护法》第十三条的规定，建设污染环境的项目，必须遵守国家有关建设项目环境保护管理的规定。建设项目的环境影响报告书，必须对建设项目产生的污染和对环境作出评价，规定防治措施，经项目主管部门预审并依照规定的程序报环境保护行政主管部门批准。环境影响报告书经批准后，计划部门方可批准建设项目设计任务书。被告规划委员会在审批该项目的《建设工程规划许可证》时，应当审查第三人是否已取得了环境影响报告书，并根据卫生部颁布施行的《卫生系统实验动物管理暂行条例》规定，审查申报建设的实验动物室建筑是否保留至少有20米的卫生隔离区。但是，本案中规划委员会核准的动物实验室工程设计方案，实验室与原告的住宅楼之间的距离为19.06米，未达到规定的距离要求。规划委员会在诉讼中向法院提交的有关证据，不足以证明其审批行为认定事实清楚，程序正当、合法。

据此，北京市西城区人民法院依照《中华人民共和国行政诉讼法》第五十四条第（二）项第1目之规定，于2003年6月19日判决：

撤销被告北京市规划委员会于2001年12月10日向第三人颁发的2001规建字1769号《建设工程规划许可证》。

宣判后，规划委员会不服，向北京市第一中级人民法院提起上诉。

规划委员会的主要上诉理由是：（1）根据城市规划法和环境保护法的规定，市规划委员会的工作职责只审查建设单位是否取得了计划部门批准的文件，只要建设单位持有该项目经计划部门批准的文件，就只能认定计划部门据以作出该批文的前提条件包括“环境影响报告书”等问题均已解决，规划委员会不应当审查应由其他部门审查的事项。（2）关于“20米卫生隔离区”的问题，鉴于该项目的特殊性，建设单位将该项目提交卫生部作了审查，卫生部同意该项目的设计。该批准文件是建设部门核发规划许可证的前提，规划委员会无需对该事项进行审查。（3）一审判决中认定规划委员会提供证据不足没有法律根据。

案件二审期间，规划委员会经重新考虑后表示服从一审判决，自愿申请撤回上诉。

北京市第一中级人民法院认为：

规划委员会在上诉期间自愿申请撤回上诉，属于依法处分其诉讼权利的行为，该行为未侵犯国家、集体和他人的合法权利，应予准予。

据此，北京市第一中级人民法院根据《中华人民共和国行政诉讼法》第五十一条的规定，于2003年10月24日裁定：

准予上诉人北京市规划委员会撤回上诉，当事人按一审判决执行。

江西圳业房地产开发有限公司与江西省国利建筑工程有限公司建设工程施工合同纠纷案①

【裁判要旨】

根据最高人民法院《关于民事诉讼证据的若干规定》第三十四条的规定，当事人应当在举证期限内向人民法院提交证据材料，当事人在举证期限内不提交的，视为放弃举证权利，人民法院可以根据对方当事人提供的证据认定案件事实。但是，被视为放弃举证权利的一方当事人依法仍享有抗辩权，人民法院对其抗辩应当依法审查，抗辩有理的应当予以采纳、支持。

【案情】

上诉人（原审被告）：江西圳业房地产开发有限公司。

被上诉人（原审原告）：江西省国利建筑工程有限公司。

上诉人江西圳业房地产开发有限公司（以下简称圳业公司）为与被上诉人江西省国利建筑工程有限公司（以下简称国利公司）建设工程施工合同纠纷一案，不服江西省高级人民法院（2005）赣民一初字第5号民事判决，向本院提起上诉。本院依法组成合议庭，于2006年9月12日公开开庭审理了本案。圳业公司的委托代理人汤忠赞、万艺娇，国利公司的委托代理人王开定、闵翰奇到庭参加了诉讼。本案现已审理终结。

一审法院经审理查明：2002年6月6日，江西省进贤县人民政府（以下简称进贤县人民政府）与深圳市圳昌投资实业有限公司（以下简称圳昌公司）签订《进贤县政府大院开发及新区建设合同书》。2002年6月8日，

---

① 案例来源：《最高人民法院公报》2007年第6期。

圳昌公司向进贤县人民政府出具授权委托书，委托圳业公司全权负责该项目的开发、经营和建设。2002年6月12日，圳业公司申请设立“进贤县政府大院开发行政中心建设项目总指挥部”，并经进贤县工商行政管理局依法核准。进贤县政府大院开发行政中心建设项目总指挥部分别于2002年9月1日、2003年2月25日、2003年3月10日与国利公司签订了三份《建设工程施工合同》及其《补充协议书》，建设工程项目分别为进贤县行政中心建设工程县政府大楼、档案馆、食堂及宾馆。合同约定的承包范围为土建工程（基础、主体、屋面、砌筑、塑钢窗、抹灰楼地面、水电安装等），三份合同的工程总价款为人民币1424万元。工程项目采用可调价格，合同价款调整方法、范围为：按施工图、变更通知书、签证单进行调整，调整范围不得超过圳业公司与进贤县政府决算价格，最终价格以进贤县政府审定认可的造价为基础。合同约定国利公司承建的工程项目全面竣工结算后，圳业公司半年内需向国利公司支付90%工程款，土建保修期满付7%，余款3%作为工程质保金。国利公司同意在工程总造价上让利8%。结算依据为2001年《全国统一建筑（安装）工程定额》（江西省单位估价表），按三类取费。工程质量标准：政府大楼及档案馆为市级优良工程，如达不到市优将扣除工程总造价3%作为违约金；宾馆、食堂为合格工程。合同关于工程竣工结算约定：发包人（圳业公司）收到承包人（国利公司）递交的竣工结算报告及结算资料后28天内进行核实，给予确认或者提出修改意见。发包人收到竣工结算报告及结算资料后28天内无正当理由不支付工程竣工结算价款，从第29天起按承包人同期向银行贷款利率支付拖欠工程价款的利息，并承担违约责任。在施工过程中，圳业公司将合同约定的屋面、水电安装工程发包给他人施工。圳业公司分别于2004年9月23日、2004年11月8日和2004年12月30日收到国利公司递交的进贤县行政中心建设工程——档案馆、政府大楼、食堂、宾馆楼的工程决算书。工程决算书反映的工程总造价为24 742 895.8元。2004年8月25日，国利公司承建的县政府大楼、档案馆、食堂、宾馆通过竣工验收并投入使用。食堂、宾馆楼经验收评定为合格工程；政府大楼、资料楼经南昌市建设工程质量监督站评为市级优质结构工程；政府大楼经南昌市城乡建设委员会评定为市级优良工程。2005年4月1日，进贤县政府大院开发行政中心建设项目总指挥部向各施工单位发出通知，要求各施工单位尽快提供齐全有效的决算资料进入决算程序。至本案起诉之日止，圳业公司共向国利公司支付工程款人民币1264万元。国利公司单方提供的工程决算显示，圳业公司尚欠国利公司工程款12 102 895.8元。

一审法院另查明，圳昌公司与进贤县人民政府签订《进贤县政府大院开发及新区建设合同书》第十一条约定：“新区建设工程验收合格后，双方进行财务结算，结算必须在验收之日起壹个月内完成。”圳昌公司与进贤县人民政府的二程结算至今未进行。

一审法院通知当事人的举证期限为2005年8月15日前，并于2005年9月12日、9月29日两次组织双方当事人进行证据交换。在此期间，圳业公司未提出对本案所涉工程造价进行司法鉴定的申请。2005年10月8日，圳业公司向一审法院提出书面申请，要求就本案所涉工程项目款项进行司法鉴定。在移送鉴定中，圳业公司对鉴定事项范围提出异议，且未在通知要求的时间内按规定交纳鉴定费用，一审法院司法技术处于2006年3月17日将案件退回。

2005年12月13日，国利公司向一审法院提出先予执行申请，一审法院经审查，于2006年1月16日作出（2005）赣民一初字第5-2号民事裁定，由圳业公司向国利公司支付200万元。此款已执行完毕。

因涉案工程款未结清，国利公司于2005年4月27日向江西省南昌市西湖区人民法院（以下简称西湖区人民法院）提起诉讼。西湖区人民法院受理后，圳业公司提出管辖权异议。2005年5月23日，西湖区人民法院将本案移送江西省高级人民法院。国利公司的诉讼请求是：判令圳业公司清偿工程款1210万元及利息90万元；由圳业公司承担本案的案件受理费和财产保全费。

【裁判结果】

一审法院认为，圳业公司申请并经工商行政管理部门依法核准设立进贤县政府大院开发行政中心建设项目总指挥部，该指挥部与国利公司所签订的三份《建设工程施工合同》及其《补充协议书》，系当事人的真实意思表示，其内容没有违反国家法律及行政法规的禁止性规定，应为合法有效。该指挥部因无法人资格，其民事责任由圳业公司承担。圳业公司对其在本案中的诉讼地位无异议，该院依法予以确认。国利公司按合同约定履行了义务，完成了承包范围内的县政府大楼、档案馆、食堂及宾馆土建工程。工程竣工后，圳业公司向国利公司支付了部分工程款。在工程结算中，国利公司向圳业公司分别递交了县政府大楼、档案馆、食堂及宾馆的工程决算书。双方签订的建设工程施工合同中关于工程竣工结算条款约定，发包人收到承包人递交的竣工结算报告及结算资料后28天内进行核实，给予确认或者提出修改意见，发包人收到竣工结算报告及结算资料后28天内无正当理由不支付工程竣工结算价款，从第29天起按承包人同期向银行贷款利率支付拖欠工程价款的利息，并承担违约责任。最高人民法院《关于审理建设工程施工合同纠纷案件适用法律问题的解释》第二十条规定：“当事人约定，发包人收到竣工结算文件后，在约定期限内不予答复，视为认可结算文件的，按照约定处理。承包人请求按照竣工结算文件结算工程价款的，应予支持。”国利公司提出的关于圳业公司支付所欠工程款的诉讼请求，符合双方之间的约定及最高人民法院上述司法解释的规定，依法应予支持。圳业公司收到国利公司递交的工程决算书后，未在合同约定的时间内对决算问题提出任何异议。圳业公司关于国利公司未向其提交完整的决算资料，导致决算工作无法正常进行，责任完全在国利公司的抗辩理由不能成立。双方当事人所签订的建设工程施工合同虽然约定工程项目采用可调价格，合同价款调整方法、范围为：按施工图、变更通知书、签证单进行调整，调整范围不得超过圳业公司与进贤县人民政府决算价格，最终价格以进贤县人民政府审定认可的造价为基础，但圳业公司与进贤县人民政府至今未就承建的工程造价进行决算，进贤县人民政府最终审定认可的造价无法确定。在对本案所涉工程款可调部分价格进行司法鉴定时，圳业公司未在法院对外委托鉴定部门通知要求的时间内按规定交纳鉴定费用，应视为圳业公司行使诉讼权利中对鉴定请求的放弃。国利公司在诉讼请求中，要求判令圳业公司清偿所欠工程款1210万元。诉讼中，国利公司递交书面材料，说明在起诉时未将双方当事人签订的补充协议中8%（计197.92万元）让利从工程款中减去，圳业公司实际尚欠国利公司工程款1012.08万元。此为国利公司在法律规定范围内对自己民事权利的处分，一审法院予以准许。上述款项减去通过先予执行圳业公司向国利公司支付的200万元，圳业公司向国利公司支付的工程款应为812.08万元。国利公司要求圳业公司支付所欠工程款利息90万元，因未能提供计算依据，所欠工程款利息数额只能按一般利息计算规则予以确定。且依据合同约定，国利公司诉请所欠工程款中还含有3%的工程质量保修金。合同约定土建工程质量保修期为一年，现保质期已过，但依据合同约定，保修金在返还时不计算利息。故国利公司关于要求圳业公司支付利息的诉请，一审法院部分不予支持。据此，一审法院依照《中华人民共和国合同法》第六十条、第一百零七条、第一百零九条，最高人民法院《关于审理建设工程施工合同纠纷案件适用法律问题的解释》第十七条、第二十条，最高人民法院《关于民事诉讼证据的若干规定》第二十五条，《中华人民共和国民事诉讼法》第十三条之规定，判决：圳业公司于判决生效之日起十五日内向国利公司支付工程款812.08万元及利息（利息数额自2005年1月28日开始按中国人民银行发布的同期同类贷款利率计算至执行完毕时止，但工程款中3%保修金不计利息）。案件受理费75 010元、财产保全费65 520元，共计140 530元，由圳业公司承担90%，即126 477元；由国利公司承担10%，即14 053元。

圳业公司不服一审判决，于2006年5月28日向本院提出上诉，请求撤销江西省高级人民法院（2005）赣民一初字第5号民事判决，驳回国利公司的一审全部诉讼请求并由其承担一、二审全部诉讼费用。其主要上诉理由是：1. 一审判决认定证据和适用法律均有错误。工程变更单并未得到建设单位的确认，但一审判决对国利公司提供的六份工程变更单全部予以确认；依据工作联系函认定国利公司在 2004 年 11 月 8 日向圳业公司递交进贤县政府大楼工程决算资料，亦属认定事实错误；对涉案《会议纪要》及于国利公司的效力不予认定，系适用法律错误；2. 国利公司提交的决算资料不全，且迟迟没有补齐，国利公司要求支付工程款的条件未成就，无权要求圳业公司支付工程款。一审判决错误适用关于审理建设工程施工合同纠纷案件的司法解释，将单方面的决算书作为支付工程款的依据；3. 工程决算书存在计算错误，多算工程款金额达 11 378 038.05 元，其中一笔就多算 1 879 343.98 元；4. 一审判决程序违法，对圳业公司的财产进行保全及先予执行不当，对涉案工程的全部工程造价没有进行司法鉴定。涉案工程为政府投资工程，进贤县人民政府为涉案工程的建设方，圳昌公司为代建方，法院应当通知其参加诉讼。

国利公司答辩时请求维持原判，驳回圳业公司的上诉请求。其主要理由是：1. 2004 年 8 月 25 日，国利公司承建的涉案工程通过竣工验收并交付使用。圳业公司对国利公司提交的工程竣工结算书分别予以签收，充分说明圳业公司对国利公司工作联系函所述内容的确认。在合同约定的期限内，圳业公司未对有关结算书提出异议；2. 一审法院规定的举证期限为 2005 年 8 月 15 日，圳业公司于同年 10 月 8 日才提出鉴定申请，违反了证据规则的有关规定。一审法院同意鉴定后，圳业公司又拒不预交鉴定费用，致使鉴定无法进行，应承担举证不能的责任；3. 关于工程变更单的问题。六份工程变更单均有国利公司与圳业公司的签章，双方当事人对工程量变更的意思表示一致，圳业公司应当根据工程变更单支付工程款；国利公司与圳业公司之间系建设工程承包合同关系，圳业公司与进贤县人民政府之间则为房地产开发合同关系，国利公司未与进贤县人民政府签订任何协议，根据各方当事人权利义务的相对性，送交工程变更单应由进贤县人民政府确定的义务人圳业公司完成。涉案工程已通过竣工验收并交付使用，进贤县人民政府是验收单位之一，该事实足以证明进贤县人民政府对整个工程量的确认；4. 国利公司与圳业公司在合同中明确约定了结算期限，圳业公司在约定的结算期限内未对国利公司提交的结算资料进行确认或修改，圳业公司应承担违约责任；5. 关于 2005 年 1 月 8 日《会议纪要》的效力问题。熊小平虽是国利公司委派的项目经理，但根据双方合同（通用条款第 1.5 条）的规定，项目经理只有负责施工管理、履行合同的职能，无权代表国利公司订立、变更或解除合同。该《会议纪要》对国利公司不具有法律约束力；6. 一审法院裁定采取财产保全措施和先予执行，终止司法鉴定，依照合同约定判决扣除8%的让利工程款，均符合法律规定。

本院二审查明：本案中的“资料楼”即是《建设工程施工合同》约定的档案馆；圳业公司不是2005年1月8日《会议纪要》的参与方；国利公司编制的工程结算书因计算错误，多算工程款1 879 343.98元。

2006年12月26日，国利公司变更诉讼代理人：委托该公司职员熊韶云为该公司在本案二审中的诉讼代理人，解除与闵翰奇的委托代理合同。

本院二审期间，国利公司于2007年2月2日出具《确认函》，明确表示放弃工程款的利息60万元；放弃因编制工程结算书中计算错误而多算的工程款1 879 343.98元，两项合计2479343.98元。

本院二审查明的其他事实与一审法院查明的事实相同。

本院认为：圳业公司与国利公司签订的三份《建设工程施工合同》及其《补充协议书》，是双方当事人的真实意思表示，其内容不违反法律法规的规定，应认定合法有效。上述合同对双方当事人均具有约束力。当事人二审期间争议的主要问题是：

（一）关于支付工程款的条件是否已经成就的问题。国利公司已经履行了合同义务，且涉案工程已通过验收并交付使用，圳业公司对工程质量不持异议。此后，国利公司依约将竣工结算文件提交给圳业公司。圳业公司在收到竣工资料后的28日内，既不表示认可也未提出修改意见，违反了双方当事人选择适用的建设部制定的《建设工程施工合同》格式文本中第33条第3款的规定，从第29天起，支付工程款的条件成就。圳业公司的违约行为不能阻却支付工程款条件的成就。

关于2005年1月8日《会议纪要》对工程款支付时间的影响。圳业公司以该《会议纪要》及2005年1月18日国利公司向其递交的《工程款正常支付申报表》和其分四次通过工商银行向国利公司支付工程款的九张凭证作为证据，主张该《会议纪要》对双方当事人具有约束力。根据该《会议纪要》，国利公司已经领取了部分工程款，在有关工程总结算完成前，不得再索要工程款。国利公司则认为，圳业公司提出的《工程款正常支付申请表》及付款凭证举证不属于新证据，对这些在举证期限届满后提交的证据不予认可。国利公司还主张，《会议纪要》上虽有其项目经理熊小平的签字，但其并不负责国利公司财务和工程结算。未经公司授权，熊小平在该纪要上签字无效。上诉人支付全部工程款的条件已经成就。本院认为，该《会议纪要》列明的与会方并不包括圳业公司，作为与会的工程款付款义务人在该纪要上盖章的是圳昌公司。该纪要与圳业公司没有直接关系，即使圳业公司举出的相关付款凭证证明国利公司已经领取了部分工程款，也并不能证明其通过该

《会议纪要》承诺不向圳业公司索要工程款。由于圳昌公司、圳业公司均为独立的法人，是不同的民事主体，圳业公司关于“圳昌公司就是圳业公司”的主张不能成立，其关于《会议纪要》形成后至进贤县人民政府有关工程总结算完成前，国利公司不得要求圳业公司支付工程款的主张亦不能成立。因此，对于圳业公司关于支付工程款条件未成就的主张，本院不予支持。

（二）关于工程款的计算问题。鉴于本案合同约定工程采用可调价格，双方当事人在价格调整问题上存在争议。圳业公司认为，一审判决将国利公司提交的六张工程变更单全部予以确认是错误的，其中两份没有建设单位代表签字、一份没有设计单位代表签字。这三张工程变更单是无效的。国利公司则坚持认为六张变更单有效。经审查，这六份工程变更单中虽有两份没有建设单位代表签字，但均系圳业公司提出变更，并由其和国利公司、监理单位的代表签字后经双方当事人盖章确认。由于涉案合同是在双方当事人之间履行的，作为发包方的圳业公司有义务将工程变更单提交建设单位、设计单位代表签字，即使工程变更单存在未提交有关代表签字的瑕疵，也不能成为其否认工程变更单效力的理由。因此，一审法院认定六份工程变更单有效并无不当。对圳业公司关于部分工程变更单未经建设单位等签字确认，应认定无效的主张，本院不予支持。

圳业公司虽主张已付清全部工程款，但不能提出有效证据加以证明。因此，一审法院只能以国利公司提供的证据作为计算工程款的依据。尽管圳业公司提出了通过鉴定确定工程款数额的请求，且这一请求因其未按期交纳鉴定费而未能得到支持，但在确定工程款数额问题上，圳业公司仍享有抗辩权。对于其抗辩，本院仍应进行审查。圳业公司提出因国利公司计算工程款有误，致使一审判决认定的工程款数额多了1 879 343.98元。本院二审期间，国利公司对误算工程款一事予以确认并明确表示放弃向圳业公司主张1 879 343.98元工程款的诉讼请求，本院对此依法予以确认。圳业公司关于一审判决多算上述工程款的抗辩有理，本院予以支持。

（三）关于一审判决适用最高人民法院《关于审理建设工程施工合同纠纷案件适用法律问题的解释》第二十条之规定是否正确的问题。适用本条司法解释的前提条件是，当事人之间约定了发包人收到竣工结算文件后，在约定的期限内不予答复，则视为认可竣工结算文件。本案当事人只是选择适用了建设部制定的建设工程施工合同格式文本，并没有对发生上述情况下是否以承包人报送的竣工结算文件作为工程款结算依据一事作出特别约定。因此，不能以该格式合同文本中的通用条款第33条第3款之规定为据，简单地推定出发包人认可以承包人报送的竣工结算文件为确定工程款数额的依据。圳业公司关于本案不应适用最高人民法院《关于审理建设工程施工合同纠纷案件适用法律问题的解释》第二十条的上诉理由成立，本院予以支持。

本案不适用最高人民法院《关于审理建设工程施工合同纠纷案件适用法律问题的解释》第二十条之规定，以承包人单方提交的竣工结算文件作为确认工程款数额的依据，并不意味着《建设工程施工合同》中通用条款第33条第3款的内容，对双方当事人没有约束力，违反这一规定，仍应承担违约责任。之所以维持一审判决以国利公司向圳业公司报送的竣工结算文件作为确认工程款数额基础的结论，是因为在一审诉讼中，国利公司将该竣工结算文件作为确定工程款数额的证据提交后，圳业公司没有在一审法院指定的举证期限内提出相反的证据，亦未在这一期限内申请鉴定。在一审法院同意就与工程款有关的问题进行鉴定后，圳业公司以不同意一审法院确定的鉴定范围为由，未在一审法院负责对外委托鉴定工作的部门指定的期限内交纳鉴定费，致使鉴定工作未能进行，应承担举证不能的后果。在此情况下，人民法院只能以一方当事人提供的证据作为确认工程款的依据。

（四）关于一审程序是否违法的问题。一审法院根据国利公司提出的财产保全申请和江西联友房地产开发有限公司出具的担保，依法裁定冻结、查封、扣押圳业公司的财产。之后，该院又根据国利公司提交的《先予执行申请书》和江西联友房地产开发有限公司另行出具的担保，依法裁定从冻结款中向国利公司支付200万元，用以支付为国利公司所拖欠的民工工资等，圳业公司声称国利公司没有提供担保与事实不符，一审法院的先予执行措施符合法定条件。本案一审中工程造价的鉴定未能进行，是由于圳业公司放弃鉴定权利的行为造成的。国利公司未将涉案工程的建设单位进贤县人民政府、开发商圳昌公司列为第三人，后两者也未申请参加诉讼，且二者均非涉案合同义务的承担者，故一审法院未将后两者追加为第三人并无不当。圳业公司关于一审程序违法的上诉理由不能成立，本院不予采信。

（五）关于工程款利息的计算问题。圳业公司上诉请求驳回国利公司的全部诉讼请求，应当包括驳回国利公司关于工程款利息的诉讼请求。本院二审期间，国利公司以《确认函》的方式表示放弃60万元工程款利息。国利公司的上述意思表示真实，不违反法律规定，本院对此予以认可。根据双方当事人所签合同约定，工程款的利息应当从国利公司向圳业公司提交竣工结算报告第29天起算。由于国利公司起诉时主张的利息总额为90万元，扣除其自愿放弃的60万元，国利公司主张的工程款利息应当以30万元为限。因以中国人民银行同期同类贷款利率计息，所得利息总数已经超过30万元，故国利公司所得工程款利息应为30万元。

综上，一审判决在计算工程款数额和确认利息起算日期上有误，适用法律不当，依法应予纠正。依照《中华人民共和国民事诉讼法》第一百五十三条第一款第（二）项之规定，判决如下：

一、变更江西省高级人民法院（2005）赣民一初字第5号民事判决为：江西圳业房地产开发有限公司于本判决生效之日起十五日内给付江西省国利建筑工程有限公司工程款6 394 467.67元及利息30万元。

如逾期不履行本判决确定之金钱给付义务，应当依照《中华人民共和国民事诉讼法》第二百三十二条之规定，加倍支付迟延履行期间的债务利息。

本案一、二审案件受理费150 020元、财产保全费65 520元，共计215 540元，由江西圳业房地产开发有限公司承担65%，即140 101元；江西省国利建筑工程有限公司承担35%，即75 439元。

本判决为终审判决。

齐河环盾钢结构有限公司与济南永君物资有限责任公司建设工程施工合同纠纷案①

【裁判要旨】

鉴定机构分别按照定额价和市场价作出鉴定结论的，在确定工程价款时，一般应以市场价确定工程价款。这是因为，以定额为基础确定工程造价大多未能反映企业的施工、技术和管理水平，定额标准往往跟不上市场价格的变化，而建设行政主管部门发布的市场价格信息，更贴近市场价格，更接近建筑工程的实际造价成本，且符合《合同法》的有关规定，对双方当事人更公平。

【案情】

申请再审人（一审被告、二审被上诉人，原被申诉人）：济南永君物资有限责任公司。

被申请人（一审原告、二审上诉人，原申诉人）：齐河环盾钢结构有限公司。

申请再审人济南永君物资有限责任公司（以下简称永君公司）与被申请人齐河环盾钢结构有限公司（以下简称环盾公司）建设工程施工合同纠纷一案，不服山东省高级人民法院（2008）鲁民提字第304号民事判决，向本院申请再审。本院于2010年12月22日作出（2010）民再申字第109号

---

① 案例来源：《最高人民法院公报》2012年第9期。

民事裁定，提审本案。本院依法组成合议庭，于2011年6月21日开庭审理了本案。永君公司的法定代表人杨文平及其委托代理人于毅、陈学锋，环盾公司的委托代理人陈杰、李乔到庭参加诉讼。本案现已审理终结。

2006年4月22日，环盾公司起诉至山东省济南市历城区人民法院称，2003年11月1日，环盾公司承揽了永君公司的30万吨棒材轧钢厂厂房与翼缘板轧制厂厂房项目，按合同约定，两项工程共计1588万元。该工程已经交付永君公司使用近两年，永君公司尚欠环盾公司工程款455万余元拒绝支付，请求法院判令永君公司立即支付工程款。永君公司辩称，环盾公司从未与永君公司签订任何合同，也不欠其工程款，环盾公司主体不适格，请求驳回环盾公司的起诉。

山东省济南市历城区人民法院一审查明，一、关于钢结构厂房工程的实际施工主体问题。环盾公司提供了两份建设工程施工合同均是制式合同。两份合同记载的发包人均是永君公司，承包人均是“第九冶金建设公司第五分公司”。其中一份合同约定：工程名称是翼缘板轧制厂，厂房建筑面积11 639平方米，工程内容是按投标工程报价的各项目内容及施工图纸规定项目施工，承包范围是图纸设计内容（除水电安装、地面以外图纸所设计的所有内容），工程质量标准为合格，争取优良，合同价款是452万元，合同订立时间是2003年11月1日，项目经理是刘文栋。另一份合同约定：工程名称是30万吨棒线材轧钢厂，厂房建筑面积18 601平方米，工程内容是按投标工程报价的各项目内容及施工图纸规定项目施工，承包范围是图纸设计内容（除水电安装、地面以外图纸所设计的所有内容），工程质量标准为合格，争取优良，合同价款1186万元，合同订立时间是2003年11月1日，项目经理是刘文栋。两份合同在甲方（发包方）一栏加盖公章的均是永君公司，签名的委托代理人均是刘泽洪；在乙方（承包方）一栏加盖公章的名称均是“第九冶金建筑公司第五分公司合同专用章”，签名的委托代理人均是石忠义；电话0534－5676388，传真0534－5676999。环盾公司为证明自己是钢结构厂房的实际施工人，除提供其持有的上述两份施工合同，还提供中国网通齐河分公司书证，证明上述施工合同乙方（承包方）一栏记载的电话0534－5676388、0534－5676999均是环盾公司办公电话。环盾公司提供山东省齐河经济开发区管理委员会书证，证明争议工程的合同和技术资料中出现的石忠义在环盾公司任经理，王振楼与李宗义是公司的技术员。环盾公司提供工程图纸会审和设计交底记录、地基与基础工程质量评定表、地基隐蔽工程验收记录、钎探结论等工程技术资料中施工单位加盖的公章均是“第九冶金建筑公司第五分公司”公章，签名是环盾公司法定代表人刘文栋。环盾公司提供提货单，证明永君公司抵顶工程款的钢材均运送到环盾公司。环盾公司提供三份施工合同、环盾公司财务记账凭证、外联单位的收款收据、发票等证据来证明支付给工程外联单位的各种款项均是环盾公司支付。永君公司对环盾公司提供的上述证据的真实性没有异议，但认为环盾公司提供的证据不能证明环盾公司是工程的实际施工人。

为查明争议工程合同主体和实际施工主体情况，山东省济南市历城区人民法院调取了（2005）历城民商初字第739号民事卷宗和（2006）历城民商初字第1113号民事卷宗中的有关材料。（2005）历城民商初字第739号民事卷宗的卷宗材料有：1. 环盾公司法定代表人刘文栋以“第九冶金建筑公司第五分公司”项目经理名义作为该案委托代理人参加诉讼的授权委托书，委托书加盖“第九冶金建筑公司第五分公司”公章，落款时间是2005年6月12日。2. 环盾公司法定代表人刘文栋与永君公司工作人员刘泽洪签订的一份证明，证明称永君公司发包给“第九冶金建筑公司第五分公司”承建的30万吨棒线材轧钢厂、加热炉厂房及翼缘板轧钢工程的施工地点已由济南市工业北路68号改为董家镇机场路谢家屯村西。3. 环盾公司法定代表人刘文栋以“第九冶金建筑公司第五分公司”名义与案外人山东英格利实业有限公司签订的用于“济南永君钢铁公司轧钢厂房”工程预拌混凝土供需合同。（2006）历城民商初字第1113号民事卷宗的卷宗材料有：1. 中国第九冶金建设公司第五工程公司出具的书证，证明石忠义、刘文栋不是该公司人员，该公司从未在山东济南从事施工和承接工程。2. 法院工作人员在工商注册登记机关未查到有“第九冶金建筑公司第五分公司”工商注册登记记录的情况说明。3. 环盾公司工作人员徐显富以“第九冶金建筑公司第五分公司”名义与案外人刘延平签订的铝合金安装及制作工程承包合同，以及徐显富为刘延平出具的刘延平在永君翼板厂安装铝合金窗完成的工程量的书面证明。审理中双方当事人对上述证据均无异议。

根据（2006）历城民商初字第1113号民事卷宗中的调查材料及中国第九冶金建设公司第五工程公司出具的书证表明，“第九冶金建筑公司第五分公司”公章是虚假的，中国第九冶金建设公司第五工程公司并未承揽双方争议的钢结构厂房工程。环盾公司提供的证据表明，环盾公司持有双方争议工程的施工合同、施工技术资料，收取了永君公司供应的工程用钢材及永君公司支付的工程价款。结合环盾公司提供的外联采购合同和调取的另外两案卷宗中环盾公司法定代表人和工作人员以“第九冶金建筑公司第五分公司”名义，为争议的钢结构工程建设签订采购混凝土和外包铝合金门窗加工合同等证据，能够认定环盾公司是双方争议的钢结构厂房工程的实际施工人。

二、关于钢结构工程的竣工验收及工程造价问题。1. 工程竣工验收情况。环盾公司提供《工程竣工质量验收报告》，报告载明的工程类别为钢结构，工程地点在谢家屯，工程名称是永君钢铁轧钢车间，工程性质是工业用，包工总价是1588万元，发包单位是永君公司，工程量及简要内容是柱基开挖、浇筑混凝土、钢结构厂房的制作、安装（含行车梁的制作安装），发包、监理、承包和设计单位验收意见是验收达到合格标准、开工日期是2003年11月2日，验收日期是2004年5月28日。永君公司在报告发包方一栏加盖公章，陕西省冶金设计研究院在设计单位一栏加盖公章，承包单位一栏加盖的公章名称是“第九冶金建筑公司第五分公司”，报告书监理单位一栏未加盖公章。环盾公司还提供了钢结构安装单位工程观感质量表、各分项工程质量验收记录、分部工程质量评定表均记载质量合格，济南市历城区建设工程监理服务中心业务一科在上述材料上加盖了公章。环盾公司提供工程竣工验收总表，竣工验收情况结论是基础施工、钢构件制作、焊接、钢构件安装等符合要求合格，永君公司、济南市历城区建设工程监理服务中心业务一科在总表上加盖公章，施工单位一栏加盖的公章是“第九冶金建筑公司第五分公司”，签名的是环盾公司法定代表人刘文栋。永君公司对环盾公司提供的上述证据有异议，认为验收报告不真实，出具报告的时间是2004年5月23日，但报告书中验收日期是2004年5月28日，所以报告书是在未验收的情况下形成的；报告书没有监理部门签章，不能证明工程已经验收；验收总表记载竣工日期是2004年5月20日与验收报告记载的日期矛盾，所以，环盾公司不能证明工程已竣工验收合格。环盾公司提供的《工程竣工质量验收报告》虽然没有监理单位加盖公章，但环盾公司提供了钢结构安装单位工程观感质量表、各分项工程质量验收记录、分部工程质量评定表均记载质量合格，济南市历城区建设工程监理服务中心业务一科加盖公章；环盾公司还提供了工程竣工验收总表，竣工验收情况结论是基础施工、钢构件制作、焊接、钢构件安装等符合要求合格，永君公司、济南市历城区建设工程监理服务中心业务一科加盖公章。该工程永君公司也已接收并投入使用，结合环盾公司提供的竣工验收明细材料应认定，环盾公司实际施工的双方争议的钢结构厂房工程已经竣工验收，质量合格。2. 工程造价问题。环盾公司主张工程造价应按其提供的两份施工合同约定的造价合计1588万元结算。针对环盾公司提供的两份施工合同，审理中永君公司也提供一份施工合同。该合同约定：发包人为济南永君钢铁有限公司，承包人为第九冶金建设公司第五分公司，工程名称是轧钢厂房，厂房建筑面积28 254平方米，工程内容按投标工程报价的各项目内容及施工图纸规定项目施工，承包范围是图纸设计内容（除水电安装、地面以外图纸所设计的所有内容），工程质量标准为合格，争取优良，合同价款是988万元，合同订立时间是2003年11月1日，项目经理是刘文栋。合同在甲方（发包方）一栏加盖公章的是永君公司，签名的委托代理人是刘泽洪，在乙方（承包方）一栏加盖公章的名称是"第九冶金建筑公司第五分公司合同专用章"，签名的委托代理人是石忠义。因双方当事人提供的合同价款相互矛盾，但合同记载的签订时间却是同一日期，相同的委托代理人签订，承包方公章是虚假的，所以无法按合同确定工程价款。山东省济南市历城区人民法院一审审理中委托山东省实信工程造价咨询有限公司（以下简称实信造价公司）对环盾公司承建的钢结构厂房的造价进行鉴定。实信造价公司出具的济南永君轧钢车间《造价鉴定报告书》认定，济南永君轧钢车间工程造价无异议部分是15 772 204.01元，其中直接工程费和措施费合计12097423.01元；有异议部分是39 922.82元。该报告书第五项有关情况说明称，钢结构工程有两种结算方式：一种为市场价；另一种为定额价。按照钢结构工程造价鉴定的惯例，应以市场价进行鉴定。根据一审法院要求，实信造价公司出具《造价鉴定补充说明》，该说明以永君公司提供的总价款为988万元的合同约定的单价337.73元/平方米和施工图纸及施工记录记载的建筑面积29 240平方米为依据，得出工程总造价市场价值为9 875 225.20元。环盾公司对此认定提出异议，认为进行鉴定就是因为双方提供的合同约定的价款相互矛盾，鉴定部门仍依永君公司提供的合同得出市场价显然不妥。实信造价公司又出具《造价鉴定补充说明（一）》，该说明称收到的三份合同相互矛盾，均不采纳。结合当时市场情况和双方提供的其他证据，认为综合单价应采用鲁正基审字（2004）第0180号造价咨询报告的综合单价，建筑面积采用施工图纸，比较符合市场情况，即工程造价（市场价）为：388.35元/平方米（综合单价），建筑面积为29240平方米，总造价为9875225.20元。因该说明中总造价数字计算有误，实信造价公司出具《造价鉴定补充说明（二）》称：本公司于2007年8月10日出具的《造价鉴定补充说明（一）》认定工程综合单价为388.35元/平方米，工程总面积为29 240平方米，工程总造价为11 355 354元，因笔误，补充说明（一）将总造价误算为9 875 225.20元，应更正为11 355 354元。上述《造价鉴定补充说明（一）》和《造价鉴定补充说明（二）》中依据的鲁正基审字（2004）第0180号造价咨询报告，是山东鲍德永君翼板有限公司委托山东正诺工程造价咨询有限公司所作的《关于山东鲍德永君翼板有限公司钢结构厂房工程结算的审核报告》。山东鲍德永君翼板有限公司委托审核的是订立时间为2003年11月1日合同价款为452万元的翼缘板轧制厂工程合同。报告审核结果为：原送审结算值为452万元，经审核核定的工程结算值为452万元，净核减值为0。工程造价审核说明称合同价款452万元为中标价。该工程造价鉴定结果认定表中建设单位加盖公章的是山东鲍德永君翼板有限公司，施工单位加盖的公章是"第九冶金建筑公司第五分公司"，经办人签名是徐显富（环盾公司的工作人员）。3. 工程款的支付情况。环盾公司确认收到永君公司支付工程款 11 952 835.52 元，其中永君公司为工程提供钢材抵工程款 5 877 835.52 元，永君公司直接支付工程款605 万元，环盾公司工作人员王振楼在施工中为工程施工向永君公司借款 25 000 元，审理中环盾公司认可是永君公司支付的工程款。

三、环盾公司的施工资质和向公安机关报案情况。环盾公司提供的资质证书载明，环盾公司注册资金 327 万元；主项资质等级是钢结构工程叁级，承包范围是可承担单项合同额不超过企业注册资金 5 倍且跨度 24 米及以下、总重量 600 吨及以下、单体建筑面积 6000 平方米及以下的钢结构工程。环盾公司提交齐河县公安局证明，证明内容为：2005 年 12 月份环盾公司来报案称，2003 年 11 月张育鑫、薛兴堂等人冒充中国第九冶金建设公司工作人员，提供了中国第九冶金建设公司的相关资质材料及中国第九冶金建设公司第五分公司的印鉴及其他材料，以该公司的名义承包了永君公司的钢结构工程，并由环盾公司实际施工。在施工过程中，张育鑫、薛兴堂等人从环盾公司骗走 20 余万元。2005 年 10 月经环盾公司到中国第九冶金建设公司落实，发现并无“中国第九冶金建筑公司第五分公司”，中国第九冶金建设公司也无张育鑫、薛兴堂等工作人员。于是向公安机关报案，要求追究张育鑫、薛兴堂等人的诈骗责任。该局接到报案后，由于环盾公司当时无法提供张育鑫、薛兴堂等人的确切身份、住址等情况，就告知环盾公司暂时不予立案，待公司将张育鑫、薛兴堂等人的身份、住址情况搞清楚后再决定是否立案。永君公司对环盾公司提供的该证明真实性无异议，但认为该书证只能证明环盾公司于 2005 年 10 月曾报过案，工程于 2004 年就结束了，该证明不能证明环盾公司受到过诈骗。一审法院认为永君公司异议成立，齐河县公安局的证明只能证明环盾公司曾报过案，仅依此书证不能证明环盾公司曾受过诈骗。

【裁判结果】

山东省济南市历城区人民法院一审认为，环盾公司和永君公司提供的三份施工合同中，工程承包方加盖的公章均是虚假的，环盾公司诉称是被张育鑫、薛兴堂等人诈骗，并曾经报警，但环盾公司提供的公安机关的证明表明环盾公司不能说清张育鑫、薛兴堂等人的确切身份、住址等情况，所以，环盾公司该主张的证据不充分，不能证明存在环盾公司被他人诈骗的事实。环盾公司和永君公司提供的合同、施工技术资料、财务往来凭证上的经办人均是环盾公司工作人员，这一方面能证明环盾公司是双方争议工程的实际施工人，同时也证明环盾公司在与永君公司业务往来中一直在使用“中国第九冶金建筑公司第五分公司”虚假公章。而且环盾公司为工程施工购买混凝土，外联委托加工铝合金门窗不是以自己公司名义签订合同，而是使用这枚虚假公章，充分说明环盾公司在此钢结构工程合同签订和履行过程中使用虚假公章，存在欺诈行为。环盾公司冒用虚假资质，使用虚假公章与永君公司签订的三份钢结构工程施工合同均是无效合同。但由于环盾公司按质量要求完成了钢结构厂房工程，工程质量验收合格，永君公司也已经接收厂房并已投入使用，所以，环盾公司可以实际施工人的身份主张工程款。本案争议的最大焦点是工程造价如何计算，工程款按什么标准结算。按照最高人民法院的有关司法解释规定，冒用资质签订的建设施工合同无效，但实际施工人完成工程，工程竣工验收合格，可以按双方合同约定结算工程款。但本案双方当事人针对同一工程提供的三份合同，约定的工程价款差额巨大，但合同记载的签订时间却是同一日期，由相同的委托代理人签订的，依据合同不能确认合同当事人对合同价款约定的真实意思表示。所以，法院委托鉴定机构鉴定该工程总造价，鉴定机构出具的报告称，钢结构工程有两种结算方式：一种为市场价；另一种为定额价，按照钢结构工程造价鉴定的惯例，应以市场价进行鉴定。鉴定机构根据法院委托按定额价和市场价结算方式分别出具了鉴定结论。一审法院审查后认为，鉴定机构按市场价结算方式出具的鉴定结论主要是以山东鲍德永君翼板有限公司委托山东正诺工程造价咨询有限公司所作的鲁正基审字（2004）第0180号《关于山东鲍德永君翼板有限公司钢结构厂房工程结算的审核报告》为鉴定依据。第一、该报告委托主体不是合同双方当事人；第二、鲁正基审字（2004）第0180号《关于山东鲍德永君翼板有限公司钢结构厂房工程结算的审核报告》报告结论是，“原送审结算值为452万元，经审核核定的工程结算值为452万元”，表明该报告是对452万元的施工合同约定结算值的认定，前面已经论述452万元的施工合同是无效合同，不能确认合同内容是工程发包方和实际施工人的真实意思表示；第三、鉴定机构按市场价结算方式出具的鉴定结论缺乏较充分的工程同期材料、人二、机械等工程造价主要构成要素的市场价格资料作依据。所以一审法院对鉴定机构以市场价出具的鉴定结论不予采信。钢结构工程与传统建筑工程相比属于较新型建设工程，工程定额与传统建筑工程定额相比不够完备，但本案中鉴定机构按定额价结算方式出具的鉴定结论与市场价结算方式出具的结论相比，事实和法律上的依据都较充分，所以一审法院采信鉴定机构按定额价结算方式出具的鉴定结论。鉴定机构依据定额结算方式计算的工程造价是采用的2003年山东省建设委员会颁布的《山东省建筑工程消耗量定额》，该定额是按工程类别确定取费标准。双方争议的工程属一类工程，环盾公司不具有承揽此类工程的施工资质，在合同签订和履行过程中环盾公司有欺诈行为，一审法院认为永君公司应按鉴定机构依据定额结算方式计算的工程总造价无异议部分中直接费总额给付环盾公司工程款。环盾公司与永君公司签订的三份钢结构工程施工合同无效，主要是环盾公司冒用资质承揽工程，使用虚假公章签订合同的行为造成。三份合同约定的工程价款差额巨大，但记载的却是同一签订时间，由永君公司同一个委托代理人签订，均加盖永君公司公章，永君公司在合同签订过程中也有过错，永君公司的过错行为也是造成无法依合同约定确认工程价款的原因之一，所以，鉴定费用应由环盾公司与永君公司按各自的过错分担。山东省济南市历城区人民法院于2007年11月9日作出（2006）历城民商初字第825号民事判决：一、永君公司给付环盾公司工程款144 586.48元，永君公司于本判决生效之日起10日内付清；二、驳回环盾公司其他诉讼请求。案件受理费32 770元，由环盾公司负担28 370元，永君公司负担4400元；财产保全费23 520元，由环盾公司负担；鉴定费13万元，由环盾公司负担9万元，永君公司负担4万元。

环盾公司不服一审判决，向山东省济南市中级人民法院提起上诉称，一、一审判决依据的是错误的鉴定报告。一审时对环盾公司提出的鉴定异议并未质证，违反了证据须经当事人进行质证才能采信的原则，该鉴定报告漏项及错算多达十几项，没有真实地反映该工程造价。环盾公司针对鉴定报告以上存在的诸多问题提出异议后鉴定人虽然进行了答复，但鉴定人答复显然不当，环盾公司针对其答复提出异议后，一审法院并未就此进一步质证，没有保障环盾公司充分的行使诉权。二、一审法院仅判令永君公司支付工程直接费违背了等价有偿的原则。虽然环盾公司在签订合同时应永君公司的要求而犯了错误，但环盾公司按合同要求，保质保量的按期履行了合同义务，该工程已经质监机构和永君公司验收合格并交付使用三年多。在履行该合同时，环盾公司同样付出了施工企业应当付出的一切，环盾公司也会发生企业管理费、规费、税金及其他项目费用，而这些也是承建该项目成本的一部分，虽然环盾公司承建该项目超越了资质，但对发生的成本应计算在内，超越资质承包与无资质承包显然是本质不同的，一审法院判决将这些费用排除在外，是对直接费概念的曲解。三、一审法院做出“在合同签订和履行过程中环盾公司有欺诈行为”的认定是错误的。1. 环盾公司使用“第九冶金建筑公司第五分公司”的名义与永君公司签订合同，是应永君公司要求。永君公司签订合同时的代理人刘洪泽（永君公司工作人员，已去世）在与环盾公司洽谈该业务时，要求环盾公司以一级资质的企业名义签订合同，这样便于永君公司将该建好后的工程与“济钢”合资。为了满足永君公司的要求，环盾公司通过莱钢永峰轧钢厂介绍，认识了第九冶金建筑公司第五分公司的张育鑫，经协商张育鑫同意环盾公司挂靠该单位，并以该单位的名义承揽工程，由其出具第九冶金建筑公司第五分公司的全套手续，与永君公司签订合同，并收取环盾公司的管理费。在整个合同履行期间包括外协合同的签订，后来的应诉，张育鑫始终控制公章，所有文件和合同都由其加盖，环盾公司则向其交纳管理费。直至本案起诉前的2005年10月份，经与中国第九冶金建设公司接触，环盾公司才知道所谓的第九冶金建筑公司第五分公司并不存在，于是就在齐河县公安局报了案。因此，环盾公司并未有欺诈的故意。同时需要说明，从工程开始永君公司就知道工程是环盾公司承建，永君公司提供的主要材料都是由永君公司直接送到环盾公司院内，一审法院认定环盾公司在签订履行合同中存在欺诈行为无事实依据。2. 在合同履行期间环盾公司没有任何欺诈行为。诚然，在合同签订时环盾公司因受了张育鑫等人的蒙骗而使用了不存在的分公司名义签订合同，但环盾公司积极地履行了合同义务，按期完成了工程并经质监机构验收合格，而且在结算上没有弄虚作假，不存在欺诈，一审法院在未查明事实的情况下认定环盾公司在合同签订和履行过程中有欺诈行为，没有事实依据。四、一审法院在审理期间，违法解除对永君公司存款的冻结保全措施，损害了环盾公司的合法权益。请求撤销一审判决，依法改判或发回重审；本案一、二审诉讼费、保全费、鉴定费用，全部由永君公司承担。

2008年2月2日，环盾公司又提交补充上诉状称，一审法院仅支持工程造价鉴定无异议部分中的直接费用无事实和法律依据。尽管环盾公司不具有承揽涉案工程的施工资质，但是争议的工程确实属于一类工程，而且该工程已经竣工验收合格，并投入使用三年之久，根据最高人民法院《关于审理建设工程施工合同纠纷案件适用法律问题的解释》第二条的规定，建设工程施工合同无效，但建设工程经竣工验收合格，承包人请求参照合同约定支付工程价款的，应予支持。工程价款包括直接费、间接费、税金及成本。而直接费和间接费是工程造价里面的成本，由于间接费是施工企业为工程所支出的实际费用，并不能因为合同无效而由施工人承担本应由发包人承担的成本。如果折价补偿应当包括施工人为建设工程所支出的所有实际费用，其价值就是建设工程的整体价值，也即建设工程的完整造价。如果合同无效后承包人只能主张合同约定的价款中的直接费和间接费，则承包人融进建筑工程产品当中的利润及税金就被发包人获得。发包人依据无效合同取得了承包人应当得到的利润，这与无效合同的处理原则不符合，违背了等价有偿原则。因此，一审法院扣减环盾公司应得的间接费、税金和利润无法律依据。

永君公司答辩称，其亦不同意一审判决。环盾公司主体不适格，应当认定真实的合同价款是988万元，并依此作为判决的依据。对环盾公司提交的补充上诉状，主张已过上诉期，不予认可，请求二审法院不予采纳。

山东省济南市中级人民法院二审查明，一审判决认定的事实属实，予以确认。另查明，本案一审期间，鉴定人员根据永君公司的申请，出庭接受双方当事人的质询，同时就环盾公司对鉴定报告的异议进行了回复。二审中，环盾公司提出鉴定申请，并提供鉴定材料。永君公司对鉴定材料质证后认为，一审法院审理过程中，依据当事人的申请，要求鉴定人员出庭接受询问，两位鉴定工程师出庭接受了当事人的询问，对鉴定过程中的问题作了解答，鉴定过程中不存在漏项的情况。因此，环盾公司认为原鉴定结论有漏项根本不存在。

山东省济南市中级人民法院二审认为，一审法院已经对涉案工程委托了有资质的鉴定机构进行了鉴定，并对环盾公司提出的相关问题进行了回复，对环盾公司提出的漏项部分已经答复，一审法院委托的鉴定机构出具的鉴定报告合法有效，环盾公司申请重新鉴定不予支持。环盾公司 2008 年 1 月 2 日提交的补充上诉状，因已过上诉期，永君公司不予认可，故不予审理。环盾公司使用虚假“第九冶金建筑公司第五分公司”的名义与永君公司签订建设工程施工合同，“第九冶金建筑公司第五分公司”公章系环盾公司冒用，环盾公司不具有承包涉案建筑工程的资质，违背了法律的强制性规定，故环盾公司与永君公司签订的三份建设工程施工合同均无效。根据最高人民法院《关于审理建设工程施工合同纠纷案件适用法律问题的解释》第二条的规定，建设工程施工合同无效，但建设工程竣工验收合格，承包人请求参照合同约定支付工程价款的，应予支持。但因本案中，涉案工程有三份价款不一致的建设工程施工合同，不能确定双方当事人对涉案工程价款的约定，故一审法院依据鉴定报告确定双方之间的工程款，并无不当。环盾公司称，鉴定报告未进一步质证，鉴定报告有漏项及错算的主张。但是，一审审理过程中，鉴定报告已送达双方当事人签收，鉴定人员已经出庭接受了双方当事人的询问，环盾公司对鉴定报告的异议，鉴定机构已做了答复，故环盾公司关于鉴定报告未进一步质证的主张，不予支持。关于鉴定报告中是否漏算车间钢屋架梁制作和安装、漏算车间采光带、漏算运输费、漏算钢制动梁、漏算面漆、漏算车间墙角泛水包角、背檐口包角、窗口包角、门口包角，漏算 3mm 的天沟钢构件及拉丝、隅撑及定额套用是否有误，实信造价公司就此问题已做说明，鉴定报告已对吊车梁、屋面采光带等做了计算，故环盾公司该主张，不予支持。关于环盾公司称一审法院判令永君公司向环盾公司支付工程直接费对环盾公司不公的主张，由于环盾公司冒用虚假公司的名义与永君公司签订建设施工合同，致使双方之间的建设施工合同无效，一审法院判令永君公司向环盾公司支付工程直接费用并无不当。关于环盾公司称一审法院违法解除对永君公司存款冻结的主张，在一审法院采取财产保全措施后，永君公司对冻结的存款已经提供了相应的担保，一审法院解除对永君公司存款的冻结并无不当。综上，环盾公司的上诉请求和理由，证据不足，不予支持。一审判决认定事实清楚，应予维持。依照《中华人民共和国民事诉讼法》第九十五条、一百五十二条、第一百五十三条第一款第（一）项、第一百五十八条之规定，山东省济南市中级人民法院于2008年4月11日作出（2008）济民五终字第44号民事判决：驳回上诉，维持原判。二审案件受理费32 770元，由环盾公司负担。

环盾公司不服，向检察机关提出申诉。山东省人民检察院抗诉认为，二审判决以环盾公司没有承揽该类工程的施工资质，在合同签订和履行过程中其有欺诈行为为由，仅认定了实信造价公司《建筑工程结算书》中无异议部分的直接费用12 097 423.01元，而对施工过程中产生的间接费、税金、利润等部分均未予以认定，系适用法律错误。首先，二审判决因双方当事人提交的三份合同系当事人冒用“第九冶金建筑公司第五分公司”的名义签订的，且环盾公司系超越资质承揽业务，故认定合同无效，符合相关法律规定。最高人民法院《关于审理建设工程施工合同纠纷案件适用法律问题的解释》第二条规定：“建设工程施工合同无效，但建设工程经竣工验收合格，承包人请求参照合同约定支付工程价款的，应予支持。”所以，环盾公司请求永君公司按照原合同的约定支付工程价款，并无不当。既然涉案的三份合同均无效，则工程价款的数额应当以实际发生的价款为准。2004年5月，涉案工程经双方当事人共同验收结算，工程达到合格标准，该工程的《工程竣工质量验收报告》中载明工程造价为1588万元。本案一审期间，经法院委托，实信造价公司于2007年1月19日对该工程作出《建筑工程结算书》，认定涉案工程造价无异议部分为15 772 204.01元，本案一、二审判决均对此予以确认。该认定的造价数额与双方当事人之间结算数额基本一致，进一步证明涉案工程实际造价应当是1588万元左右。其次，建设工程施工合同履行的过程，就是将劳动和建筑材料物化在建筑产品中的过程。合同被确认无效后，已经履行的内容不能适用返还的方式使合同恢复到签约前的状态，而只能按照折价补偿的方式处理。而所谓的“价”，从工程施工管理的角度来讲，应当包括直接费、间接费、税金及利润等各种实际发生的价款，而非仅仅指原材料费、人工费等直接费。最高人民法院《关于审理建设工程施工合同纠纷案件适用法律问题的解释》第二条实际上是对在因为无资质而导致合同无效的情况下所实际发生的合格建筑工程予以有条件的认可，从而对现实生活中普遍存在的此类现象予以合理规范与控制，对由此所产生的社会关系予以合理的解决与疏导。二审判决认定了上述事实，但却以环盾公司没有承揽该类工程的施工资质，在合同签订和履行过程中其有欺诈行为为由，仅认定了实信造价公司《建筑工程结算书》中无异议部分的直接费用12 097 423.01元，而对施工过程中产生的各种间接费、税金、利润等部分均未予以认定，明显与最高人民法院《关于审理建设工程施工合同纠纷案件适用法律问题的解释》第二条的本意不符。而且直接费和间接费均属于工程造价里面的成本，是施工企业为工程所支出的实际费用，折价补偿理当包括施工人为建设工程所支出的所有实际费用。再次，就建设工程而言，其价值就是建设工程的整体价值，也即建设工程的完整造价。如果合同无效后承包人只能主张合同约定价款中的直接费和间接费，则承包人融入建筑工程产品当中的利润及税金就将被发包人获得。发包人依据无效合同取得了利润，这也与无效合同的处理原则不符，对施工方不公平，违背了等价有偿的原则。原审判决以环盾公司没有承揽该类工程的施工资质，在合同签订和履行过程中其有欺诈行为为由，仅认定了实信造价公司《建筑工程结算书》中无异议部分的直接费用 12 097 423.01 元，而对施工过程中产生的间接费、税金、利润等部分均未予以认定，系适用法律确有错误。

原再审过程中，环盾公司称，一、《工程竣工验收总表》和《工程竣工质量验收报告》记载的预算造价和包工总价均为 1588 万元，且签署在涉案工程竣工后，可以作为永君公司向环盾公司进行工程结算的依据。经法院委托，实信造价公司于 2007 年 1 月 19 日作出《建筑工程结算书》，认定涉案工程造价无异议部分为 15 772 204.01 元，本案一、二审判决均对此予以确认。该认定的造价数额与双方当事人之间结算数额基本一致，证明涉案工程实际造价是 1588 万元左右。二、一审法院采用的工程造价鉴定报告存在漏项、定额套用错误，导致对工程造价的认定错误，二审未予纠正。三、二审判决以环盾公司没有承揽该类工程的施工资质，在合同签订和履行过程中有欺诈行为为由，仅认定了实信造价公司鉴定报告中无异议部分的直接费用12 097 423.01 元，而对施工过程中产生的间接费、税金、利润等部分均未予以认定，系适用法律错误。

永君公司辩称，原审判决正确，应予维持。

山东省高级人民法院再审查明的事实与原一、二审认定的事实一致。

山东省高级人民法院再审认为，环盾公司冒用“第九冶金建筑公司第五分公司”的名义，使用虚假公章与永君公司签订的三份建设工程施工合同均无效。因环盾公司按工程质量要求施工完成了工程，经验收工程质量合格，永君公司已经接收了工程并已投入使用，环盾公司以实际施工人的身份主张工程款，予以支持。因本案双方当事人分别举证的三份合同中约定的工程价款不同，双方均各自认为自己所举证的合同真实，因双方对三份合同本身及合同的工程价款存在分歧，法院无法予以参照。根据一审法院委托实信造价公司所作的《造价鉴定报告书》，经质证后，原一、二审法院判决均予以采信，《造价鉴定报告书》中济南永君轧钢车间工程造价无异议部分是15 772 204.01元，有异议部分是39 922.82元。建设工程价值就是整体价值，也即建设工程的完整造价。合同无效后，如施工方只能主张建设工程造价中的直接费，则施工方融入建筑工程当中的间接费、利润及税金就被发包方获得，这与无效合同的处理原则不符，对施工方不公平，违背了等价有偿的原则。原审判决以环盾公司没有承揽涉案工程的施工资质，在合同签订和履行过程中有欺诈行为为由，仅支持了环盾公司无异议部分的直接费用12 097 423.01元，而对间接费、税金、利润等均未予以支持不当。检察机关关于本案应当保护环盾公司整体工程造价（包括直接费、间接费、利润及税金）的抗诉意见成立，予以支持。原一、二审判决适用法律不当，应予纠正。经山东省高级人民法院审判委员会研究决定，依照《中华人民共和国民事诉讼法》第一百五十三条第一款第（二）项，第一百八十六条第一款之规定，判决：一、撤销山东省济南市中级人民法院（2008）济民五终字第44号民事判决与山东省济南市历城区人民法院（2006）历城民商初字第825号民事判决；二、永君公司于本判决生效10日内偿付给环盾公司工程款3 819 368.49元（鉴定的工程造价15 772 204.01元－已支付的11 952 835.52元）。一审案件受理费32 770元，由环盾公司负担16 385元，永君公司负担16 385元；财产保全费23 520元，由环盾公司负担；鉴定费13万元，由环盾公司负担9万元，永君公司负担4万元。二审案件受理费32 770元，由环盾公司负担16 385元，永君公司负担16 385元。

永君公司不服该判决，向本院申请再审称，一、环盾公司并非是施工人，从涉案项目的投标到合同的签订、履行，始终都是石忠义、刘文栋冒用“中国第九冶金建筑公司第五分公司”资质，使用虚假公章，属于严重欺诈行为，这是造成工程施工合同无效的根本原因。在山东省高级人民法院再审期间，永君公司曾申请对三份合同是否是同一天签订申请鉴定，但山东省高级人民法院未予采纳，属于程序不当。二、988万元是涉案工程的真实价款，应参照该988万元的施工合同进行工程结算。山东省高级人民法院采纳定额价结算方式的鉴定报告，存在误算、多算的问题，对工程造价类别划分界定错误，将二类工程按照一类工程计取费率。即使本案采用司法审价也只能采用市场价结算方式的鉴定结论。三、涉案工程并没有经过竣工验收，山东省高级人民法院依据被申请人伪造的证据认定涉案工程经验收工程质量合格，显然属于事实认定错误。四、退一步讲，本案即使采用定额结算方式的鉴定结论，应仅支持直接费，而对于间接费、利润和税金则不应支持。五、原一、二审和原再审法院采纳的定额价鉴定报告本身就存在严重的硬伤。综上，请求撤销山东省高级人民法院（2008）鲁民提字第304号民事判决，驳回环盾公司的诉讼请求。

环盾公司辩称，原再审判决认定事实清楚，适用法律正确，应予维持。

本院再审查明的事实与原审判决认定的事实一致。

本院再审认为，本案争议的焦点问题是：1. 环盾公司是否是涉案工程的实际施工人；2. 涉案工程施工合同的效力认定；3. 涉案工程价款的确定依据。

一、关于环盾公司是否是涉案工程的实际施工人的问题。

本院认为，首先，虽然从本案建设工程施工合同的形式看，承包人为第九冶金建设公司第五分公司，与环盾公司并无直接的法律关系，从本案建设工程施工合同的内容看，也没有约定与环盾公司有关的权利义务内容，但是，环盾公司提供了中国网通齐河分公司书证，证明上述施工合同乙方（承包方）一栏记载的电话0534－5676388、0534－5676999均是环盾公司办公电话。其次，环盾公司提供的提货单证明永君公司抵顶工程款的钢材均运送到环盾公司；环盾公司的财务记账凭证、外联单位的收款收据、发票等证据能够证明支付给涉案工程外联单位的各种款项由环盾公司支付；环盾公司法定代表人刘文栋还以“第九冶金建筑公司第五分公司”名义与案外人山东英格利实业有限公司签订的用于“济南永君钢铁公司轧钢厂房”工程预拌混凝土供需合同。再次，环盾公司法定代表人刘文栋与永君公司工作人员刘泽洪签订的一份证明，证明称永君公司发包给“第九冶金建筑公司第五分公司”承建的30万吨棒线材轧钢厂、加热炉厂房及翼缘板轧钢工程的施工地点已由济南市工业北路68号改为董家镇机场路谢家屯村西。最后，环盾公司持有双方争议工程的施工合同、施工技术资料，收取了永君公司供应的工程用钢材及永君公司支付的工程价款。因此，原一、二审和认定环盾公司是涉案工程的实际施工人并无不当。永君公司提出的主张环盾公司不是实际施工人的申请再审理由不成立，本院不予支持。

二、关于涉案工程施工合同的效力问题。

本院认为，根据原一、二审查明的事实和证据，能够证明承包人“第九冶金建筑公司第五分公司”系环盾公司工作人员假冒中国第九冶金建设公司第五工程公司的企业名称和施工资质承包涉案工程，环盾公司的行为构成欺诈，且违反了建筑法以及相关行政法规关于建筑施工企业应当取得相应等级资质证书后，在其资质等级许可的范围内从事建筑活动的强制性规定。依照《中华人民共和国合同法》第五十二条第（五）项、最高人民法院《关于审理建设工程施工合同纠纷案件适用法律问题的解释》第一条之规定，应当认定环盾公司假冒中国第九冶金建设公司第五工程公司的企业名称和施工资质与永君公司签订的建设工程施工合同无效。永君公司提出的建设工程施工合同无效的主张正确，本院予以支持。

三、关于涉案工程价款的确定依据的问题。

本院认为，第一，本案应当通过鉴定方式确定工程价款。尽管当事人签订的三份建设工程施工合同无效，但在工程已竣工并交付使用的情况下，根据无效合同的处理原则和建筑施工行为的特殊性，对于环盾公司实际支出的施工费用应当采取折价补偿的方式予以处理。本案所涉建设工程已经竣工验收且质量合格，在工程款的确定问题上，按照最高人民法院《关于审理建设工程施工合同纠纷案件适用法律问题的解释》第二条的规定，可以参照合同约定支付工程款。但是，由于本案双方当事人提供了由相同的委托代理人签订的、签署时间均为同一天、工程价款各不相同的三份合同，在三份合同价款分配没有规律且无法辨别真伪的情况下，不能确认当事人对合同价款约定的真实意思表示。因此，该三份合同均不能作为工程价款结算的依据。一审法院为解决双方当事人的讼争，通过委托鉴定的方式，依据鉴定机构出具的鉴定结论对双方当事人争议的工程价款作出司法认定，并无不当。

第二，本案不应以定额价作为工程价款结算依据。一审法院委托实信造价公司进行鉴定时，先后要求实信造价公司通过定额价和市场价两种方式鉴定。2007 年 1 月 19 日，实信造价公司出具的鲁实信基鉴字〔2006〕第 006 号鉴定报告载明，采用定额价结算方式认定无异议部分工程造价为 15 772 204.01 元，其中直接工程费和措施费合计 12 097 423.01 元，有异议部分工程造价为 39 922.82 元。一、二审判决以直接工程费和措施费合计 12 097 423.01 元作为确定工程造价的依据；山东省高级法院再审判决则以无异议部分 15 772 204.01元作为工程造价。首先，建设工程定额标准是各地建设主管部门根据本地建筑市场建筑成本的平均值确定的，是完成一定计量单位产品的人工、材料、机械和资金消费的规定额度，是政府指导价范畴，属于任意性规范而非强制性规范。在当事人之间没有作出以定额价作为工程价款的约定时，一般不宜以定额价确定工程价款。其次，以定额为基础确定工程造价没有考虑企业的技术专长、劳动生产力水平、材料采购渠道和管理能力，这种计价模式不能反映企业的施工、技术和管理水平。本案中，环盾公司假冒中国第九冶金建设公司第五工程公司的企业名称和施工资质承包涉案工程，如果采用定额取价，亦不符合公平原则。再次，定额标准往往跟不上市场价格的变化，而建设行政主管部门发布的市场价格信息，更贴近市场价格，更接近建筑工程的实际造价成本。此外，本案所涉钢结构工程与传统建筑工程相比属于较新型建设工程，工程定额与传统建筑工程定额相比还不够完备，按照钢结构工程造价鉴定的惯例，以市场价鉴定的结论更接近造价成本，更有利于保护当事人的利益。最后，根据《中华人民共和国合同法》第六十二条第（二）项规定，当事人就合同价款或者报酬约定不明确，依照合同法第六十一条的规定仍不能确定的，按照订立合同时履行地的市场价格履行；依法应当执行政府定价或者政府指导价的，按照规定履行。本案所涉工程不属于政府定价，因此，以市场价作为合同履行的依据不仅更符合法律规定，而且对双方当事人更公平。

第三，以市场价进行鉴定的结论应当作为定案依据。实信造价公司根据一审法院的委托又以市场价进行了鉴定，并于2007年9月26日出具的造价鉴定补充说明（二）指出，涉案工程综合单价每平方米388.35元，工程总造价11 355 354元。一审法院认为，实信造价公司按市场价结算方式出具的鉴定结论主要是以山东鲍德永君翼板有限公司委托山东正诺工程造价咨询有限公司所作的鲁正基审字（2004）第0180号《关于山东鲍德永君翼板有限公司钢结构厂房工程结算的审核报告》为鉴定依据，而该报告委托主体不是合同双方当事人，该报告所涉452万元的施工合同是无效合同，且该鉴定结论缺乏较充分的工程同期材料、人工、机械等工程造价主要构成要素的市场价格资料作依据。但是，实信造价公司于2007年8月10日出具的补充说明（一）已经明确载明，鲁正基审字（2004）第0180号造价咨询报告中的综合单价388.35元，比较符合当时的市场情况。对于这一鉴定结论，双方当事人均未提供充分证据予以反驳。《关于山东鲍德永君翼板有限公司钢结构厂房工程结算的审核报告》委托主体是否为本案合同双方当事人，以及该报告所涉452万元施工合同是否有效，均不影响对综合单价每平方米388.35元的认定。一、二审和原再审判决对以市场价出具的鉴定结论不予采信的做法不当，应予纠正。本案所涉工程总面积为29 240平方米，故工程总造价按市场价应为11 355 354元。鉴于永君公司已经支付工程款11 952 835.52元，永君公司在一审判决后没有上诉；二审维持一审判决后，永君公司亦没有提出申请再审，因此，本案工程总造价可按一审确定的12 097 423.01元，作为永君公司应当支付的工程款项。

综上所述，永君公司申请再审的理由成立，原再审判决认定事实不当，应予纠正。依照《中华人民共和国民事诉讼法》第一百五十三条第一款第（二）项、第（三）项，第一百八十六条第一款之规定，判决如下：

一、撤销山东省高级人民法院（2008）鲁民提字第304号民事判决；

二、维持济南市中级人民法院（2008）济民五终字第44号民事判决和济南市历城区人民法院（2006）历城民商初字第825号民事判决。

一审案件受理费32 770元，由齐河环盾钢结构有限公司负担28 370元，济南永君物资有限责任公司负担4400元；财产保全费23 520元，由齐河环盾钢结构有限公司负担；鉴定费13万元，由齐河环盾钢结构有限公司负担9万元，济南永君物资有限责任公司负担4万元。二审案件受理费32 770元，由齐河环盾钢结构有限公司负担。

本判决为终审判决。

金坛市建筑安装工程公司与大庆市庆龙房地产开发有限公司建设工程结算纠纷案①

【裁判要旨】

在审理建设工程施工合同纠纷案件中，一审法院针对发包人和承包人就已完工程总造价、材料分析退价、不合格工程返修费用等事项产生的争议，基于当事人申请，分别委托鉴定机构就上述事项进行鉴定，经一审法院组织质证后，当事人对上述鉴定结论仍有异议提起上诉，经二审庭审补充质证，当事人对上述鉴定结论没有提出充分的相反证据和反驳理由的，可以认定上述鉴定结论的证明力。

【案情】

上诉人（原审原告、反诉被告）：金坛市建筑安装工程公司。

上诉人（原审被告、反诉原告）：大庆市庆龙房地产开发有限公司。

上诉人金坛市建筑安装工程公司（以下简称金坛公司）与上诉人大庆市庆龙房地产开发有限公司（以下简称庆龙公司）建设工程结算纠纷一案，黑龙江省高级人民法院于2004年6月25日作出（2000）黑民初字第12号民事判决，于2004年10月14日作出（2000）黑民初字第12号民事裁定对该判决进行了补正。金坛公司和庆龙公司均对该判决不服，向本院提起上诉。本院依法组成合议庭，于2005年3月3日公开开庭审理了本案。金坛公司的委托代理人朱建岳，庆龙公司的委托代理人刘海龙、栾志勤到庭参加了诉讼。本案现已审理终结。

一审法院经审理查明：1999年4月13日，庆龙公司与金坛公司签订《建设工程施工合同》。该合同第一条约定：庆龙公司将大庆商城超市（其中包括28层商住楼、20层商业银行楼、4层裙房超市）工程发包给金坛公

---

① 案例来源：《最高人民法院公报》2007年第7期。

司施工，建筑面积145 000平方米；承包范围为土建、水电、采暖、通风及附属工程；承包方式为包工包料；开工时间为1999年4月20日，竣工时间为2001年12月30日；工程质量为优良。该合同第六条约定：合同价款按黑龙江省大庆市现行定额及其有关取费规定执行，合同价款按实际发生的工程量增减进行调整，取费标准按一类工程取费，临时设施由庆龙公司提供；合同签订后，庆龙公司付给金坛公司400万元，主体完成至一层付30%，主体完成后付25%，交付后付40%（扣除400万元预付款），余款5%作为质量保修金，一年内付清。如资金不到位而影响工期，由庆龙公司负责。该合同第七条约定：庆龙公司提供材料必须保质保量送至现场，经金坛公司验收签证为结算依据。该合同第十一条约定：主体材料凡庆龙公司有能力提供的按定额价提供至施工现场，并按金坛公司要求时间按时提供，由于材料供应不及时，影响工期由庆龙公司负责；该工程由庆龙公司负责办理全部施工审批手续，边设计边施工；由于庆龙公司把该工程的商城超市售给哈尔滨华侨经贸集团公司，因此，该工程只能分期交付，交付四层（商场裙房部分）的时间为1999年10月30日，为保证交付时间，该工程1999年4月15日必须开工，如1999年4月15日不能开工，则工期顺延；金坛公司垫资的1000万元保证金，庆龙公司在1999年10月30日还给金坛公司。庆龙公司代收代缴一切政策性上缴的费用。工程造价高层下浮9%，裙房下浮8%（扣除计划利润、管理费、税金）。

1999年6月8日，双方签订《修改建设工程施工合同协议条款》（以下简称《补充协议》）约定：金坛公司将每月实际完成的工作量，按大庆市预算定额作出预算，每月25日报监理部、工程指挥部，审批后扣除庆龙公司所供的材料价款及机械费、台班费，每月30日拨给金坛公司工程款的80%，留5%作为工程保证金，余款在竣工后付给金坛公司；金坛公司不计取临时设施费；所有材料均由庆龙公司提供，按大庆市预算定额价结算；工程所需塔吊、混凝土泵由庆龙公司提供，金坛公司不再计取机械费及机械台班费；庆龙公司代收代缴一切政策性上缴费用，在工程决算中扣回。

庆龙公司于1999年3月17日取得争议工程的国有土地使用证，1999年5月21日取得建设工程施工许可证，1999年5月24日取得建设用地规划许可证。金坛公司为工业与民用建筑一级企业。

1999年11月15日，金坛公司施工的大庆商城超市工程完工。1999年11月底，银行楼施至15层顶板时双方发生纠纷，金坛公司撤出工地。庆龙公司将28层商住楼从计划中取消，争议全部工程实际建筑面积为96 000平方米，其中的桩基础由庆龙公司另行发包。庆龙公司已给付金坛公司工程款13 352 000元。经对账，双方认可由金坛公司施工的附属工程价款为495

000 元。

2000 年 4 月 16 日，金坛市第三建筑安装工程公司北京公司下发坛三建京字（2000）第 3 号任免通知，内容为：因工作需要，经公司研究决定，免去景国庆庆龙公司工程项目部经理的职务，负责配合徐锁庆做好与庆龙公司的善后工作。同日，金坛市第三建筑安装工程公司北京公司下发坛三建京字（2000）第 4 号任命书，内容为：因工作需要，经公司研究决定，任命徐锁庆为庆龙公司工程项目部经理，全权负责与庆龙公司（超市商城）工程的收尾工作，包括整个工程的结算、收款、人事安排、材料和机具的调配、租赁以及庆龙公司后期工程的承接工作。2001 年 1 月 21 日，徐锁庆以金坛公司名义与庆龙公司形成 2000 年金坛公司承担施工劳务工程结算书，结论为：2000 年金坛公司完成土建工程费用为 3 074 580. 37 元。2000 年徐锁庆在庆龙公司预借工程款 7 228 775 元。

一审审理期间，根据当事人申请，一审法院于 2001 年 3 月 13 日、2001 年 4 月 28 日、2001 年 6 月 5 日、2003 年 9 月 5 日分别委托有关鉴定机构对争议工程的工程造价、未报验不合格的工程量、材料款退价进行鉴定及对证据进行保全。

金坛公司提出书面申请，要求对由其承建的大庆商城超市工程及附属工程造价进行鉴定。黑龙江省高级人民法院司法鉴定中心（以下简称鉴定中心）对大庆商城超市工程及附属工程造价进行鉴定，结论为：（一）大庆商城超市及高层工程造价为 56 103 764. 68 元。（二）待定部分合计3 608 045. 76 元，其中劳动保险基金 1 561 292. 73 元、税金 2 046 753. 03 元。水电部分原鉴定认定完成 7 根电缆，金坛公司提出完成 21 根电缆，因鉴定机构无法区分 1999 年和 2000 年施工界限，故请法庭调查处理。7 根电缆工程费用为 208 067. 79 元；21 根电缆工程费用为 1 916 565. 27 元。附属工程因双方均未提供计算依据，无法进行鉴定。

庆龙公司提出书面申请，要求对由金坛公司承建的大庆商城超市工程未报验不合格的工程量进行鉴定，对超市工程 4 层及 B 区 18 楼层已完工程进行勘验，对丽宫新世纪、丽宫名店及 B 区商业银行 16 – 21 层未完工程进行证据保全。鉴定中心对由金坛公司承建的未报验不合格的工程量进行了鉴定，结论为："1999 年施工工程：1. 由庆龙公司及黑龙江宏业工程建设监理有限责任公司确认的不合格工程项目：内墙抹灰返修费用为 169 847. 10 元；消防喷淋工程费用为 949 514 元。2. 庆龙公司及黑龙江宏业工程建设监理有限责任公司确认的不合格工程项目，由黑龙江省第一建筑工程公司大庆六处 B 栋项目经理部返工维修工程：超市 B 区银行地面维修费用为 42 810 元；超市 B 区银行墙面维修费用为 602 408 元。2000 年施工工程：1. 鉴定人员现场勘察，大庆市工程质量监督站确认的不合格工程项目，由黑龙江省第一建筑工程公司大庆六处B栋项目经理部返工维修的工程：C、D栋外墙理石、外墙砖所需维修费用为785 935元。2. 大庆市工程质量监督站确认的不合格工程项目，由黑龙江省第一建筑工程公司大庆六处B栋项目经理部返工维修的工程：A、B栋地下室防水所需维修费用为404 232元。3. 金坛公司及黑龙江宏业工程建设监理有限责任公司确认的不合格工程项目，由黑龙江省第一建筑工程公司大庆六处B栋项目经理部返工维修的工程：C、D栋地面返修费用为527 310元。C、D栋电气修补工程返修费用为15 542元。4. 金坛公司及黑龙江宏业工程建设监理有限责任公司确认的不合格工程项目：C、D栋水暖修补工程费用为14 051元。5. 庆龙公司及黑龙江宏业工程建设监理有限责任公司确认的不合格工程项目，由黑龙江省第一建筑工程公司大庆六处B栋项目经理部返工维修费用为：C、D栋屋面防水返修费用为325 706元；超市B区银行地面维修费用为142 467元。"

因双方对1999年由庆龙公司为金坛公司提供的材料进行退价问题协商不成，双方共同指定黑龙江中信会计师事务所有限责任公司进行分析退价，结论为：A、C、D区（裙房）和B区高层工程土建部分材料总价款为27 614 917.05元。按照合同约定工程造价高层（B区）下浮9%、裙房（A、C、D区）下浮8%（扣除计划利润、管理费、税金），其下浮后材料总价款为25 355 275.27元。水电部分因双方均未提供1999年大庆定额标准，鉴定机构对此无法鉴定。庆龙公司为金坛公司提供的水电部分材料款，由金坛公司签字票据上载明的单价合计7 342 506.54元。

金坛公司向一审法院起诉称，双方于1999年4月13日和1999年6月8日，分别签订了《建设工程施工合同》及《补充协议》。双方约定：金坛公司为庆龙公司承建大庆商城超市工程，工程造价下浮8%，临时设施由庆龙公司提供；金坛公司垫资的1000万元作为工程保证金，庆龙公司于1999年10月30日归还；金坛公司每月将实际完成的工程量，按大庆市预算定额作出预算，每月25日报监理部、工程指挥部，审批后扣除庆龙公司提供的材料预算价款及机械费、台班费，每月30日按工程款的80%拨给金坛公司。合同签订后，金坛公司保质保量地完成了土建、水暖、电照、消防等工程，并按约定将每月完成的工程量报监理审批，合计工程款7872万元，扣除庆龙公司提供的材料、机械使用等费用及工程造价下浮8%，庆龙公司应向金坛公司支付工程款3577万元。按约定庆龙公司应向金坛公司支付80%的工程进度款28 616 000元，扣除庆龙公司已付工程款1158万元，尚欠工程款17 036 000元至今。另外庆龙公司拒不返还工程保证金1000万元，并扣押金坛公司的机械设备及周转材料总价值为300万元。为此，请求依法判令庆龙公司给付金坛公司80%的工程进度款17 036 000元；返还工程保证金1000万元；支付机械设备租赁费及周转材料款300万元。

一审庭审过程中，金坛公司变更诉讼请求为：1. 庆龙公司支付工程进度款1836万元；2. 庆龙公司返还工程保证金1000万元；3. 庆龙公司返还周转材料并支付租赁费150万元；4. 庆龙公司负担本案全部诉讼费用。

一审法庭辩论结束后，金坛公司又将诉讼请求调整为：1. 庆龙公司给付1999年由金坛公司为其施工部分的全部工程款及利息（利息自2000年10月1日起至生效判决确定的给付之日止，按中国人民银行1年－3年贷款利率计算），并对上述工程款请求以拍卖工程价款优先受偿；2. 庆龙公司返还由金坛公司垫付的借款1000万元并支付逾期还款利息（自1999年11月16日起至生效判决确定的给付之日止，按中国人民银行1年－3年贷款利率计算）；3. 庆龙公司返还借用的4355.56平方米钢模板、1066米钢角模和19 600只扣件。

庆龙公司答辩称，金坛公司的诉讼请求不应得到支持。1. 金坛公司诉称由其完成的土建、水暖、电照、消防等工程，合计工程款7872万元与事实不符。根据金坛公司1999年所完成的实际工程量测算，金坛公司应得工程款不足5200万元，庆龙公司已支付工程款1335万元，供应材料折款5000万元以上，支付生活费100万元以上。庆龙公司既未拖欠工程进度款，也不欠其他工程款项。2. 金坛公司违约在先，根据双方合同约定，金坛公司应交付工程保证金3000万元，而金坛公司仅履行1000万元，属保证金违约。1999年10月30日前，金坛公司应将大庆商城超市工程交付庆龙公司，但金坛公司未在规定的期限内交工，属工期违约。大庆商城超市工程属华联公司定建工程，因金坛公司违约，致使该工程不能按期交付给定建方，导致定建合同解除。金坛公司应给予赔偿，赔偿金额已超过金坛公司提供的1000万元保证金。3. 金坛公司作为施工单位应自备和租赁施工设备，金坛公司索要的工程款中已包括了机械费和取费，现又要求庆龙公司承担租赁费用无事实及法律依据。1999年工程尚未竣工，双方合同并未解除，金坛公司提出庆龙公司扣留其周转材料无事实依据。对金坛公司在法庭辩论结束后调整的诉讼请求，庆龙公司不进行答辩。

庆龙公司反诉称，双方签订《建设工程施工合同》、《补充协议》，约定大庆商城超市工程由金坛公司承建，并应于1999年10月30日交工。但实际施工的是金坛市第三建筑工程公司，因该公司不具备履约能力，给庆龙公司造成直接损失高达3700万元，扣除金坛公司提供的1000万元保证金，尚有2700万元的损失应由金坛公司赔偿。鉴于工程尚未完工，部分损失目前无法计算，庆龙公司暂时要求金坛公司赔偿损失500万元。根据金坛公司

1999 年实际完成的工程量，工程款应为 5281 万元，庆龙公司已直接给付工程款 1335 万元，给付生活费 65 万元，提供工程材料折款 5039 万元，庆龙公司实际已多支付工程款 10 017 000元。鉴于争议工程双方尚未进行决算，庆龙公司请求金坛公司返还多付工程款 500 万元。反诉费用由金坛公司全部负担。

一审诉讼期间，庆龙公司增加反诉请求：1. 根据《建设工程施工合同》约定，合同期限自 1999 年 4 月 15 日至 2001 年 12 月 30 日，金坛公司在未通知庆龙公司的情况下，于 2001 年 4 月 21 日撤离施工现场，给庆龙公司造成巨大损失，庆龙公司以书面形式通知金坛公司继续履行合同，但金坛公司拒不履行，故请求判令金坛公司继续履行合同。2. 2000 年 11 月，金坛公司为索要工程进度款向一审法院提起本案诉讼。法院审理期间，庆龙公司根据金坛公司的要求，共计给付对方工程款 7 228 775 元，在此期间金坛公司实际施工应得工程款为 3 074 580. 37 元，庆龙公司实际多支付工程款4 154 194. 63 元。金坛公司在庆龙公司多付工程款后，擅自撤走施工队伍，导致合同无法履行，金坛公司应承担赔偿责任，请求金坛公司赔偿因毁约给庆龙公司造成的损失 500 万元。3. 诉讼费用由金坛公司负担。

金坛公司针对庆龙公司的反诉答辩称，庆龙公司要求赔偿 500 万元损失无事实依据，金坛公司按照约定进行施工，不存在违约。庆龙公司是否超付工程款，待工程造价鉴定结论作出后，不辩自明。庆龙公司不按约定支付工程款，导致合同无法履行，金坛公司有权停止施工、解除合同，因停工、解除合同造成的损失应由庆龙公司承担。综上，庆龙公司反诉无据，不应得到支持，反诉费用应由庆龙公司负担。

围绕着本诉、反诉的争议内容，双方各自提供了相关证据，一审法院组织双方进行了质证。

【裁判结果】

一审法院经审理认为，（一）关于庆龙公司主张金坛公司应交付工程保证金 3000 万元，而其仅履行 1000 万元及垫资 1000 万元工程保证金是否应返还金坛公司的问题。金坛公司垫资 1000 万元工程保证金后，庆龙公司为其出具收据“并注明还款日期 1999 年 11 月 25 日”。双方对约定由金坛公司垫资 1000 万元工程保证金均无异议，应认定该垫资 1000 万元工程保证金实为借款。该借款未附任何条件，故庆龙公司应予返还。

（二）关于金坛公司请求庆龙公司支付机械设备租赁费及周转材料款 150 万元的问题。根据《补充协议》约定，工程所需塔吊、混凝土泵由庆龙公司提供，金坛公司不再计取机械费及机械台班费。双方同时还约定，金坛公司因施工管理技术人员、工人、脚手架、铁支撑、钢模板不到位，不按工程所需用量提前进场，影响工期，造成的经济损失均由金坛公司负责。因双方并未约定由庆龙公司支付金坛公司机械设备租赁费及周转材料款，故金坛公司的此项请求不予支持。

（三）关于对金坛公司调整后的诉讼请求应否进行审理的问题。金坛公司将原诉讼请求在法庭辩论结束后进行调整，根据《中华人民共和国民事诉讼法》第一百二十六条及最高人民法院《关于适用〈中华人民共和国民事诉讼法〉若干问题的意见》第156条的规定，案件受理后，法庭辩论结束前，金坛公司增加的诉讼请求及庆龙公司提出的反诉，可以合并审理。但金坛公司在法庭辩论结束后又变更诉讼请求，庆龙公司对此提出异议，故对该变更后的诉讼请求不予审理。

（四）关于工期是否应顺延及庆龙公司反诉请求金坛公司赔偿损失的问题。根据《建设工程施工合同》约定，大庆商城超市工程1999年4月15日必须开工，如不能开工则工期顺延。金坛公司提交了由庆龙公司签字盖章的开工报告，开工日期为1999年5月15日。庆龙公司对此有异议，但未能提供相应证据予以证实，因此，“应认定开工日期为1999年5月15日，工期应顺延至1999年11月25日。”金坛公司如期完成大庆商城超市工程，庆龙公司主张金坛公司承担逾期交工的违约责任，不能支持。庆龙公司申请对由金坛公司承建的未报验不合格的工程量进行鉴定，结论为1999年及2000年由金坛公司承建的工程返修、维修费用合计3 979 822.10元。双方约定工程质量等级应为优良，虽尚属于未完工程，但庆龙公司主张金坛公司给付因工程质量不合格返修、维修费用，应予支持。不合格工程返修、维修费用应从庆龙公司给付金坛公司的工程款中扣除。

（五）关于代收代缴政策性费用问题。双方约定由庆龙公司代收代缴一切政策性费用，在工程决算中扣回。因此，应认定劳动保险基金1 561 292.73元、税金2046 753.03元合计3 608 045.76元，由庆龙公司代收代缴，金坛公司不应计取此费用，此费用应从庆龙公司给付金坛公司的工程款中扣除。

（六）关于庆龙公司反诉请求金坛公司赔偿单方撕毁合同给其造成损失问题。庆龙公司未按约定支付金坛公司400万元工程款及返还金坛公司垫资1000万元工程保证金，庆龙公司违约在先。庆龙公司提供其与大庆市鑫城物业管理有限公司签订的供暖协议及中国银行大庆市分行业务部的证明，请求金坛公司赔偿庆龙公司支付未完工程一年供暖费450万元及因金坛公司违约，致使庆龙公司不能按期偿还银行贷款造成的额外利息6 043 000元。但庆龙公司未提供交纳供暖费收据，该供暖协议并不能证明供暖费用已经实际发生，对此损失不予认定。中国银行大庆市分行业务部的证明，证实大庆美固建材有限公司1999年–2000年支付贷款利息6 043 000元，并未证明支付的是额外利息，也不能证实庆龙公司是该项贷款的借款人，因此，对庆龙公司此项请求不能支持。

（七）关于庆龙公司主张由金坛公司施工的1999年工程与2000年工程应统一进行结算及金坛公司应退还多领工程款4 154 194.63元的问题。1999年11月底金坛公司撤出施工工地后，2000年4月16日，虽然由金坛市第三建筑安装工程公司北京公司下发任免通知，但通知内容为由景国庆负责配合徐锁庆做好与庆龙公司的善后工作，并由徐锁庆全权负责与庆龙公司（超市商城）工程的收尾工作。根据该任免通知景国庆与徐锁庆进行了交接，应认定金坛公司已认可金坛市第三建筑安装工程公司北京公司继续施工，徐锁庆的行为代表金坛公司，徐锁庆以金坛公司名义与庆龙公司形成的2000年劳务工程结算书应予认定。因此，2000年徐锁庆在庆龙公司预借工程款7 228 775元，扣除庆龙公司应给付劳务费3 074 580.37元，庆龙公司主张金坛公司应返还多支付工程款4 154 194.63元，应予支持。但两年工程应按21根电缆计算，用21根电缆费用1 916 565.27元，减去7根电缆费用208 067.79元，庆龙公司应给付金坛公司电缆费用为1 708 497.48元。

（八）关于1999年由庆龙公司为金坛公司提供的材料，是按照大庆市现行定额计算，还是按照供料单上的单价计算及退价的问题。根据双方约定，对1999年金坛公司在庆龙公司领用材料用于争议工程的，应按照大庆市现行定额计算总造价；对于超出定额用量部分的材料款，应按市场价计算总价款。黑龙江中信会计师事务所有限责任公司经鉴定得出1999年由庆龙公司为金坛公司提供的土建部分材料款应为25 355 275.27元的结论，应予采信。水电部分因双方均未提供1999年水电部分大庆定额标准，鉴定机构无法鉴定，双方当事人对此又协商不成，因此，庆龙公司为金坛公司提供的水电部分材料，按金坛公司签字认可的票据上所载明的共计7 342 506.54元确定。庆龙公司应在给付金坛公司的工程款中扣除材料款合计32 697 781.81元。庆龙公司主张由其提供给金坛公司的材料全部按照票据载明的数额进行退价，不能支持。

（九）关于庆龙公司请求金坛公司继续履行合同问题。金坛公司撤出工地后，2001年6月，庆龙公司已将未完工程发包给案外人黑龙江省第一建筑工程公司。庆龙公司主张金坛公司继续履行合同已不可能，对此项请求不予支持。

综上，《建设工程施工合同》及《补充协议》系双方真实意思表示，不违反法律规定，应认定有效。依据《中华人民共和国民法通则》第一百零六条第一款、第一百零八条、第一百一十一条及《中华人民共和国合同法》第二百六十九条、第二百七十五条、第二百八十一条之规定，判决：（一）

解除庆龙公司与金坛公司1999年4月13日签订的《建设工程施工合同》及1999年6月8日签订的《补充协议》;(二)判决生效后30日内,庆龙公司返还金坛公司垫资1000万元工程保证金;(三)判决生效后30日内,庆龙公司给付金坛公司工程款11 724 014.96元的80%,即9 379 211.97元(工程总造价56 103 764.68元+附属工程款495 000元+劳务费3 074 580.37 75 +电缆费用1 708 497.48元-已付工程款13 352 000元-材料退价款32 697 781.81元-劳动保险基金1 561 292.73元-税金2 046 753.03元);(四)判决生效后30日内,金坛公司给付庆龙公司工程返修、维修费3 979 822.10元;(五)判决生效后30日内,金坛公司返还庆龙公司多支付工程款4 154 194.63元;(六)金坛公司、庆龙公司的其他诉讼请求均不予支持。以上(二)、(三)、(四)、(五)项合计计算后,庆龙公司应给付金坛公司11 245 195.24元。案件受理费160 160元,由金坛公司负担56 856.80元,庆龙公司负担103 303.20元;反诉费85 010元,金坛公司负担46 075.42元,庆龙公司负担38 934.58元;鉴定费305 000元,金坛公司负担60 000元,庆龙公司负担245 000元;保全费20 000元,金坛公司负担10 000元,庆龙公司负担10 000元。

2004年10月14日,一审法院以原判决书中计算上存在笔误应予补正为由作出(2000)黑民初字第12号民事裁定。具体内容如下:(一)原判决书中第32页上数第五行至第十行“三、本判决生效后30日内,庆龙公司给付金坛公司工程款11 724 014.96元的80%,即9 379 211.97元(工程总造价56 103 764.68元+附属工程款495 000元+劳务费3 074 580.37元+电缆费用1 708 497.48元-已付工程款13 352 000元-材料退价款32 697 781.81元-劳动保险基金1 561 292.73元-税金2 046 753.03元)”的内容,现补正为:“三、本判决生效后30日内,庆龙公司给付金坛公司工程款503 262.02元(工程总造价56 103 764.68元×80%+附属工程款495 000元+劳务费3 074 580.37元+电缆工程费用1 708 497.48元-已付工程款13 352 000元-材料退价款32 697 781.81元-劳动保险基金1 561 292.73元-税金2 046 753.03元)”;(二)原判决书中第32页上数第十七行至第十八行“以上二、三、四、五项合计计算后,庆龙公司应给付金坛公司11 245 195.24元”的内容,现补正为:“以上二、三、四、五项合计计算后,庆龙公司应给付金坛公司2 369 245.29元”;(三)原判决书中第32页上数第十九行至第33页上数第二行“案件受理费160 160元,由金坛公司负担56 856.80元,由庆龙公司负担103 303.20元;反诉费85 010元,由金坛公司负担46 075.42元,由庆龙公司负担38 934.58元;鉴定费305 000元,由金坛公司负担60 000元,由庆龙公司负担245 000元;保全费20 000

元，由金坛公司负担10 000元，由庆龙公司负担10 000元”的内容，现补正为：“案件受理费160 160元，由金坛公司负担104 104元，由庆龙公司负担56 056元；反诉费85 010元，由金坛公司负担46 075.42元，由庆龙公司负担38 934.58元；鉴定费305 000元，由金坛公司负担167 500元，由庆龙公司负担137 500元；保全费20 000元，由金坛公司负担10 000元，由庆龙公司负担10 000元。”

金坛公司和庆龙公司均不服一审判决及裁定，向本院提起上诉。

金坛公司上诉称，一审判决及裁定认定事实错误，应予纠正。主要理由：（一）一审法院对劳动保险基金和税金处理不当。一审法院未将劳动保险基金和税金（两项合计3 608 045.76元）计入工程造价已属错误，在庆龙公司未提供任何实际代收代缴合法票据的情况下，又判决从未包含劳动保险基金和税金的56 103 764.68元工程款中扣除3 608 045.76元，直接导致金坛公司少得7 216 091.52元。（二）水电材料退价处理有欠公正。1999年工程造价鉴定结论中，水电部分的总造价为4 478 674.18元，系鉴定机构依双方合同约定按定额标准计算得出的，在计算水电材料退价时也应当按此定额标准。但一审法院却以无定额标准无法计算为由，直接按供货凭证载明的金额7 342 506.54元认定，不符合合同约定，也有失公平。（三）关于工程返修和维修费处理不当。一审法院将大量无效且未经质证的证据，直接作为计算工程返工和维修费用的依据，金坛公司除同意169 847.10元内墙抹灰翻修费用外，其他均不予认可。（四）认定庆龙公司多支付工程款的判项错误。庆龙公司主张已多支付工程款，却一直未能提供有效证据，故一审法院判决自庆龙公司应给付金坛公司的款项中扣除多支付工程款4 154 194.63元无事实和法律依据。（五）工程进度款计算存在错误。因一审计算方法错误，导致金坛公司在本案中应得的价款大幅减少。（六）金坛公司最后一次变更诉讼请求时一审法庭辩论尚未终结，一审法院对变更后的诉讼请求不予审理，程序违法。据此请求：1. 除保留一审判决第一、二项外，撤销一审判决和裁定的其他部分，依法改判庆龙公司向金坛公司支付价款26 851 013.89元（含工程价款16 851 013.89元和保证金1000万元）及相应利息。2. 由庆龙公司承担一审诉讼费、鉴定费、保全费和二审诉讼费。

二审审理期间，金坛公司就其上诉理由中提到的一审法院未支持其于一审法庭辩论终结前所变更的诉讼请求系程序违法一事，明确表示予以放弃。

庆龙公司上诉称，一审未查明金坛公司违约行为，判决认定事实不清，判决结果错误。主要理由：（一）一审法院对金坛公司与庆龙公司何方违约的认定错误。实际情况是庆龙公司全面且超约定地履行了合同义务，无任何违约行为。而金坛公司违反合同约定，未能按约定期限交付定建工程，擅自撤离工地，已构成违约，理应承担违约责任。一审法院无视存在未完工程的情况，认为金坛公司完全履行了合同，属于对事实认定不清。非但工程未完工，就是已完工部分亦因存在重大质量隐患而必须返工，返修费用经鉴定高达390余万元。一审法院对金坛公司的上述违约行为均未认定，反而认为庆龙公司违约在先、金坛公司未构成违约，显属不当。（二）一审法院对若干款项的认定及计算存在错误，应予纠正。其中主要问题有：1. 工程进度款。一审法院对金坛公司的诉讼请求认识有误。金坛公司在2000年9月29日起诉状中请求的工程进度款为17 036 000元，2001年2月5日变更诉讼请求改为1386万元，而判决书中竟然认定为1836万元，比金坛公司主张的数额还多出450万元。2. 电缆造价。关于电缆造价，无论最终认定7根还是21根，单价应当是统一的。而按照一审法院认定7根电缆造价208 067.79元、21根电缆造价为1 916 565.20元计算，7根电缆造价的单价为29 732.97元、21根电缆造价的单价为91 265元，两者单价相差61 542元，21根共相差1 293 882元。争议工程所有材料均由庆龙公司提供，仅有7根电缆为1999年施工应按约定取费，2000年双方协议包清工不涉及取费问题且当年劳务费对方已经全部领走，故一审法院判令庆龙公司应向金坛公司支付电缆费用1 708 497元是错判，应予纠正。3. 关于2000年土建部分劳务费的判令。一审法院认定2000年劳务费为3 074 586.37元的结果虽然正确，但在金坛公司已经多预支4 154 194.63元情况下，还判令庆龙公司再向金坛公司支付3 074 586.37元，显属错误。4. 关于金坛公司从庆龙公司支取的生活费43笔合计653 085元及以两辆车顶款问题。金坛公司对此已经承认，一审判决未予支持不正确。5. 庆龙公司代交纳的工程水电费问题。该笔费用理应由金坛公司承担，一审法院不予认定，属错判。6. 在对材料款的认定上，一审仅采信存在明显错误的鉴定结论，认定材料款为3200万元，比对方自认的还要少。7. 冬施费问题。鉴定机构对1999年冬施费鉴定为85万元，一审法院予以认定缺乏证据。8. 供暖费及逾期银行贷款利息问题。供暖费已实际发生，一审法院却错误地仅以无收据为由不予支持。此外，因金坛公司违约，使庆龙公司额外负担了逾期银行贷款利息，该款项理应由金坛公司承担，一审法院以未注明额外利息为由不支持，缺乏依据。（三）双方争议的工程为大型建设项目，理应由具有甲级工程造价咨询资质的鉴定机构进行造价鉴定，而一审法院委托的鉴定机构受理此项业务范围的资质仅为乙级，根本无权就本案争议工程进行鉴定。一审法院采信该超越资质等级的鉴定机构所做的鉴定结论，才导致对1999年工程总造价及材料款等问题的认定上均出现错误。据此请求：1. 撤销一审判决；2. 驳回金坛公司诉讼请求；3. 支持庆龙公司一审所提反诉请求；4. 案件受理费由金坛公司负担。

庆龙公司上诉请求中要求金坛公司继续履行合同，二审审理期间，庆龙公司明确表示因一审诉讼始于2000年，后来争议工程交由案外第三人施工并已交付使用，故此项请求已无实际意义，予以放弃。

此外，庆龙公司上诉时提出，一审法院就金坛公司从庆龙公司支取生活费43笔合计653 085元及两辆车顶款问题未予认定，存在错误。后庆龙公司承认一审判决中已经予以认定，支持了庆龙公司，故就此问题不再提出主张。

本院经审理查明：庆龙公司提供了相应证据的原件，证明2000年徐锁庆在庆龙公司确实预借工程款7 228 775元，金坛公司对上述原件的真实性予以认可。

另查明，一审期间鉴定机构就1999年工程造价鉴定后，至今未能归还由金坛公司提供的用于鉴定的部分资料的原件。

又查明，7根电缆造价与21根电缆造价单价不相同，系因电缆规格不同所致而非鉴定机构计算错误。

还查明，一审期间，根据当事人申请，一审法院就1999年工程造价、材料分析退价、未报验不合格的工程量等问题分别进行鉴定，三次鉴定均由鉴定中心对外委托鉴定机构，而且所有鉴定结论最终都由鉴定中心与相关鉴定机构以双方名义共同联合出具。负责鉴定1999年工程造价的黑龙江省中龙会计师事务所有限责任公司（以下简称中龙公司），其经营范围内工程造价咨询业务为乙级资质。

再查明，2001年2月5日，金坛公司以书面形式提出变更诉讼请求，将工程进度款数额变更为1836万元而非1386万元。

本院查明的其他事实与一审法院查明的事实相同。

本院认为，双方签订的《建设工程施工合同》及《补充协议》，意思表示真实，合法有效。因合同已经无法继续履行，一审法院依法判决解除合同是正确的。鉴于金坛公司向一审法院起诉主张1999年应得的工程进度款，庆龙公司反诉主张2000年已经多支付工程款及金坛公司1999年、2000年所完成的工程均有质量不合格需返修的项目，并主张金坛公司赔偿因其违约给庆龙公司造成的损失等情况，一审法院将双方1999年、2000年两年工程一并处理，并无不当。

双方争议的焦点，主要集中于金坛公司垫付的1000万元工程保证金应否返还、如何确定金坛公司应得工程进度款的数额、庆龙公司可以抵扣工程款的数额、金坛公司与庆龙公司哪一方存在违约行为及应否赔偿损失等几个方面。

（一）关于金坛公司垫付1000万元工程保证金应否返还的问题。

庆龙公司主张，该1000万元为工程保证金，现工程出现问题，理应从该款项中扣除，一审判决将其认定为借款判令庆龙公司予以返还不正确。一审法院已经查明，双方虽然约定该1000万元为保证金，但根据庆龙公司为金坛公司出具的书面收条所载内容，该1000万元实为庆龙公司向金坛公司所借，庆龙公司未附任何条件对还款期限作出明确承诺，现还款期限已过，金坛公司主张返还的请求理应支持，故一审法院将其认定为借款并判决由庆龙公司予以返还并无不当。

（二）关于如何确定金坛公司应得工程进度款数额的问题。

金坛公司完成的工程量，从时间上看可分成两部分，即1999年完成的工程量和2000年完成的工程量。其中，1999年完成的工程量包括未经鉴定但双方均认可的附属工程495 000元和经鉴定的大庆商城超市及高层造价56 103 764.68元。1999年金坛公司应得的工程款，根据双方《建设工程施工合同》及《补充协议》约定是按定额标准计算。本案中金坛公司请求庆龙公司按双方约定支付工程进度款，即1999年全部工程款的80%。2000年金坛公司应得的工程款，根据双方包清工的口头约定仅为劳务费，双方亦无关于按进度给付劳务费的明确约定，加之庆龙公司已就2000年劳务费全部支付完毕，故对2000年金坛公司应得的工程款无需按进度确定。

1. 关于金坛公司1999年应得工程进度款问题。1999年金坛公司完成的工程包括附属工程和大庆商城超市及高层，附属工程造价为495 000元、大庆商城超市及高层造价56 103 764.68元。其中主要问题：

（1）关于附属工程造价问题。附属工程属于1999年整体工程的组成部分之一，虽然未经鉴定，但双方对附属工程造价为495 000元的事实均予认可。根据金坛公司请求80%工程进度款的诉讼请求，属于1999年工程组成部分的附属工程亦应按照双方约定计算工程进度款。一审判决仅将经鉴定的主体工程大庆商城超市及高层造价按约定计算工程进度款，而对附属工程系按100%认定，与案件事实及当事人请求不符，应予调整。

（2）关于工程所用材料价格如何确定问题。庆龙公司主张，金坛公司在供料单上签字，意味着其对供料单载明价格、数量等的认可，是对原材料按定额计价约定条款的变更，故材料总价款应根据双方签字认可的供料单计算。而且一审庭审时金坛公司自认领取3600万元土建部分材料总价也高于3200万元的鉴定结论，判决不应简单地按照鉴定结论加以认定。金坛公司认为双方关于材料价格明确约定按定额计算，后来对此问题未作任何改变，供料单仅能证明材料数量的交付，不能据此认定材料价格。双方对材料价格认识不一致，金坛公司的主张符合双方约定，应予采信。金坛公司一审庭审时虽然有过承认领取3600万元材料的意思表示，但同时亦表示材料问题愿意通过鉴定解决。庆龙公司既然也同意就工程造价按约定的定额标准进行鉴定，意味着如无充分证据足以否定鉴定结论，一审判决对鉴定结论予以采信是正当的。

另外，庆龙公司主张双方约定工程造价下浮并不包含下浮材料价格，一审判决认定材料价格下浮，损害了庆龙公司的合法权益。双方约定扣除计划利润、管理费、税金后，工程造价高层下浮9%，裙房下浮8%。因双方约定工程造价下浮前予以扣除的项目并不包含材料价款，且材料价款为工程造价重要组成部分，故工程造价整体下浮，材料价款亦应下浮。一审法院采信由鉴定机构作出下浮后的材料价格进行材料退价分析，是正确的。

(3) 关于鉴定机构资质问题。庆龙公司上诉提出，一审法院委托对1999年工程造价进行鉴定的中龙公司，其经营范围内工程造价咨询为乙级资质，而本案属于大型建设项目，理应由具有甲级资质的鉴定机构进行鉴定，据此认为一审法院采用该鉴定机构出具的结论系程序违法，申请重新鉴定。中龙公司虽然就工程造价咨询为乙级资质，但该鉴定机构经当地有关部门认定具有从事司法鉴定资格，且鉴定结论并非由中龙公司独立完成，是由鉴定中心和中龙公司联合作出，一审法院予以采信并无不当，亦不存在程序违法。庆龙公司在一审期间未就鉴定机构资质问题提出异议，现二审期间提出，加之鉴定所需要部分材料的原件已无法提供，不具备重新鉴定条件，故对庆龙公司的此项请求不予支持。

(4) 关于1999年工程造价鉴定结论。根据当事人申请，鉴定中心及中龙公司共同对大庆商城超市工程造价进行鉴定，结论为大庆商城超市及高层工程造价为56 103 764.68元，待定部分合计3 608 045.76元（其中包括劳动保险基金1 561 292.73元、税金2 046 753.03元）。金坛公司主张一审判决认定工程造价56 103 764.68元中未包含劳动保险基金和税金，不符合行业惯例，少算了金坛公司应得的工程款，应予调整。劳动保险基金和税金是施工单位就其经营所得按规定比例应予上缴的，鉴定机构根据双方约定按定额取费而计算出的工程造价中已包含当事人的利润、税费等内容，只是未专项列出，故对金坛公司主张应在工程造价56 103 764.68元基础上再加入上述两笔款项，依法不予支持。

庆龙公司上诉提出，鉴定结论关于85万元冬施费的认定有误，实际仅应为58 000元。此问题在一审法院组织鉴定机构就鉴定结论答疑时，庆龙公司就已明确提出过，鉴定机构答复冬施费实际发生，依据双方监理小结及实际情况所做，不存在计算错误。现庆龙公司就所提异议无新的理由和证据，故依法不予支持。

庆龙公司认为金坛公司2001年2月5日变更诉讼请求将工程进度款数额改为1386万元，而一审判决书中竟然认定为1836万元，比金坛公司主张的数额还多出450万元。经二审法院审理查明，金坛公司2001年2月5日变更诉讼请求的书面材料与一审判决认定一致，工程进度款数额为1836万元，庆龙公司所提主张与事实不符，不予支持。

此外，庆龙公司上诉提出其代交纳的工程水电费应由金坛公司承担，一审法院不予认定，属错判。庆龙公司在一审答辩和反诉请求及理由中，均未明确提及代交工程水电费问题，也未向一审法院提交任何专门证明水电费实际发生及应由金坛公司负担的证据。现二审期间提出又未充分举证证明，故依法不予支持。

2. 关于2000年金坛公司应得劳务费的问题。庆龙公司主张一审判决在计算金坛公司应得工程款时判令庆龙公司给付2000年劳务费3 074 586.37元有误，应予纠正。一审法院已经查明2000年金坛公司应得劳务费为3 074 586.37元，而且庆龙公司已足额支付了该款项。在此前提下，一审法院一方面在认定金坛公司应得工程款时将该款项计算在内，另一方面又未在庆龙公司抵扣工程款时就这部分实际已支付款项进行扣除，造成庆龙公司重复负担2000年劳务费3 074 586.37元。庆龙公司此项请求理由成立，应予支持，但一审判决认定的2000年劳务费为3 074 580.37元，并非庆龙公司上诉所称3 074 586.37元。

3. 关于电缆造价问题。1999年大庆商城超市及高层工程造价为56 103 764.68元的鉴定结论中，包含7根电缆造价208 067.79元。金坛公司提出1999年共完成21根电缆，庆龙公司提出1999年只完成7根电缆，剩余14根电缆为2000年完成。鉴定机构无法分清1999年和2000年施工界限，故请法庭调查处理。一审法院认为无论电缆于何时施工完成，因均由金坛公司施工，故判决由庆龙公司给付金坛公司1 708 497.48元，即21根电缆费用1 916 565.27元与7根电缆费用208 067.79元之间的差额。庆龙公司主张2000年对方只挣取劳务费不应按定额取费，且2000年工程款庆龙公司已经全部支付完毕，故该14根电缆不应再予认定。另外，7根电缆与21根电缆的单价不统一，一审判决计算存在错误。二审期间已经查明7根电缆的单价与21根电缆的单价不一致系因具体电缆规格不同所致而非计算错误，庆龙公司主张一审判决就电缆造价存在计算上的错误，理由不成立。但因1999年工程涉及按定额取费，2000年仅为劳务费且已全部结算清楚，在双方就电缆问题意见不统一，又都未能充分举证证明各自主张的情况下，一审法院就争议电缆费用全部认定由庆龙公司按照定额取费标准计算的数额给付金坛公司的做法欠妥，庆龙公司对此问题所提异议有一定道理，应给予相应的支持。除双方均认可7根电缆为1999年所做之外，对于争议的14根电缆费用共计1 708 497.48元由双方共同承担不利后果，认定庆龙公司应给付金坛公司854 248.74元，即14根争议电缆费用1 708 497.48元的50%。

（三）关于金坛公司与庆龙公司何方违约及应否赔偿损失的问题。

一审法院认定双方均有违约行为，金坛公司虽然在交付大庆商城超市工程问题上不存在工期违约，但其擅自撤离工地、未按约定质量完成工程等行为已经构成违约。庆龙公司没有按照约定数额、期限及时给付工程款，没有按约定如期返还垫资款等行为，亦违反了双方约定。

庆龙公司主张，金坛公司违反双方关于1999年10月30日之前交付定建工程的约定，实际交付时间是1999年11月25日，已构成工期违约，一审判决认定有误。双方共同签字认可的开工报告上注明开工日期为1999年5月15日，加之双方关于开工日期顺延则完工日期相应顺延的约定，顺延后完工日期应为1999年11月25日。金坛公司实际完工于1999年11月15日，故一审判决认定属如期完工并未违约的结论是正确的。

庆龙公司主张，自己全面且超约定地履行了合同义务，无任何违约行为，金坛公司未按约定完成工程质量等方面存在违约行为。根据一、二审法院查明的事实，金坛公司施工未达到双方约定的质量等级，存在未报验的不合格工程，又擅自撤离工地，庆龙公司未按照约定的数额和期限及时给付工程款，亦未如期返还垫资款，故一审判决认定双方均有违约行为的结论并无不当。

庆龙公司主张，因对方违约，给庆龙公司造成未完工程一年供暖费450万元及额外利息6 043 000元共计上千万元的损失，理应由对方赔偿，一审判决未予支持是不正确的。关于供暖费问题，一审法院认为仅凭庆龙公司与大庆市鑫城物业管理有限公司签订的供暖协议，尚不足以认定双方实际履行了供暖协议项下的包括付款在内的权利义务，加之庆龙公司未能提供其已经实际支付了该款项的合法有效的凭据，故其主张因对方违约使自己受到该损失的请求不能支持。关于额外贷款利息的问题，庆龙公司提供的是中国银行大庆市分行业务部的证明，欲证明因庆龙公司不能按期偿还银行贷款造成额外利息6 043 000元。经一审法院和本院查明，该笔贷款的主体并不是庆龙公司，也无证据证明该款项确实为庆龙公司所用，故一审判决未予支持是正确的。

金坛公司一审时所提诉讼请求包括请求判令由对方给付工程进度款1836万元及保证金1000万元，二审时就前述两笔款项增加了关于支付相应利息的诉讼请求。因庆龙公司拒绝调解，故对金坛公司二审新增加的请求内容，本院依法不予审理。

（四）关于庆龙公司抵扣工程款项目范围的问题。

关于庆龙公司抵扣工程款项目包括哪些，除经双方核对均予认可的1999年庆龙公司已支付工程款13 352 000元应予抵扣外，双方对下述款项是否应予抵扣工程款及应如何抵扣问题，存在分歧：

1. 关于材料退价问题。双方《补充协议》约定一切材料均由庆龙公司提供，故在计算金坛公司就1999年大庆商城超市工程应得工程款时，需将土建材料及水电材料的造价自工程总造价中予以扣除。根据双方当事人申请，一审法院委托鉴定机构进行材料退价分析，结论是土建材料为25 355 275.27元，水电材料因未提供定额标准而无法鉴定，但查明经双方签字认可的水电材料供货凭证所载明的数额为7 342 506.54元。土建材料退价一审法院采信鉴定结论25 355 275.27元，庆龙公司虽有异议，因未能提供足以否定原鉴定结论的证据予以证明，故对其该项主张不予支持。水电材料因双方均未提供合同约定的定额标准而无法鉴定，一审法院认定根据双方签字认可的供货凭证据实结算，判令水电材料按7 342 506.54元退价。金坛公司主张，1999年工程造价鉴定结论中水电部分造价为4 478 674.18元，系鉴定机构依双方约定按定额标准计算得出的。一审判决在计算金坛公司应得工程款时水电部分按定额标准认定为4 478 674.18元，而在计算庆龙公司以其所供材料抵扣工程款时则按照远高于定额标准的供货凭证载明的数额认定为7 342 506.54元，有失公允，水电材料退价最多不应超过4 478 674.18元这一上限。庆龙公司虽然主张对方领用材料未完全用于争议工程，退价时应据实结算，但始终未向本院提供能充分证明其主张的证据。故金坛公司此项请求理由成立，水电材料应按4 478 674.18元退价，土建材料与水电材料两项合计退价应为29 833 949.45元。

2. 关于2000年多支付工程款4 154 194.63元的问题。金坛公司主张其只承建了1999年工程，2000年的施工、借款等系徐锁庆个人行为与金坛公司无关。一审法院已经查明并认定徐锁庆系金坛公司接替原项目负责人景国庆，代表金坛公司与庆龙公司进行了结算、继续施工等，故金坛公司否认徐锁庆的行为系代表金坛公司，理由不成立。2000年庆龙公司共向对方支付工程款7 228 775元，而金坛公司实际共完成土建工程费用为3 074 580.37元，由此可以认定庆龙公司2000年多支付工程款4 154 194.63元，该款项可用于抵扣应向金坛公司支付的工程款。

3. 关于工程返修和维修费3 979 822.10元的问题。双方约定工程质量为优良，虽然工程未完成双方即发生纠纷，但金坛公司对由其完成的未报验不合格工程，理应承担返修和维修费用。经鉴定工程返修和维修费为3 979 822.10元，金坛公司除只认可其中一小部分外，认为鉴定机构以大量未经质证的材料为依据进行鉴定，结论不应被采信。一审期间，鉴定机构在说明材料中指出，一些材料未经质证，是金坛公司自己拒绝履行对用于鉴定的材料进行质证的义务，故其不认可鉴定结论的理由不成立。金坛公司施工工程质量不合格，违反了合同约定，一审判决支持庆龙公司主张其承担返修、维修费用的请求，并无不当。

4. 关于代收代缴劳动保险基金 1 561 292.73 元及税金2 046 753.03元的问题。金坛公司主张，在庆龙公司未提供任何已实际上缴凭据的情况下，一审判决从未包含上述费用的工程造价 56 103 764.68 元中又扣除两项合计3 608 045.76元，是错误的，应予纠正。金坛公司作为施工企业，劳动保险基金和税金是其承接工程后按照有关规定理应缴纳的，工程造价中就此明确、专项列出与否，均不影响其履行上述义务，故金坛公司以工程造价中不包括上述费用为由而主张一审法院判令其负担该费用不当，理由不成立。因双方约定庆龙公司代收代缴一切政策性费用，在工程决算中扣回，现本案金坛公司的诉讼请求仅被固定为要求庆龙公司支付 80% 的工程进度款，双方还有 20% 的工程款未结算，加之庆龙公司一、二审始终未能证明其已经实际向有关部门缴纳了劳动保险基金和税金，故庆龙公司可在实际缴纳后，相应地用于抵扣其应向金坛公司支付的剩余 20% 的工程款。金坛公司的此项诉请有理，故对一审判决关于本案中在金坛公司应得工程款中扣除并由庆龙公司代收代缴上述费用的判项，予以调整。

综上所述，根据《中华人民共和国民事诉讼法》第一百五十三条第一款第（二）项、第（三）项之规定，判决如下：

一、维持黑龙江省高级人民法院（2000）黑民初字第 12 号民事判决第一项、第二项、第四项和第五项。

二、撤销黑龙江省高级人民法院（2000）黑民初字第 12 号民事判决第六项。

三、变更黑龙江省高级人民法院（2000）黑民初字第 12 号民事判决第三项为：本判决生效后三十日内，大庆市庆龙房地产开发有限公司给付金坛市建筑安装工程公司工程进度款 45 279 011.74 元；大庆市庆龙房地产开发有限公司给付金坛市建筑安装工程公司电缆工程费用 854 248.74 元；大庆市庆龙房地产开发有限公司给付金坛市建筑安装工程公司前述款项时，扣除已付工程款 13 352 000 元、材料退价款 29 833 949.45元共计 43 185 949.45 元。

四、驳回大庆市庆龙房地产开发有限公司、金坛市建筑安装工程公司其他上诉请求。

以上一、三项合计计算后，大庆市庆龙房地产开发有限公司应给付金坛市建筑安装工程公司 4 813 294.30 元。

一审案件受理费、反诉费、财产保全费及鉴定费，按照一审经补正后的判决执行。二审案件受理费245 170元，由金坛市建筑安装工程公司负担98 068元，由大庆市庆龙房地产开发有限公司负担147 102元。

本判决为终审判决。

杜开均申请执行四川科茂建筑劳务有限公司工伤赔偿纠纷案

（一）基本案情

杜开均于2013年3月底到四川科茂建筑劳务有限公司从事泥工工作，系泥工班班头。2014年4月13日，杜开均在科茂公司九楼工地施工过程中，右手被电切割机割伤。2015年3月，经泸州市人力和社会资源保障局认定为工伤。同年8月，泸州市劳动能力鉴定委员会认定杜开均伤残等级为七级，无生活自理能力。由于杜开均在科茂公司上班期间，该公司未为其办理工伤保险，科茂公司就工伤保险待遇问题与杜开均发生纠纷，并于2015年10月经泸县劳动争议仲裁委员会裁决，科茂公司承担杜开均工伤保险待遇共计226496.5元。2015年11月，科茂公司不服该仲裁裁决向泸县人民法院提起诉讼。2016年3月，泸县人民法院作出（2016）川0521民初142号判决：杜开均因工伤致七级伤残享受工伤保险待遇共计211496.5元，由科茂公司在判决生效后10日内支付。科茂公司不服该判决，向泸州市中级人民法院提起上诉，2016年6月二审判决驳回上诉、维持原判。

因科茂公司拒不履行判决确定义务，2016年7月，杜开均向泸县人民法院申请强制执行。泸县人民法院立即开展执行工作，通过“点对点”“总对总”系统进行查控，发现被执行人账户仅余7000元；核查工商、不动产等登记情况，均未发现可执行财产线索；承办法官找到被执行人并向被执行人下达财产报告令，要求其主动履行判决确定义务，释明拒不执行可能带来的失信惩戒后果，但被执行人报告仍无财产。为此，承办法官将被执行人列入失信被执行人名单，冻结被执行人账户。2016年11月30日，在泸县人民法院主持下，被执行人科茂公司与申请人杜开均通过协商达成和解协议，科茂公司支付150000元，其余款项杜开均予以放弃。12月1日，杜开均终于领到第一笔工伤保险金110000元。另外4万元工伤保险金，被执行人于12月5日支付申请执行人。

（二）典型意义

本案是工伤保险执行案件，此类执行案件的申请执行人多为弱势群体，经济困难，被执行人拒不支付工伤保险的行为，会使申请执行人陷入困境。本案通过将被执行人纳入失信名单，对其商誉形成压力，促使被执行人与申请执行人达成执行和解协议。

实用附录

1. 建筑事故索赔流程图

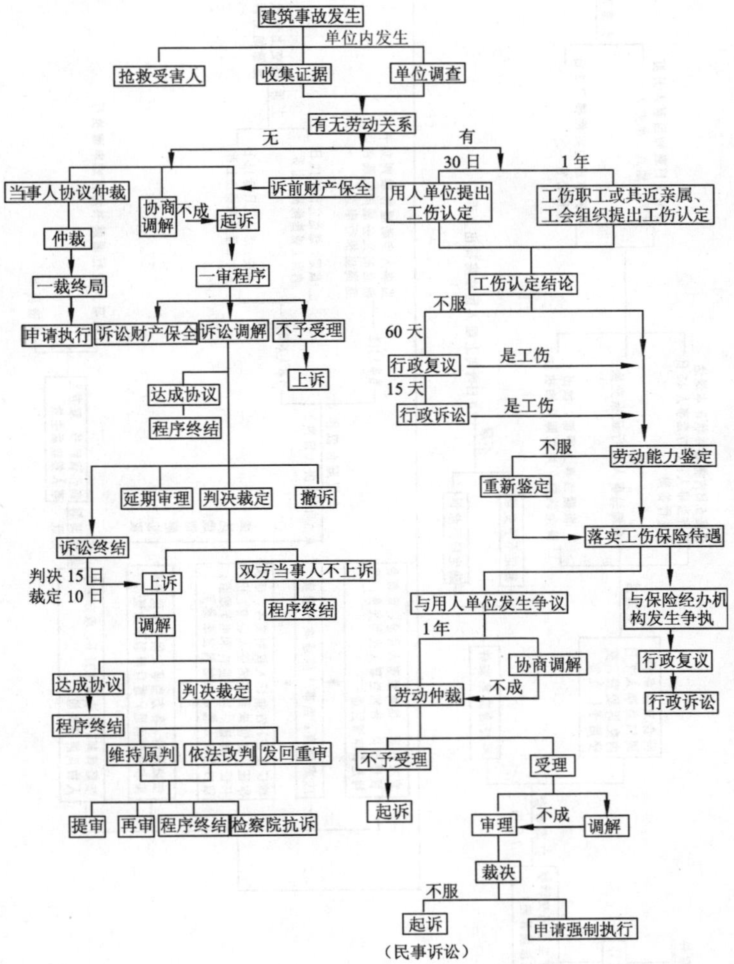

2. 民事诉讼流程图（一审）

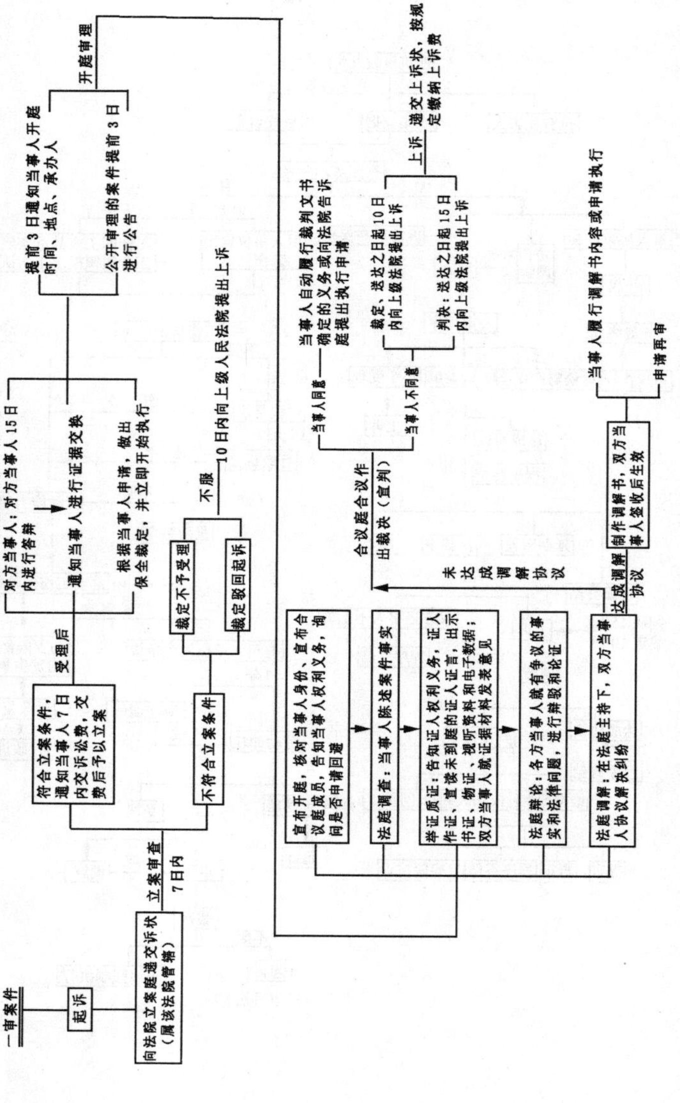

一审案件
起诉
向法院立案庭递交诉状（属该法院管辖）
立案审查
7日内
符合立案条件，通知当事人7日内交诉讼费，交费后予以立案
不符合立案条件
裁定不予受理
裁定驳回起诉
不服
10日内向上级人民法院提出上诉
受理后
法院5日内将起诉状副本送达对方当事人；对方当事人15日内进行答辩
通知当事人进行证据交换
根据当事人申请，做出保全裁定，并立即开始执行
提前3日通知当事人开庭时间、地点、承办人
公开审理的案件提前3日进行公告
开庭审理
宣布开庭，核对当事人身份、宣布合议庭成员，告知当事人权利义务，询问是否申请回避
法庭调查：当事人陈述案件事实
举证质证：告知证人权利义务，证人作证，宣读未到庭的证人证言，出示书证、物证、视听资料和电子数据；双方当事人就证据材料发表意见
法庭辩论：各方当事人就有争议的事实和法律问题，进行辩驳和论证
法庭调解：在法庭主持下，双方当事人协议解决纠纷
未达成调解协议
合议庭合议作出裁决（宣判）
当事人同意
当事人自动履行裁判文书确定的义务或向法院告诉庭提出执行申请
当事人不同意
裁定：送达之日起10日内向上级法院提出上诉
判决：送达之日起15日内向上级法院提出上诉
上诉
递交上诉状，按规定缴纳上诉费
达成调解协议
制作调解书，双方当事人签收后生效
当事人履行调解书内容或申请执行
申请再审

3. 民事诉讼流程图（二审）

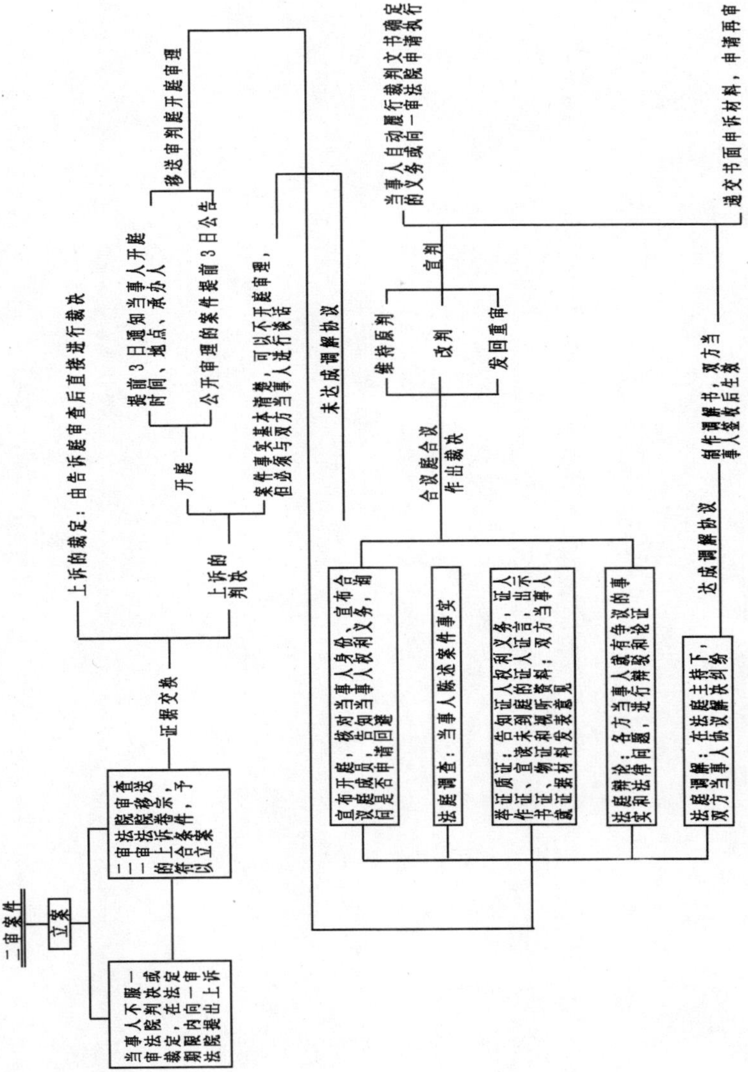
二审案件
立案
当事人不服一审法院判决或裁定，在法定期限内向一审法院提出上诉
二审法院审查一审法院移送的上诉卷宗，符合条件，予以立案
证据交换
上诉的裁定：由告诉庭审查后直接进行裁决
上诉的判决
开庭
提前3日通知当事人开庭时间、地点、承办人
公开审理的案件提前3日公告
移送审判庭开庭审理
案件事实基本清楚，可以不开庭审理，但必须与双方当事人进行谈话
未达成调解协议
宣布开庭，核对当事人身份、宣布合议庭成员，告知当事人权利义务，询问是否申请回避
法庭调查：当事人陈述案件事实
举证质证：告知证人权利义务，证人作证、宣读未到庭的证人证言，出示书证、物证和视听资料；双方当事人就证据材料发表意见
法庭辩论：各方当事人就有争议的事实和法律问题，进行辩驳和论证
法庭调解：在法庭主持下，双方当事人协议解决纠纷
合议庭合议作出裁决
维持原判
改判
发回重审
宣判
当事人自动履行裁判文书确定的义务或向一审法院申请执行
达成调解协议
制作调解书，双方当事人签收后生效
递交书面申诉材料，申请再审